Schnullerbacke down under

Bildnachweis:
Alle Bilder von Maike Brünink

© 2012 MANA-Verlag, www.mana-verlag.de

Umschlagentwurf und Layout
tomcom-potsdam, MANA-Verlag

Lektorat
Patrick Pohlmann

Satz
MANA-Verlag

Druck
Standartu, Litauen, EU

ISBN
978-3-934031-08-1

Maike Brüninl.

Schnullerbacke down under

Australien mit Baby

Ein Reisebericht

Inhalt

Mama und Papa haben Fernweh

Wie Joost zu seinem Flugticket kam

„Wenn das Kind erst mal auf der Welt ist, wird nichts mehr so sein wie früher!" Welche werdenden Eltern haben diesen Satz nicht wenigstens einmal – wenn nicht einmal zu viel gehört?

Zweifelsohne würde sich mit Baby viel verändern. Auf viele dieser Veränderungen freuten wir uns oder waren gespannt, manche machten uns nachdenklich, und an einige wenige dachten wir auch mit einem Anflug von Sorge. Unter den Gedanken, die uns durch den Kopf gingen, war eine für uns wichtige Frage, die sich viele zukünftige Eltern vielleicht nicht oder nur unter „ferner liefen" stellen: Wie würden wir mit Kind reisen können?

Nein, das Reisen ist für uns nicht notwendigerweise erforderlich. Weder berufliche noch familiäre Gründe zwingen uns dazu, häufig über weite Strecken unterwegs zu sein. Es sind unsere Lebensgeschichten, unsere Interessen, unsere Leidenschaften, die uns reisen lassen, wann immer es für uns möglich ist. Dabei zieht es uns nicht auf die höchsten Himalaya-Gipfel oder zu Expeditionen in entlegene Amazonasgebiete. Unsere bevorzugten Ziele sind wenig exotisch, ebenso wenig waghalsig, und doch ziemlich weit entfernt von Deutschland und dem Leben hier: Australien und Neuseeland. Marcus' Herz schlägt vor allem für Australien, wo er fast ein Jahr lang gearbeitet und das er ausgiebig in mehreren Aufenthalten bereist hat. Für mich ist Neuseeland zur zweiten Heimat geworden, nachdem ich mehrmals dort war – zum Studium, um zu arbeiten, und um zu reisen. All unsere schönen und wichtigen Erfahrungen und Erinnerungen, die entfernten und doch so lieb gewonnenen Freunde und Bekannten, eine vertraut gewordene Lebensweise, in der wir uns wiederfanden, verbanden sich mit und befanden sich in Australien und Neuseeland. Ein Stück unseres Lebens und Glücks lag am anderen Ende der Welt – wie würden wir damit umgehen, sobald ein weiteres Glück mitsamt Schnuller, Spucktüchern und Windeln in unser Leben trat?

Joost wurde geboren und bekam aus weiter Ferne Lätzchen, Selbstgestricktes und Wandbilder vom neuseeländischen Kinderbuchhelden Hairy Maclary geschenkt. Wir machten kinderwagenschiebend Spaziergänge durch Oldenburgs Norden und das angrenzende Ammerland und erzählten einander dabei von Wanderungen durch die Blue Mountains oder die Southern Alps. Unsere Fotosammlung wuchs wöchentlich um neue Baby-Bilder, doch immer wieder blätterten wir uns auch durch alte Aufnahmen aus dem australischen Outback und von wilden Küstenstreifen der neuseeländischen Südinsel. Joost wurde ein immer größeres, lebhaftes und neugieriges Baby mit robuster Konstitution, meine einjährige Elternzeit war zur Hälfte herum, und das Fernweh hatte uns längst wieder fest im Griff. Über den Wunsch wieder zu verreisen hatten wir seit Joosts Geburt oft gesprochen – auch darüber, dass der Zeitpunkt dafür besonders günstig war. Marcus kann als Selbstständiger seine Betriebsferien recht flexibel planen, doch meine möglichen Urlaubszeiten als Lehrerin sind sozusagen staatlich festgelegt – und natürlich ist es just zu diesen Zeiten immer am kostspieligsten, einen Flug (egal wohin) zu buchen. Nun aber arbeitete ich ein Jahr lang nicht – wann würden wir je wieder die Gelegenheit haben, außerhalb der Saison zu günstigen Preisen zu verreisen? Joost war zwar noch sehr klein, jedoch aus dem Alter heraus, in dem man Schnuller mindestens einmal täglich auskochte und auch innerhalb fester Wände permanent um Unterkühlung des kleinen Körpers fürchtete. Marcus konnte seine Auftragslage längerfristig überblicken und war in der Lage, einen Monat Pause einzuplanen. Was also hielt uns noch davon ab, unser Fernweh zu kurieren?

Gewiss gab es bei uns auch Momente der Sorgen und Zweifel, was unser jüngstes Familienmitglied betraf. Wie würde Joost den Flug und die Zeitverschiebung verkraften? Würden ihn all die zu erwartenden neuen Eindrücke überfordern? Wie konnten wir seine Versorgung optimal gestalten, wenn wir mehr oder weniger „aus dem Rucksack" lebten? Zeitgleich mit unseren Überlegungen lasen wir dann im Magazin „360° Neuseeland" von der kleinen Smilla, die mit ihren Eltern im Babyalter per Fahrradanhänger Neuseeland bereist und dabei offenkundig so gar keinen Schaden genommen hatte –

im Gegenteil. Überzeugt von unseren Plänen, inspiriert von Smillas Familie und zuversichtlich im Hinblick darauf, eventuelle Schwierigkeiten zu Joosts Wohl meistern zu können, machten wir Mitte April 2009 schließlich Nägel mit Köpfen und buchten einen Flug nach Sydney.

Wir hatten mit kaum jemandem über unsere Pläne gesprochen – wie würden unsere Freunde, Bekannten und Verwandten wohl reagieren, wenn wir ihnen von unserer jüngsten Investition in drei Flugtickets erzählten? Wir rechneten mit allerlei Bedenken und Befürchtungen, doch ernteten wir eigentlich nur einen einzigen wirklich ablehnenden Kommentar einer Freundin und zweifachen Mutter: „Ich bin ja dagegen, so etwas mit den Kleinen schon zu machen." Ansonsten hörten wir viele interessierte bis verhalten zweifelnde Nachfragen zu Themen wie dem Fliegen mit Baby oder der Versorgung eines Säuglings down under, gefolgt jedoch meist von abschließenden Bemerkungen wie: „Toll, dass ihr das macht!" oder „Ihr müsst uns unbedingt erzählen, wie's war!" Selbst Joosts Oma, die sich schnell Sorgen macht, sagte zur Wahl unseres Urlaubsziels nur: „Ich hab's mir gedacht." Und schließlich gab es auch uneingeschränkte Zustimmung für unser Vorhaben. Eine weitgereiste, lebenserfahrene mehrfache Großmutter aus meinem Freundeskreis schrieb mir wörtlich: „Es ist prima, dass Ihr Joost mitnehmt. Er braucht nur Eure Liebe und Zuwendung, dann wird er sich ausgezeichnet fühlen. Meine Nichte ist vor einigen Jahren mit ihrem Mann und der Tochter im Babyalter durch Neuseeland gereist und sie fanden es toll. Die Tochter wurde im Wechsel in einer Trage auf dem Rücken getragen und allen ging es gut. Ihr habt Euch ganz richtig entschieden." Kurz vor Reisebeginn suchten wir unseren Kinderarzt noch einmal auf, um ihn unter anderem um die Zusammenstellung einer Reiseapotheke für Joost zu bitten. Wir fürchteten schon, er könnte vielleicht einen solch außergewöhnlichen Urlaub mit Baby aus medizinischer Sicht nicht gutheißen – doch er sagte: „Australien? Toll. Wo denn da? Ich habe mal ein Jahr lang dort gearbeitet! Also, da bräuchten Sie eigentlich nur…"

Die Vorbereitungen beginnen

Und so begaben wir uns in die Apotheke, um die verschriebenen Medikamente für die Baby-Reiseapotheke (s. hierzu und zu weiteren Hinweisen des Kinderarztes **Babys Reisegepäck**, S. 18 sowie **„Hamm...!"**, S. 39) sowie einen geeigneten Sonnenschutz für Joost zu besorgen. Den vorangegangenen **Termin beim Kinderarzt** hielten wir für einen wichtigen Bestandteil unserer Vorbereitungen auf das Abenteuer Australien – nicht nur, um eine fachgerecht zusammengestellte Reiseapotheke mitnehmen zu können, sondern auch, um vielleicht weitere nützliche Hinweise zu Fernreisen mit Baby zu erhalten. Zudem wollten wir Joost seinem Arzt gern vor Antritt der Reise noch einmal vorstellen, damit wir sicher sein konnten, dass unser künftiger Känguru-Beobachter für die lange Reise in guter Verfassung und kerngesund war.

Ein zentraler Punkt in Sachen Reisevorbereitung waren selbstverständlich auch unsere Besuche im Reisebüro. Wir bekamen zunächst mehrere mögliche **Flugverbindungen** vorgeschlagen, die unseren finanziellen und terminlichen Vorstellungen entsprachen. (Für Joosts Flugticket musste, obwohl er keinen eigenen Sitzplatz bekam, anteilig auch gezahlt werden – die Nutzung von Bahn und anderen öffentlichen Verkehrsmitteln in Deutschland und Australien war für ihn dagegen kostenlos.) Diese Verbindungen wurden für uns vorläufig reserviert, und wir hatten ein paar Tage Zeit, die Optionen in Ruhe zu Hause zu besprechen und unseren Favoriten auszuwählen (s. **Mobilitätsgarantie?**, S. 22).

Auch um die erforderlichen **Visa** für Australien kümmerte sich das Reisebüro. Wir mussten hierfür zwar unsere Pässe einreichen, die Visa selbst jedoch werden dort nicht eingestempelt, sondern elektronisch im Computersystem der australischen Einwanderungsbehörde gespeichert. Man erhält Bestätigungsschreiben über die Ausstellung der Visa und sollte diese sicherheitshalber mit zu den Reiseunterlagen nehmen. Vergisst man sie jedoch zu Hause, ist auch nicht wirklich mit Problemen bei der Einreise zu rechnen – am australischen Flughafen holen sich die Beamten die benötigten Daten (Kooperation der Technik vorausgesetzt) quasi einfach per Mausklick auf ihre Bildschirme.

Des weiteren schlossen wir über das Reisebüro noch eine **Reiserücktrittsversicherung** ab. Um eine **Auslandskrankenversicherung** mussten wir uns nicht kümmern, denn unsere privaten Krankenversicherungen galten auch außerhalb Deutschlands.

Marcus und ich waren im Besitz gültiger Reisepässe, als wir den Entschluss fassten, einen Monat in Australien zu verbringen. Joost jedoch hatte gerade mal eine Geburtsurkunde als amtlichen Identitätsnachweis. Brauchten wir für ihn weitere Reisedokumente? Wir informierten uns im Internet und erfuhren, dass Kinder nach geltendem Recht nicht mehr in den Pässen ihrer Eltern eingetragen werden dürfen. Sie benötigen ihren eigenen **Kinderreisepass**. Schon fürchteten wir, diesen gar nicht mehr rechtzeitig beantragen zu können – schließlich sollten wir schon in einem Monat über den Wolken gen Australien schweben – da fanden wir auf der Homepage der Stadt Oldenburg die erleichternde Nachricht: Ein Kinderreisepass wird nach Antrag und Einreichen der erforderlichen Dokumente im Bürgeramt sofort ausgestellt – man kann ihn direkt mitnehmen! Schnell waren die laut Homepage nötigen Unterlagen zusammengetragen: Joosts Geburtsurkunde im Original, die Personalausweise seiner reiselustigen Eltern und eine äußerst unkompliziert auszufüllende Zustimmungserklärung beider Elternteile (als Download von der Internetseite der Stadt erhältlich). Etwas schwieriger wurde es beim Punkt „aktuelles, biometrietaugliches **Passfoto** des Kindes im Format 45 mm x 35 mm". Wir hatten jede Menge Fotos von Joost – als Passbild ging aber wohl keines von denen durch, und an Biometrietauglichkeit war nicht zu denken. Doch ein professioneller Fotograf, da waren wir zuversichtlich, würde uns gewiss weiterhelfen können. So zogen wir unserem nichtsahnenden künftigen Weltenbummler seinen schicken Matrosenanzug an, kämmten ihm (einigermaßen vergeblich) den wilden Haarschopf, nahmen ihn mit ins Fotostudio und trugen dort unser Anliegen vor. Man war auf kleine Kinder eingestellt: Da Joost noch nicht selbst sitzen konnte, nahm zunächst ich auf dem Stuhl vor der Kamera Platz. Eine der beiden freundlichen Fotografinnen drapierte ein weißes Laken um meinen Oberkörper, ihre Kollegin setzte mir Joost auf den Schoß, und vor dem so hergestellten hellen Hintergrund wurden zügig ein paar Fotos von unserem Sohn gemacht, der zudem mit einer kleinen Rassel bei Laune gehalten wurde (notwendig war das allerdings nicht – Joost fand die Prozedur an sich schon höchst spannend und verfolgte gebannt, was geschah). Anschließend konnten wir auf einem Bildschirm ein Foto auswählen, das in Passbildgröße ausgedruckt werden sollte. Die Bilder waren drollig – jedoch hatte das staunende Baby auf allen den Mund offen, was den Anforderungen an ein biometrietaugliches Foto definitiv nicht entsprach. Wir ließen uns die Bilder dennoch mitgeben und hofften auf Nachsicht im Passamt. Und tatsächlich sagte die freundliche Dame, die schließlich dort unsere Unterlagen entgegennahm: „Naja, der Mund ist offen... aber bei Kindern nehmen wir die Vorgaben nicht ganz so streng." Joosts Augenfarbe und Größe mussten wir noch angeben, und wenig später konnten wir dann stolz seinen Kinderreisepass in Empfang nehmen. Zu zahlen hatten wir nur 13 Euro* – deutlich weniger, als für die Erwachsenenvariante fällig gewesen wäre.

Nun war die Mitarbeiterin im Oldenburger Bürgeramt nachsichtig gewesen, was das Foto in Joosts Pass anging – doch würden wir diesen Kinderbonus auch bei der Einreise nach Australien bekommen? Der Herr dort am Schalter legte tatsächlich Wert auf einen genauen Blick in den Kinderwagen: „Can I see the child's face?" Doch Biometrie kümmerte ihn wenig – einzig stellte er fest, dass Babys und somit auch unseres sich doch rasant schnell entwickeln: „Well, he looks a bit different now." Das war's – wir konnten passieren.

Aber halt – noch sind wir weit entfernt von der Einreise ins Land der Koalas und Kängurus, sondern vielmehr inmitten der Reisevorbereitungen...!

Diese Vorbereitungen umfassten neben allem bisher Genannten auch etwas, das wie eine Selbstverständlichkeit klingt. Unter anderen Umständen hätte ich diesen Aspekt tatsächlich wenig spannend und noch weniger erläuternswert gefunden – bei unserer ersten weiten

Reise mit Baby jedoch nahm er einiges an Raum ein: Die Rede ist von den Überlegungen, **was auf die Reise mitzunehmen ist**. Für uns selbst hatten wir die Rucksäcke in der Vergangenheit immer schnell gepackt – doch nun, da der Junior im zarten Alter von sieben Monaten mit von der Partie sein sollte, stellten sich uns ganz neue Fragen. Dinge, die wir zu Hause selbstverständlich für Joost zur Verfügung hatten, würden wir nur zum Teil unkompliziert mitnehmen können – welche Auswahl galt es also zu treffen? Was hingegen würden wir vielleicht auch in New South Wales kaufen oder vielleicht sogar von Marcus' Freunden leihen können? Wir überlegten, machten Notizen, besorgten noch das ein oder andere Teil – und fütterten, einer spontanen Eingebung folgend, die Suchmaschine im Internet mit den Begriffen „hire baby equipment". Und tatsächlich gab es das Gesuchte: In und um Sydney boten gleich mehrere Verleihe für Babyausstattung ihre Dienste an. Sperrige Gegenstände wie Reisebettchen, Autositze oder Kinderwagen konnte man dort genauso gegen Gebühr ausleihen wie Strandspielzeug oder ein Babyphon**. Letztlich mussten wir derlei Service während unseres Aufenthalts gar nicht in Anspruch nehmen, doch wir waren im Vorfeld hocherfreut über die Möglichkeit, vielleicht ein Reisebett oder einen Buggy für Joost vor Ort besorgen zu können.

So rückte das Abreisedatum immer näher. Die Vorfreude wuchs, und ebenso in einer Ecke des Kinderzimmers der Berg mit Gegenständen, die mit uns nach Australien fliegen sollten. Was letztendlich für Joost eingepackt wurde, darum soll es im Folgenden gehen...

* Stand: September 2009
** Herausgesucht hatten wir uns für diesen Fall „Hire for Baby":
www.hireforbaby.com.

Babys Reisegepäck

Unsere Reisezeit von Mitte Mai bis Mitte Juni würde der australische Herbst sein, der mit großen Schritten auf den Winter zuging. Im tropischen Queensland hätte dies für die Auswahl der mitzunehmenden **Kleidung** schlicht „sommerlich" bedeutet – doch unser Ziel war das an der südlichen Ostküste gelegene New South Wales, und so hatten wir uns auf warme Tage ebenso einzustellen wie auf kühlere Witterung. Nachts und in den Bergen konnte es sogar empfindlich kalt werden. So griffen wir aus Joosts Kleiderschrank praktisch von allem etwas heraus, um für jede Eventualität gewappnet zu sein. T-Shirts und luftige Hosen zum Beispiel fanden ihren Weg ins Reisegepäck ebenso wie Pullis, langärmelige Bodys und Strumpfhosen. Im Speziellen sollten zwei strapazierfähige Jeans später gute Dienste leisten (nicht zuletzt, weil man nicht sofort jeden Fleck darauf sah und sie gut auch mal länger als einen Tag lang getragen werden konnten), und Joosts weiche Schühchen mit der Wildledersohle sowie die von unserer Freundin „Tante Niwi" gestrickten Wollsöckchen hielten die kleinen Füße manches Mal warm, wenn Baumwollsocken alleine nicht gereicht hätten. Natürlich ging die aktuell genutzte Jacke mit auf Reisen, und für den Fall besonders niedriger Temperaturen packten wir vorsichtshalber noch eine Fleecejacke ein. In Sachen Kopfbedeckung wollten wir ebenfalls gern gut gerüstet sein – mit einem dünnen Sonnenhut (ausgestattet mit einem praktischen Nackenschutz), einer Baumwollstretchmütze sowie einer Fleecemütze mit Ohrenklappen gegen wirkliche Kälte.

Insgesamt hatten wir sowohl für Joost als auch für uns Kleidung für gut zehn Tage im Gepäck. Wurden nach dieser Zeitspanne unterwegs unsere Rucksäcke leerer und die Wäschetaschen voll, war es nie ein Problem, eine Waschmaschine samt Trockner zu finden und wieder für frischen Wäschenachschub zu sorgen. Entweder gab es in unserer jeweiligen Unterkunft (Motel oder Jugendherberge) eine *laundry* oder ein öffentlicher Waschsalon war nicht weit.

In der Wäsche landeten regelmäßig auch Joosts **Kapuzen-Badetuch** sowie die sogenannten „**Spucktücher**" oder **Mullwindeln**. Letztere finden bei uns zu Hause, besonders aber auch unterwegs vielseitige Verwendung – nicht nur zum Mund- und Händeabwischen, sondern auch als Sonnenschutz oder um Dinge wie Löffel oder Schnuller darin einzuwickeln, wenn gerade kein geeigneter Behälter in Reichweite ist. Apropos – einen **Schnuller samt Ersatz** und Aufbewahrungsdose hatten wir ebenfalls dabei, und auch die **Schnullerkette** leistete gute Dienste.

Aus praktischen Gründen blieben unsere Frottee-Waschlappen zu Hause und wir besorgten uns **Einmal-Waschlappen** für die Reise. Einen **Anfangsvorrat an Windeln, Feuchttüchern und Babynahrung** nahmen wir selbstverständlich auch mit, und immer griffbereit war die zusammenfaltbare **Wickelunterlage**. Zur Babypflege kamen **Waschgel, Öl und Wundschutz in Probiergrößen** ins Gepäck – da wir Pflegeprodukte auch zu Hause nur bei dringendem Bedarf verwenden, reichten die platzsparenden kleinen Tuben völlig aus.

Für die Mahlzeiten hatten wir **Fütterlöffel** und **Ärmellätzchen** zur Verfügung. Eine kleine **Obstreibe** sollte dafür sorgen, dass unser bis dato zahnloses Baby an den frischen Früchten teilhaben konnte, die wir als Zwischenmahlzeiten zu kaufen gedachten. Auch Joosts **Trinklerntasse** war mit von der Partie – sie wurde allerdings in Australien durch ein Modell mit Auslaufschutz ersetzt, das auf Reisen einfach praktischer war. Als weniger nützlich stellte sich auch die **Warmhaltetasche** heraus, die wir vor unserer Abreise extra noch gekauft hatten. Eine Bekannte zauberte einmal aus einer solchen eigentlich für Fläschchen gemachten Isoliertasche ein Mittagsgläschen für ihre Tochter hervor und war begeistert, wie warm dies auch vier Stunden nach Erhitzung noch war. So etwas, dachte ich, müsste ideal sein für die Reise: Man erwärmt morgens im Quartier das Gläschen, nimmt es in der Tasche mit und verfüttert seinen Inhalt mittags irgendwo unterwegs – egal ob im Park, am Strand oder in der Fußgängerzone. Die schöne Theorie funktionierte bei uns in der Praxis allerdings nicht – nachdem Joost sein Mittagessen mehrfach fast kalt gegessen hatte, rangierten wir den Wunderbehälter aus. Vielleicht hätten wir die Gläschen morgens deutlich stärker erhitzen müssen, um sie mittags auf die gewünschte Temperatur zu bringen – doch statt nun Versuchsreihen zum Thema zu starten, verlegten wir das tägliche Mittagsmahl lieber in zivilisierte Gefilde mit erhöhter Mikrowellendichte. Wollten wir einmal in unserer Unterkunft ein Gläschen aufwärmen, nutzten wir wie zu Hause unsere mitgebrachte **Camping-Blechtasse** samt heißem Wasser (einen Wasserkocher gab es immer auf dem Zimmer oder in der Gemeinschaftsküche). Die Tasse hatten wir auch mit dem Hintergedanken eingesteckt, eventuell selbst einmal einen heißen Tee daraus trinken zu wollen. Insbesondere wenn Besteck oder Geschirr für Joost außerhalb einer gut ausgestatteten Küche abgespült werden musste, fanden wir es übrigens auch immer praktisch, ein **Geschirrtuch** zur Hand zu haben.

Joosts Spieluhr ließen wir aus Platzgründen schweren Herzens zu Hause – die singende Plüschmaus war doch recht groß, und das Einschlafen würde auch ohne musikalische Untermalung gelingen. Das **Nachtlicht** hingegen ließ sich problemlos in einer Rucksackecke unterbringen (**Adapter** gehörten ohnehin zur Reiseausstattung). Kopfzerbrechen bereitete uns allerdings die Aussicht auf wechselnde Unterkünfte an klimatisch unterschiedlichen Orten – welche Schlafumgebungen würden wir wohl jeweils fürs Baby vorfinden? Aus Erfahrung wussten wir, dass am anderen Ende der Welt auch in kühleren Gefilden nicht mit Zentralheizungen zu rechnen war und man als verwöhnter Mitteleuropäer durchaus mal frieren konnte. Nicht so schlimm für einen Erwachsenen, schwierig jedoch unter Umständen für ein Baby. Joost brauchte also einen **Schlafsack**, der sich verschiedenen Bedingungen anpassen konnte. Nun wussten wir von einem namhaften Hersteller, dass er zweiteilige Babyschlafsäcke im Angebot hatte: Ein dünner, langärmeliger Sommerschlafsack und ein warmer, ärmelloser Winterschlafsack konnten jeweils allein oder in Kombination übereinander angezogen werden. Das klang praktisch und vielseitig, hatte aber auch seinen Preis. Im Internet-Auktionshaus wurden selbst gebrauchte Exemplare noch hoch gehandelt und waren heiß umkämpft. Schließlich gelang es mir aber doch, zu einem erträglichen Kurs eine dreiteilige Kombination (Unterschlafsack in zwei Größen) zu erstehen – eine lohnenswerte Anschaffung, die Joost noch Monate nach der Reise gute Dienste leisten sollte. Für alle Fälle hatten wir noch eine **Kuscheldecke** (aus leichtem, fleeceähnlichem Gewebe) dabei, die zum Beispiel an kalten Tagen für mehr Wärme im Fußsack des Kinderwagens sorgte.

Am Abend vor der Abreise hatte Marcus die Idee, die **Kinderwagenmatratze** aus dem Korbaufsatz mitzunehmen. Joost würde vielleicht darauf schlafen können, im Flugzeug oder in Liegeposition des Sportwagens. Ich war wenig begeistert – die Matratze war unhandlich und sperrig im Gepäck. Sie passte aufrecht gerade mal so in Marcus' großen Rucksack, und ich hielt sie für einen ziemlichen Platzfresser. Marcus jedoch war von ihrem Nutzen überzeugt, und so kam die eigentlich ausgediente Matratze mit nach Australien. Das sollte sich als weise Entscheidung erweisen: Bedeckt mit einem passenden **Spannbettlaken** wurde das, was ich beim Packen noch als „Ungetüm" bezeichnet hatte, für viele Nächte unserer Reise Joosts Schlafunterlage (s. ***Wie man sich bettet…***, S. 53). Das Bettlaken übrigens haben wir zweckentfremdet auch gern als Sonnenschutz verwendet: Wenn das Licht gar zu grell durchs Autofenster schien, ließ sich das Tuch gut über Joosts Babyschale spannen.

Wer sieben Monate alt ist, hat das Bedürfnis zu greifen und sich mit **Spielzeug** zu beschäftigen. Auch Joost hatte natürlich vor seiner ersten halben Weltumrundung bereits viele schöne Dinge, mit denen er sich gern die Zeit vertrieb. Wir wählten eine Handvoll Lieblingsteile aus (darunter natürlich ein kleines vertrautes Stofftier zum Kuscheln und Einschlafen), die bequem ins Reisegepäck passten, und wurden ansonsten einfach kreativ bei der Beschaffung neuer „Spielsachen", wenn es unterwegs langweilig wurde. So spielte Joost zum Beispiel begeistert mit einer leeren Wasserflasche aus Plastik oder, besonders hingebungsvoll, mit Marcus' äußerst unempfindlichem und bruchsicherem Handy. Eine durchsichtige Plastikdose mit Schraubdeckel wurde zur Rassel, der wir immer neue visuelle und klangliche Qualitäten verliehen – schlicht durch Auswechseln des Inhalts: Kettenanhänger, die Gästeseife aus dem Motel, Münzen, … und ganz besonders gut klangen ein paar rohe Nudeln!

Die bereits erwähnte **Reiseapotheke** blieb in ihrem Umfang überschaubar, enthielt aber alles unmittelbar Wichtige: Fieberzäpfchen,

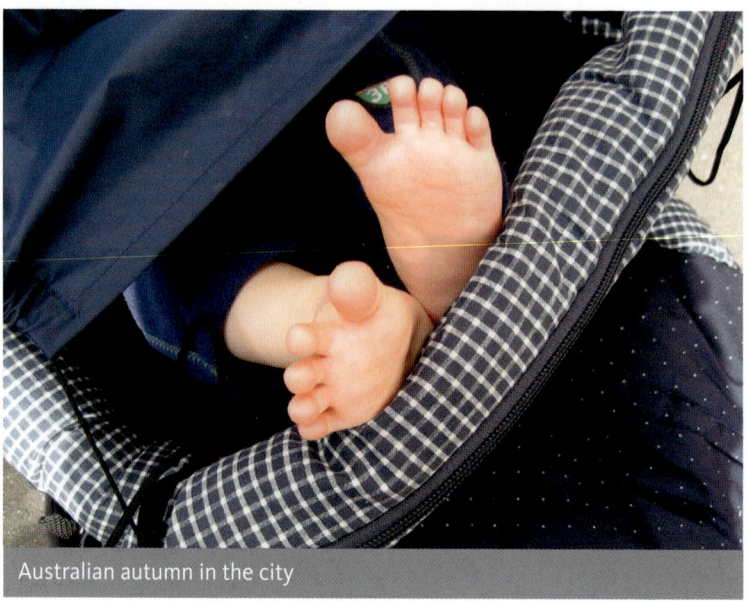

Australian autumn in the city

ein Elektrolyt bei Durchfallerkrankungen, ein Mittel gegen Erbrechen und ein Nasenspray. Letzteres empfahl der Kinderarzt ruhig vorsorglich ungefähr eine Stunde vor dem Abheben des Flugzeugs zu geben, damit die Atemwege frei waren und der Druckausgleich beim Start der Maschine leichter gelang. Wir versuchten es beim ersten Start allerdings ohne Spray, und nachdem das gut funktionierte, hatten wir fortan das Sprühfläschchen nur noch für den Fall eines Schnupfens dabei. Zu dem Medikament gegen Erbrechen erklärte uns der Kinderarzt, dass dieses auch bei extremer Unruhe des Kindes während des Fluges verabreicht werden dürfe – es mache schläfrig und erleichtere so das Einschlummern. Er habe gute Erfahrungen mit diesem Mittel gemacht – schreienden Kindern (sowie deren näherer Umgebung...) ließe sich so etwas Ruhe und Erholung über den Wolken verschaffen, und die Gabe des Medikaments zu diesem Zweck sei völlig unbedenklich. Für uns war es beruhigend, so ein „Notfallpräparat" zur Hand zu haben, wenngleich wir natürlich hofften, es nicht benutzen zu müssen – was zum Glück der Fall war. Joosts Fieberthermometer legten wir übrigens auch noch in die Reiseapotheke, ebenso wie eine Wund- und Heilsalbe.

Die **Sonnenmilch** (selbstverständlich mit hohem Lichtschutzfaktor, auch im australischen Herbst) für unseren kleinen Abenteurer stammte ebenfalls aus der Apotheke. Ich hatte sie im Grunde wider besseren Wissens dort gekauft, denn mir war durchaus bekannt, dass Sonnenschutzmittel in Australien deutlich preiswerter als in Deutschland sind. Doch muss da wohl die besorgte Mutter zur extra für die empfindliche Kinderhaut produzierten Creme aus der heimischen Apotheke gegriffen haben – wer wusste schon, ob es nun genau so etwas ohne problematische Inhaltsstoffe auch wirklich am anderen Ende der Welt gab? Wahrscheinlich hätte es so etwas gegeben – oder zumindest Vergleichbares. Wir haben in Australien nicht mehr aus Interesse nach ähnlichen Produkten gesucht, vermuten aber ganz stark, dass wir ein paar Euro und ein wenig Platz im Gepäck auf dem Hinflug hätten sparen können.

Ein weiterer Neuerwerb für die Reise war ein **Sonnenschutz für den Kinderwagen**. Dieser funktionierte im Grunde wie ein Sonnensegel, das an Griff und Verdeck befestigt wurde und beliebig nach oben und unten sowie zu beiden Seiten verschoben werden konnte. Joosts Aussicht beim Spazierengehen wurde durch diese Maßnahme zwar etwas beeinträchtigt, doch die grelle Sonne konnte ihn so tatsächlich nicht mehr blenden. Zudem war dieser Schutz aus ganz dünnem Material und konnte auf Handtellergröße zusammengefaltet werden – so war er ungleich kleiner, leichter und handlicher als der Sonnenschirm zum Anschrauben, mit dem unser Kinderwagen serienmäßig ausgestattet war.

Schon vor Joosts Geburt hatten wir einen gebrauchten **Baby-Tragegurt** gekauft, der einigermaßen leicht und handlich zusammengerollt werden konnte und für Spaziergänge auf kinderwagenuntauglichen Wegen ebenfalls eingepackt wurde.

An „Papierkram" brauchten wir für Joost außer den Reisedokumenten (Flugticket und Visumsbestätigung) natürlich seinen frisch ausgestellten **Kinderreisepass**. Auch den **Impfausweis** nahmen wir vorsichtshalber mit.

Sorgfältig galt es dann zu überlegen, was nun von den bereits handverlesenen Utensilien fürs Baby die noch höhere Ehre erhält, im **Handgepäck** reisen zu dürfen. Es gibt natürlich Selbstverständlichkeiten wie Windeln, Essen und Wechselkleidung (von allem lieber etwas mehr als womöglich zu wenig – vielleicht gibt es doch Verspätung beim Anschlussflug, oder das Hauptgepäck kommt nicht zur selben Zeit an wie man selbst). Jacke und Mütze möchte man parat haben, und Schlafsack und Kuscheldecke erleichtern das Schlummern während des Flugs. Die Reiseapotheke war ebenfalls griffbereit, ein Lätzchen und ein paar Mullwindeln für alle Fälle und Zwecke, das Stofftier zum Schmusen… Joosts Handgepäck war letztendlich schwerer als er selbst (und wohl auch etwas schwerer als erlaubt – aber niemand machte uns deshalb an irgendeinem Flughafen Schwierigkeiten). Doch man kennt es ja schon von Ausflügen oder dem Übernachtungsbesuch bei Oma: Babys reisen nun mal gern gut ausgerüstet – und sei es nur zur Beruhigung ihrer Eltern.

Wir durften für unseren Nachwuchs kein eigenes Gepäckstück aufgeben, dafür aber konnte der **Kinderwagen** mit auf Reisen gehen. Zum Glück stellten wir unmittelbar vor der Abreise fest, dass der Wagenaufsatz, in dem Joost seit seiner Geburt liegend geschoben worden war, ihn kolossal zu langweilen begann. Nachdem ich bei Spaziergängen mehrmals ein lauthals schimpfendes Baby aus dem Kinderwagen gehoben und ein gutes Stück des weiteren Weges auf dem Arm getragen hatte (während sich die Protestlaute augenblicklich in fröhliches Juchzen verwandelten – „Endlich gibt's mehr zu sehen als nur Himmel und Baumkronen!"), tauschten wir zu Hause den verschmähten „Babykram" gegen den Sportwagenaufsatz aus. Fortan machten Joost Spaziergänge wieder Spaß – und wir bedauerten ein wenig, dass der alte Aufsatz nun wohl nicht mit auf den fernen Kontinent kommen würde. Joost hatte nämlich so manches Mal gut in dem Kinderwagenkorb geschlafen, wenn wir über Nacht bei Freunden gewesen waren, und wir hatten im Stillen gehofft, dass sich so auch die Bettchenfrage für Australien regeln ließe. Dem war nun nicht so. Zum Glück jedoch ließ sich die Rückenlehne unseres Sportwagenaufsatzes komplett in die Waagerechte klappen, und wir waren zuversichtlich, dass Joost zumindest seine Nickerchen tagsüber bequem im Kinderwagen liegend würde halten können. Das funktionierte dann auch in der Praxis hervorragend – während wir durch Sydney stromerten oder bei einem *flat white coffee* die Aussicht aufs Meer genossen, träumte Joost unter dem Kinderwagenverdeck. An einer Fußgängerampel in Sydney warf einmal eine Frau einen Blick auf unser schlummerndes Kind und stellte treffend fest: „He's off with the fairies, that one!" Joost im Feenland mitten im wuseligen Stadtteil Kings Cross – so hatten wir uns Sydney mit Baby vorgestellt!

Mobilitätsgarantie?

Oder: Wie ein Baby von Oldenburg nach Hillston und zurück kommt

Der Wecker klingelte lange bevor wir uns freiwillig mit dem Gedanken ans Aufstehen befasst hätten. Am Abend zuvor hatten wir noch bis in die Nacht unsere Taschen gepackt und letzte Punkte auf der To-do-Liste abgearbeitet – an der Tatsache, dass unsere Reisevorbereitungen immer mit knapper Not noch in den vorgesehenen Zeitrahmen passten, hatte auch Joosts Anwesenheit nichts geändert. Am Morgen des Abreisetages – es war noch dunkel, als wir die letzten Vorkehrungen trafen und schließlich Joost wachstupsten, der sich wohl etwas irritiert fragte, warum er an diesem Tag nicht den Familienweckdienst übernommen hatte – musste jeder Handgriff sitzen. Und tatsächlich standen wir sogar einige Minuten zu früh an der Haltestelle vor unserem Haus und schauten in die Richtung, aus der gleich der Bus Richtung Bahnhof kommen sollte – dachten wir zumindest. Es vergingen die Minuten bis zur fahrplanmäßigen Ankunft des Busses und noch vier oder fünf weitere, und uns begann zu dämmern, dass dies nichts Gutes bedeuten konnte. Da wir nur wenige Haltestellen entfernt vom Ausgangspunkt der Linie wohnen, war eigentlich nicht damit zu rechnen, dass der Bus auf dieser ersten kurzen Strecke schon eine mehrminütige Verspätung einfahren würde. Zudem war es sechs Uhr morgens – das Verkehrsaufkommen hielt sich in sehr überschaubaren Grenzen. Wo also blieb unser Bus? Marcus, der am Vortag die passende Abfahrtzeit für uns am Haltestellenfahrplan ermittelt hatte, wendete sich diesem erneut zu – und rief erschrocken etwas, das wir lieber nicht in gedruckter und veröffentlichter Form wiederfinden wollen. Es drückte, so viel sei verraten, die ganze Panik aus, die derjenige verspürt, der eine geplante Reise nach Sydney über Hannover, Frankfurt und Bangkok bereits vor der eigenen Haustür in Oldenburg-Ofenerdiek scheitern sieht. Marcus war nämlich am Tag zuvor beim Lesen des Busfahrplans in der Zeile verrutscht, und nun stellte er fest, dass der Takt, in dem die Busse unserer Linie wünschenswerterweise fahren sollten, erst ab sieben Uhr morgens galt. Laut meiner Armbanduhr jedoch war es kurz nach sechs, und Plan B musste augenblicklich her, wenn wir nicht unseren Zug nach Hannover und alle nachfolgenden Verbindungen verpassen wollten. Mir fiel die Nummer des Taxiunternehmens in unserer ehemaligen Nachbarschaft ein (fünfmal dieselbe Ziffer – leicht zu merken auch für Zahlenlegastheniker wie mich), Marcus rief an (geistesgegenwärtig wies er neben der Dringlichkeit auch auf die Tatsache hin, dass wir mit viel Gepäck, Kinderwagen und Baby unterwegs waren und ein entsprechend großes Auto brauchen würden), und schon bald sahen wir ein Taxi die morgenleere Straße entlang auf unsere kleine Karawane zufahren. Gepäck und Kinderwagen passten problemlos hinein, allerdings stellte das Unternehmen keine Babyschalen (unsere eigene konnten wir ja nicht auch noch mitnehmen), und so musste ich Joost während der Fahrt auf dem Arm halten. Liebe ADAC-Mitarbeiter, liebe Redakteure einschlägiger Elternratgeber und –zeitschriften, liebe Mama: Ich weiß, dass das streng verboten ist und sehr gefährlich sein kann. Doch zeigen meine Schilderungen der Situation hoffentlich in nachvollziehbarer Weise, dass wir wirklich keine Wahl hatten. Zu diesem Zeitpunkt ahnte ich auch noch nicht, dass Joost nicht zum

Babys Sitz im Mietwagen

letzten Mal auf dieser Reise ohne die vorgeschriebene Vorrichtung in einem Verkehrsmittel transportiert werden sollte – doch dazu später mehr. Zunächst fuhren wir, Joost fest umklammert auf meinem Schoß auf dem Rücksitz, durch die langsam erwachende Stadt zum Bahnhof. Der Taxifahrer war sehr ruhig und freundlich und versicherte uns, wir würden unseren Zug schon noch erreichen. Als er uns am Bahnhofsvorplatz absetzte, stellte er fest: „Sehen Sie – jetzt haben Sie sogar noch genug Zeit, um sich einen Kaffee und ein Brötchen zu holen!" Das taten wir zwar nicht, denn die belegten Brötchen hatten wir bereits dabei, doch wir atmeten erleichtert auf und begaben uns ohne Eile auf das Gleis, von dem unser Zug nach Hannover abfahren sollte. In Kombination mit unserem Flug hatten wir Rail-and-Fly-Tickets gebucht, und ich hatte wenige Tage vor unserer Abreise bereits unter Eingabe der Reservierungsnummern die Fahrkarten am Automaten ausdrucken lassen. Als ich in diesem Zusammenhang im Reisezentrum der Deutschen Bahn auch Sitzplätze für uns reservieren wollte, war die Dame am Schalter zunächst wenig zuversichtlich – ich hatte um Plätze in einem Familienabteil gebeten, die man, was ich nicht wusste, eigentlich sehr zeitig buchen sollte. Dies hätte ich unabhängig vom Ausdrucken der Fahrkarten (welche man wirklich erst kurz vor Reiseantritt bekommt) auch schon Wochen vorher tun können. In meiner Unwissenheit hatte ich dennoch Glück: In beiden Zügen, dem nach Hannover und dem weiter zum Frankfurter Flughafen, waren noch freie Sitze in den begehrten Abteilen buchbar. So fanden wir an jenem Morgen unsere Plätze in einem ziemlich leeren Zug und einem gänzlich leeren Familienabteil, und eine Zugbegleiterin erklärte uns, dass dies eines der wenigen ganz neuen Abteile für Eltern und ihre Kinder sei. Es war quasi zweigeteilt: Im linken Abschnitt befanden sich Sitzplätze an einem Tisch, und ein Kinderwagen konnte problemlos daneben abgestellt werden, und im rechten Teil gab es weitere Sitze sowie einen gepolsterten und abgesicherten Kletter- und Spielbereich für Kinder. Joost konnte mit letzterem noch nicht sehr viel anfangen, doch wir empfanden die Fahrt nach Hannover als angenehm bequem und ruhig.

Dort angekommen, sahen wir schon auf dem Bahnsteig einen weiteren Kinderwagen – darin lag der kleine Florian, der samt seiner

Mama auf der Weiterfahrt nach Frankfurt zu unserer Reisebegleitung gehören sollte. Familienabteil Nummer zwei war weniger komfortabel ausgestattet als das Modell im Zug ab Oldenburg: Es gab keinen Platz für Kinderwagen (die stellten wir im angrenzenden Großraumabteil ab), auch kein Kletterparadies, aber einen Tisch sowie etwas Raum zum Spielen auf dem Boden. Auch befand es sich ganz in der Nähe einer Zugtoilette, in der es eine Wickelvorrichtung gab. Schön war es vor allem, so nette Gesellschaft zu haben: Außer Florian und Mama reiste mit uns eine weitere junge Mutter mit Baby, das gerade erst einige Wochen alt war. Diese bunt gemischte Gesellschaft verstand sich prima – Joost durfte mit auf Florians Krabbeldecke spielen (einem multifunktionalen großen Tragetuch, das seine Mutter auf der freien Fläche zwischen Tisch und Abteiltür ausgebreitet hatte) und die beiden fast gleichaltrigen Jungen erforschten neugierig jeweils das Spielzeug des anderen, so dass wir es in Frankfurt regelrecht bedauerten, uns verabschieden zu müssen.

Schwer bepackt machten wir uns auf den Weg vom Flughafenbahnhof zum Terminal. Wie lang dieser Weg gewesen wäre, wenn er einigermaßen direkt zum Ziel geführt hätte, wissen wir nicht – wir zumindest erreichten erst nach einer gefühlten Ewigkeit, einigen gut versteckten Aufzügen und mindestens ebenso vielen notwendigen oder irrtümlich eingeschlagenen Umwegen den Schalter von Thai Airways. Der Frankfurter Flughafen wird offenbar seinem Ruf, einer der unübersichtlicheren seiner Art zu sein, erst vollends gerecht, wenn man ihn mit Kinderwagen durchquert. Später auf dem (erneut reichlich verwirrenden) Weg zum Flugsteig wären wir noch beinahe an einer Metallschranke gescheitert, die einen engen Gang fernab jeglicher Flughafenmitarbeiter halb versperrte und eine zu schmale Lücke für Joosts „Rennauto" übrig ließ. Wir trugen Kind, Gepäck und Wagen nach und nach auf die andere Seite – welche Möglichkeiten ein Rollstuhlfahrer in dieser Situation gehabt hätte, mag ich mir nicht unbedingt genauer vorstellen.

Nun standen wir jedenfalls erst einmal in der Schlange zum Check-in und schoben uns, Rucksäcke in Schutztaschen packend und Reiseunterlagen heraussuchend, in Richtung Schalter vor. Dort blickten wir dann mit einer Mischung aus Spannung und Sorge auf die Digitalanzeige der Gepäckwaage, als unsere randvoll gefüllten, treuen Reisebegleiter in Augenschein genommen wurden... und jeweils knapp unter der erlaubten 20kg-Marke über das ächzende Laufband ruckelten! Das Handgepäck mit Joosts Ausrüstung jedoch war zu schwer – man riet uns, das Gewicht vor dem Passieren der Sicherheitskontrollen noch ein wenig umzuverteilen, damit es keine Schwierigkeiten gebe. Dies taten wir mangels sinnvoller Packalternativen nur sehr halbherzig, in der Hoffnung, dass sich schon niemand beschweren würde – was zum Glück auch der Fall war.

Für ein wenig Erleichterung in Sachen Handgepäck sorgte vor dem Abflug die Tatsache, dass es Mittag und höchste Zeit für eine Babymahlzeit war – ein Mitarbeiter eines Flughafenrestaurants wärmte anstandslos Joosts Gläschen in der Mikrowelle auf, während sich hinter Marcus schon ein weiterer Vater mit demselben Anliegen am Tresen anstellte. Gestärkt passierten wir die Kontrollen, wobei auch der Kinderwagen durchleuchtet wurde. Joost musste also aussteigen, der Wagen zusammengeklappt und mit dem übrigen Handgepäck aufs Band gelegt werden, und anschließend verwandelten wir unsere Karawane wieder in ihren Ausgangszustand zurück – nicht ganz unanstrengend, doch die Vorfreude ließ uns über diesen Hürdenlauf Richtung Gate hinweg sehen (und auf dem Rückweg erleichterte eine gewisse Routine die Prozedur). Schließlich erreichten wir unseren Flugsteig und nahmen in einem separaten Wartebereich Platz, bis die Aufrufe zum *boarding* begannen (bei denen man als Reisende mit Kind ja netter- und sinnvollerweise unter den ersten ist, die einsteigen und sich auf ihren Sitzplätzen einrichten dürfen). Unseren Kinderwagen, so sagte man uns bei der Ticketkontrolle am Eingang des Warteraums, könnten wir kurz vor dem Einsteigen hinter den Schaltern abstellen – er würde dann von Mitarbeitern der Airline an Bord gebracht.

Einige Zeit bis zum Einstieg in die Maschine von Thai Airways blieb uns nun noch, der nicht sonderlich anheimelnde Warteraum füllte sich zusehends, und wir kamen dank fehlender Toiletten (und selbstredend somit auch Wickelräume) nicht umhin, die sich langsam drängenden Anwesenden mit einem öffentlichen Windelwechsel auf dem Fußboden zu beglücken. Keiner der Umstehenden und –sitzenden jedoch störte sich daran (es hätte auch keine wirkliche

Alternative gegeben...), und Joost trug den erzwungenen Verzicht auf Privatsphäre ebenfalls mit Fassung.

Um 15:00 Uhr schließlich sollte der Flieger abheben in Richtung Bangkok* – eine Verbindung, für die wir uns aus mehreren Gründen entschieden hatten. Zum einen würden wir Sydney mit nur einem Zwischenstopp erreichen, was uns trotz der daraus resultierenden langen Teilstrecken lieber war als häufigeres „Rauf und Runter" und somit eine längere, letztendlich anstrengendere Gesamtreisezeit (die Variante „nach Neuseeland und zurück mit jeweils drei Zwischenlandungen" hatte ich zwei Jahre zuvor erprobt und für wenig vorteilhaft befunden). Auch konnten wir Frankfurt zur Abflugzeit unproblematisch (aufmerksames Fahrplanlesen vorausgesetzt) mit öffentlichen Verkehrsmitteln erreichen und mussten keine Übernachtung einplanen, um womöglich morgens oder auch nur mittags pünktlich am Flugsteig stehen zu können. Besonders gut gefiel uns zudem die Aussicht darauf, um 20:00 Uhr abends in Sydney anzukommen. Wir würden die Bahn in die Innenstadt nehmen, unsere gebuchte Unterkunft aufsuchen und dann rücklings ins Bett fallen, ohne uns noch quälend lange Stunden bis zum Abend wach halten zu müssen. Möglichen Erscheinungen von Jetlag und schlechter Stimmung am Ankunftstag konnten wir so ideal vorbeugen.

Der von Thai Airways angebotene Rückflug übrigens lag ähnlich günstig – zum Abflug um 15:30 Uhr sollten wir Sydney Airport komfortabel erreichen können, und nach unserer Ankunft in Frankfurt um 6:00 Uhr morgens hätten wir einen ganzen Tag lang Zeit, den Heimweg über beliebige Zugverbindungen anzutreten. Dieser Umstand sollte sich dann tatsächlich als beruhigender Hintergrund einer ansonsten etwas abenteuerlichen Reise mit der Deutschen Bahn herausstellen. Unser Zug ab Frankfurt nämlich bekam schon bald nach Verlassen des Bahnhofs Schwierigkeiten, seine ICE-Qualitäten unter Beweis zu stellen – er wurde langsamer und langsamer, die Durchsagen für eilige Fahrgäste über Reisealternativen von Halt zu Halt länger, und schließlich gab das tapfere Zugpersonal auf: Eine erkennbar entnervte Mitarbeiterin, die jedoch ihren Humor noch nicht gänzlich verloren hatte, kündigte an, dass es jetzt reiche und man diesen triebwerkgeschädigten Zug in Hannover stehen lassen werde. Wir Reisenden, die bis dahin durchgehalten hatten, taten also wie uns geheißen und verteilten uns in der Landeshauptstadt auf intakte Verkehrsmittel. Doch dank vergleichsweise früher Tageszeit und mitgebrachter australischer Gelassenheit konnte uns das alles überhaupt nicht bekümmern – amüsiert über die zusätzliche Reiseanekdote besorgten wir uns Tee und belegte Brötchen und nahmen den nächsten Zug nach Bremen.

Von all dem ahnten wir natürlich noch nichts, als wir unsere Sitzplätze in der Maschine nach Bangkok gefunden hatten. Diese befanden sich wie gebucht in einer Eltern-Kind-Reihe, am Anfang eines Flugzeugabschnitts vor einer Wand. Wir hatten in dieser Position mehr Fußraum als die meisten Mitreisenden – nützlich, um nach Ausschalten der Anschnallzeichen einige benötigte Gegenstände um sich herum zu verteilen oder das Kind ein wenig auf dem Boden spielen zu lassen (vom eigenen Körperkomfort ganz zu schweigen). Die Wand vor uns wies kleine, metallumrandete Aussparungen auf. Nicht weiter spannend, sollte man meinen, doch diese profanen, ja nennen wir sie ruhig „Löcher" waren de facto ein Segen für flugreisende Familien. Man konnte spezielle Babybettchen, sogenannte *Bassinettes* dort einhängen und dann den Nachwuchs zum Schlafen sicher angeschnallt aus den Armen legen. Wir wussten um die Existenz dieser Elternretter und hatten über das Reisebüro versucht, einen solchen für Joost zu buchen. Die Reservierung konnte jedoch nicht bestätigt werden – Bassinettes waren, wie wir dann herausfanden, für Babys von bis zu sechs Monaten und bis zu 10 kg Gewicht zugelassen, und Joost würde am Tag unserer Abreise genau sieben Monate und einen Tag alt sein. Das hatte das Buchungssystem durchschaut und eine Zusage des Bettchens verweigert. Man riet uns daraufhin, es dennoch zu versuchen, indem wir uns direkt an die Flugbegleiter wandten.

Noch ehe wir, gespannt auf den Ausgang unserer Verhandlungsabsichten, nun im Flugzeug diese Initiative ergreifen konnten, sprach uns eine Stewardess an – wir hätten ein Bassinette reserviert (unser Buchungsversuch war also tatsächlich bis hierher durchgedrungen), wie alt das Kind denn sei? Ebenso wahrheitsgemäß wie ungeschickt antwortete ich, dass Joost gestern erst sieben Monate alt geworden sei

Bus ride in Sydney

– im Glauben, dass da doch jeder ein Auge zudrücken würde, zumal Joost deutlich erkennbar weniger als die 10 kg Höchstbelastung auf die Waage brachte. Doch weit gefehlt – die Dame wies uns auf die Sicherheitsrisiken hin, erstickte meinen versuchten Einwand im Keim mit dem Hinweis, dass sie selbst Mutter sei und die Dinge einzuschät-

Flughafen Frankfurt

zen wisse, und wir blieben mit Kind auf dem Schoß zurück.

Es sollte kein Flug der Horrorszenarien werden, doch größtmögliche Stressfreiheit hätte vermutlich anders ausgesehen. Zum Glück waren wir zu zweit und konnten Joost abwechselnd halten und uns um ihn kümmern. Wurde es ihm auf dem Platz zu langweilig, machte einer von uns mit ihm einen Spaziergang durchs Flugzeug (und wurde in manch nettes Gespräch mit anderen Passagieren verwickelt). Auch im Fußraum vor unseren Sitzen mochte er zuweilen ein wenig spielen, so dass wir beide einmal für kurze Zeit Arme und Hände frei hatten. Nach der ersten, reichlich unentspannten Mahlzeit kam uns zudem die Erleuchtung, dass wir künftig um zeitversetztes Servieren bitten sollten – so konnte jeder von uns einigermaßen in Ruhe essen, während der andere sich mit Joost beschäftigte. An der logistischen Herausforderung, jeweils zwei ausgeklappte Tischchen samt gefüllten Tabletts inklusive Getränken vor einem lebhaften, interessierten und im wahrsten Sinne des Wortes zupackenden Baby zu schützen (und gegebenenfalls auch umgekehrt), sahen wir uns nämlich im Erstversuch gescheitert. Wenig bequem waren auch Joosts Schlafenszeiten, in denen er die Bewegungsfreiheit desjenigen, der ihn auf dem Arm hielt, praktisch auf Null herabsetzte – man konnte zwar immerhin selbst ein wenig dösen, jedoch auch keinesfalls mehr, um nicht Gefahr zu laufen, in den Schlaf sinkend das Kind fallen zu lassen.

Für die Teilstrecke von Bangkok nach Sydney nahmen wir uns vor, auf Nachfrage von Joosts tatsächlichem Alter zwei Tage wegzuflunkern – doch sollte sich dies am Ende als gar nicht nötig erweisen. Ein freundlicher Flugbegleiter schon leicht fortgeschrittenen Alters brachte uns ohne Nachfrage ein Bassinette, montierte es, zeigte uns die Handhabung und wünschte lächelnd einen guten Flug. Und wir verbrachten in Folge ein paar Stunden der Glückseligkeit. Mit Blick auf ein zufrieden schlummerndes und gut gesichertes Baby genossen wir entspannt Paenaeng-Curry an gedämpftem Thai-Hom-Mali-Reis und kamen zum Schluss, dass es eigentlich ganz schön einfach ist, Eltern eine Freude zu machen.

Für die Rückreise, das war uns natürlich an dieser Stelle bereits klar, würde es wohl kaum eine Chance auf Kulanz in Sachen Babybettchen geben – das mussten wir und der dann um einen weiteren Monat ältere Joost in Kauf nehmen. So gesehen hatten wir mit der Teilstrecke Frankfurt – Bangkok bereits ein Trainingslager für den Heimflug absolviert, ohne das wir aber durchaus auch bestens zurecht gekommen wären... Ein wenig neidisch blickten wir auf dem Weg von Sydney nach Bangkok dann auch über den Gang zu einer Mutter und ihrem wohlgenährten (aber wohl noch kein halbes Jahr alten) Nachwuchs hinüber, vor denen das Objekt unserer Begierde angebracht und anschließend ausgiebig genutzt wurde. Marcus murmelte wiederholt (berechtigte) Zweifel an der korrekten Anwendung der 10-kg-Vorgabe, doch wir sahen bei allem Wunschdenken auch ein, dass die Gewichtsbeschränkung nur die eine Seite der Medaille war: Schließlich soll die Altersgrenze für Bassinettes verhindern, dass weiter entwickelte und somit mobilere Kinder sich von ihrem Gurt befreien und während des Fluges aus dem Bettchen fallen. Und hinsichtlich des Bewegungsdrangs, das konnten wir nicht leugnen, war der gewichtstechnisch unterlegene Joost seinem Kollegen auf der anderen Seite des Ganges zweifelsfrei voraus – zumal er inzwischen das Krabbeln gelernt hatte und jede Möglichkeit zur Erweiterung seines Aktionsradius nutzte (ein Hoch an dieser Stelle auf die sitzplatzfreien Räume vor den Flugzeugausgängen, an deren segensreiche Funktion als Spielwiese über den Wolken wahrscheinlich bei der Konstruktion des Flugzeugs nicht mal gedacht worden war).

Es hätte alles viel anstrengender werden können – da waren wir uns einig, als wir uns in Sydney angekommen langsam in Richtung Bahnhof vorarbeiteten. Ehe wir den Gepäckwagen schweren Herzens am Durchgang zu den Bahngleisen zurücklassen und unsere Ausrüstung wieder komplett selber tragen mussten, kauften wir noch Fahrkarten am Schalter. Da wir vorhatten, ungefähr eine Woche lang erst einmal in Sydney zu bleiben, war ein *weekly pass* für uns ideal. Er erlaubte uns die Nutzung von Zügen, Bussen und – für uns die Attraktion des *Sydney public transport* überhaupt – Fähren zu einem günstigen Pauschalpreis. Der Herr am Schalter fragte noch, ob wir während der Woche nach Manly fahren wollten – ortskundig bejahte Marcus, noch ehe ich fragen konnte, was und wo Manly war. So zahlten wir pro Person statt der AUS$38 für einen *Red TravelPass* acht Dollar mehr für die nächste Tarifzone mit dem *Green TravelPass*** und hatten bereits einen schönen Tagesausflug mit halbstündiger Bootsfahrt durch den Sydney Harbour auf dem Programm. Irritierend war für uns allerdings, dass wir für die Fahrt vom Flughafen in die Innenstadt einen separaten Fahrschein lösen mussten. Auf die Nachfrage, warum unsere Wochentickets denn hier keine Gültigkeit hätten, erklärte man uns, dass der Bahnhof am Flughafen privatisiert sei und somit eigene Tarife hätte. Später fanden wir heraus, dass nicht nur die Bahnhöfe

International Airport und Domestic Airport diesen Sonderstatus haben, sondern dass auch bereits zwei Haltestellen zuvor (aus dem Stadtzentrum kommend) eine zusätzliche sogenannte *station access fee* zu entrichten ist. Ganz offenkundig sollen so Flugreisende zusätzlich zur Kasse gebeten werden – Leidtragende sind allerdings auch die einheimischen Nutzer der Bahn, die die Regelung als eine Unverschämtheit werteten. Die *Sydneysiders* kritisierten diese für Australien insgesamt untypische Vorgehensweise dabei gewiss nicht nur aus eigennützigen Motiven, sondern auch, weil sie ihr Land in ein Licht stellt, das seinem eigentlichen Charakter widerspricht.

Von dieser (vergleichsweise kleinen) Unerfreulichkeit abgesehen waren die Züge in Sydney ein von uns gern genutztes Verkehrsmittel. Barrierefreiheit und somit freie Bahn für Joosts Kinderwagen waren gewährleistet, auch wenn man natürlich kleine Umwege über die Fahrstühle in Kauf nehmen musste. Den ganz kleinen Fahrgästen galt sogar die besondere Aufmerksamkeit der Bahnbetreiber – an einem Bahnsteig fanden wir ein Poster mit Titel „*Taking your pram on the train?*“, das Hinweise für eine sichere Nutzung des Verkehrsmittels mit Kinderwagen gab. Für Bewohner insgesamt städtisch geprägter Länder mochte es offensichtlich sein, dass man die Bremsen eines Kinderwagens in fahrenden Zügen feststellte und das Gefährt parallel zu den Gleisen parkte – doch Städte wie Sydney empfingen nicht erst seit den Olympischen Spielen Gäste aus allen erdenklichen Ecken der Erde, deren Infrastrukturen womöglich bestenfalls gelegentlichen Busverkehr vorsahen. Nicht zu vergessen war auch die Tatsache, dass viele Gegenden Australiens zwar regelmäßig zu ihrer Grundversorgung von Flugzeugen oder riesigen Roadtrains angesteuert werden, Busse und Bahnen dort jedoch meilenweit (und das ist noch untertrieben) nicht aufzufinden sind. Auch an Landsleute aus Kleinstädten und dem Outback wird man wohl gedacht haben, als das Poster entworfen wurde – dessen Service bei gedruckten Tipps nicht Halt machte, sondern sogar eine *free pram safety DVD* zur Bestellung unter einer kostenlosen Telefonnummer anbot.
Für kürzere oder durch das Bahnnetz nicht abgedeckte Strecken nutzten wir auch mehrfach die Busse in Sydney – und trafen, verwöhnt

durch den Standard des ÖPNV zu Hause, auf ein unerwartetes Phänomen. Es wäre uns, hätten wir keinen Kinderwagen dabei gehabt, wohl gar nicht weiter aufgefallen – mit Joosts Rennauto im Schlepp jedoch war es ein gänzlich ungewohntes Hindernis: In Sydney verkehrten noch zahlreiche Busse ohne Niederflur-Technik. Der Einstieg erfolgte somit über Treppenstufen, und zum Gehsteig hin absenkbar waren diese Fahrzeuge natürlich auch nicht. Als wir einen solchen Bus zum ersten Mal vor uns sahen und mitfahren wollten, dachten wir zunächst noch, wir könnten den Kinderwagen zu zweit die Treppenstufen hochtragen – doch unser altes Modell eines namhaften, für die Robustheit seiner Produkte bekannten Herstellers (schmeichelhafter Kommentar eines Flughafenmitarbeiters in Bangkok: „That's a Rolls Royce!") passte durch keine der Türöffnungen. Zudem gab es im Innenraum des Busses keine Abstellflächen für Babys fahrbaren Untersatz. Ratlos wandten wir uns an den Busfahrer, der vorschlug, den Wagen zusammenzuklappen und dann einzusteigen oder auf einen Bus mit *wheelchair access* zu warten. Der Tag war ohnehin schon etwas weiter fortgeschritten, und wir wussten nicht, wie oft auf der Linie wohl rollstuhlgerechte Busse verkehren würden – statt letzteres nun auch noch beim Fahrer zu erfragen, entschieden wir uns kurzerhand für Vorschlag A. Joost bekam einen Fensterplatz auf Mamas Schoß und fand die Aussicht kolossal. Mama äußerte noch pflichtbewusst Sicherheitsbedenken, von denen Papa sie jedoch schnell ablenkte, indem er Sehenswertes entlang des Weges in seine alte Heimat, den Stadtteil Balmain, erklärte.

Ein späterer Blick auf einen Haltestellenfahrplan zeigte uns, dass Abfahrtzeiten von Niederflurbussen mit einem Rollstuhlzeichen markiert waren und recht häufig vorkamen. Wer sich rechtzeitig informierte, konnte also ohne Schwierigkeiten mit Kinderwagen in Sydney Bus fahren – nur eben nicht ganz so häufig wie Passagiere ohne zusätzliches Gefährt auf Rädern.

Am Ende unserer Reise sollten wir Joost noch ein weiteres Mal auf dem Schoß durch den Verkehr von Sydney transportieren – für die Fahrt zum Flughafen (die erste – doch dazu später mehr...) hatten wir Plätze in einem *airport shuttle* gebucht, da der Weg von unserer aktuellen Unterkunft mit Bus und Bahn langwierig und anstrengend

Joost findet im Flugzeug eine Spielkameradin

geworden wäre. Bei der Buchung gaben wir an, mit Baby zu reisen, doch man sagte uns, entsprechende Sicherheitsvorrichtungen wie Babyschalen stelle das Unternehmen nicht zur Verfügung. Befördert wurden wir dennoch, und obwohl es natürlich eine Ausnahme bleiben musste, wussten wir uns mit der suboptimalen Variante „Kind reist auf Schoß" hinreichend zu arrangieren. Mütterliche Proteste wollten zwar erneut zur Kenntnis genommen werden, blieben jedoch in Ermangelung vernünftiger Alternativen zurückhaltend...

Waren wir zu Fuß unterwegs, war der Kinderwagen immer mit von der Partie. Den Aufsatz mussten wir bereits am ersten Tag umdrehen – mindestens ein kinderwagenschiebendes Elternteil blockierte zu Anfang des Spaziergangs Joosts Sicht, was dieser nicht zu akzeptieren bereit war. Kaum war jedoch der Umbau vollzogen und der Blick auf das sich nähernde Opera House frei, stellte sich Zufriedenheit ein – wenig verwunderlich; das hätten wir uns eigentlich direkt denken können...! Die Möglichkeit, tagsüber im waagerecht eingestellten Kinderwagen zu schlafen, nutzte Joost zu unserer Freude ohne Protest. Sein Sonnensegel schützte ihn dabei an warmen Tagen, und wurde es später in den Bergen kalt, kamen der Fußsack und die wärmende Kuscheldecke zum Einsatz. Gerade in Sydney waren wir meist den ganzen Tag über unterwegs, und selbstverständlich sollte Joost nicht während der ganzen Zeit sitzend oder liegend im Kinderwagen verharren. Seinen Baby-Tragegurt hatten wir stets im Tagesgepäck, und Joost waren die wechselnden Perspektiven ein willkommener Spaß. Mussten wir den Kinderwagen einmal irgendwo draußen stehen lassen, etwa bei der Führung durch das Opera House oder dem Besuch des Sydney Tower, hatten wir immer eine alternative Beförderungsoption für den Kleinen parat, bei der zumal noch beide Eltern die Hände frei hatten (einer trug unseren Rucksack hinten, der andere Joost vorne). Schön und wichtig bei den täglichen Ausflugstouren waren natürlich immer auch die Pausen, in denen wir uns auf einer Wiese oder an anderer geeigneter Stelle niederlassen und Joost turnen, sich rollen und sehr bald auch krabbeln lassen konnten.

Unsere Zeit außerhalb Sydneys bedeutete (bis auf ein kurzes Zwischenspiel für eine Fahrt von Queanbeyan nach Canberra und zurück) auch den Abschied vom öffentlichen Nahverkehr. Wir wollten New South Wales erkunden, unsere Ziele und Zwischenstopps erst entlang des Weges festlegen und flexibel und kurzfristig entscheiden können, wann es wo entlang gehen sollte – *public transport* bot hierfür keine Möglichkeiten, das wussten wir schon vor der Reise. Ein Auto musste also her, und das war kurzfristig und unkompliziert bei „No Birds", einer der zahlreichen Mietwagenfirmen an der William Street in Kings Cross zu haben. Dort arrangierte man für uns über ein Partnerunternehmen auch eine *baby capsule*, die eine Dame für uns einbaute und erläuterte, als wir den Mietwagen in Empfang nahmen. Das Modell hatte wenig mit der Babyschale gemeinsam, in der wir Joost zu Hause im Auto mitnahmen, und erschien mir auf den ersten Blick fast ein wenig instabil: Eine äußere Kunststoffschale wurde fest auf dem Rücksitz installiert, dort hinein kam die eigentliche Liegeschale. Diese war vergleichsweise spärlich gepolstert und hatte keine Kopfstützen, jedoch machte der über Schultern und Taille sichernde Gurt einen guten Eindruck. Ein weiterer Gurt, nach dem Anschnallen des Babys in der Liegeschale anzubringen, verband die äußere Schale mit einer Vorrichtung an der Rücksitzlehne – das sah nach einer guten Idee für zusätzliche Sicherheit aus. In der Praxis erwies es sich für uns allerdings zunächst als ungewohnt – mehrmals wurde eine Fahrt bereits nach kurzer Zeit unterbrochen durch die Eingebung: „Anhalten – ich hab' Joosts zweiten Gurt vergessen!" Insgesamt bestätigte sich der allererste Eindruck womöglich mangelhafter Qualität des Kindersitzes natürlich nicht – die entliehene *baby capsule* folgte einfach einem anderen, für uns teils gewöhnungsbedürftigen Prinzip. Eine etwas bequemere Polsterung wäre sicher nicht schlecht gewesen, und gerade die fehlende Kopfstütze empfanden wir als Manko (vor allem für ein schlafendes Kind) – doch Kuscheldecke, Fleecejacke oder ähnliches ließen sich ersatzweise stützend um Joosts Kopf drapieren, wenn er ein Nickerchen hielt. Interessant fanden wir das „Einkaufskorb-Prinzip", nach dem die innere Schale entsichert und an zwei Henkeln samt Kind aus der äußeren herausgenommen werden konnte. Besonders praktisch war dies natürlich für den Fall, dass eine Fahrt vor dem Aufwachen des jüngsten Passagiers beendet war und man gemeinsam das Auto verlassen wollte (zu Hause werkelten wir mangels fortschrittlicher Isofix-Ausstattung dann immer etwas umständlich mit Gurten herum) – was uns so jedoch kaum passiert ist. Vielmehr fuhren wir immer ein wenig über Joosts Vormittags- und Nachmittagsschläfchen hinaus von Ort zu Ort, um anschließend während seiner wachen Phasen gemeinsam die jeweils erreichte Gegend unsicher zu machen.

So durchkreuzten wir einen guten Teil des südöstlichen New South Wales mit seinen Landschaften und Ortschaften. Am äußersten westlichen Punkt seiner Reise schließlich erreichte Baby Joost aus Oldenburg Hillston – schon im Outback Australiens gelegen, zweifelsfrei, denn nicht erst seit ein paar Kilometern umgaben uns rote Erde, unbefestigte Straßen und spärliche Besiedlung. Doch so abgelegen diese Region bereits war – im Pub servierte man uns zwischen den Brötchenhälften eines Burgers neben anderen schmackhaften Zutaten auch frische, knackige Salatblätter und saftige Tomatenscheiben. Qualitativ überzeugende Lebensmittelversorgung schien trotz räumlicher Abgeschiedenheit gewährleistet – für Menschen mit Zähnen und vollständig entwickeltem Verdauungssystem jedenfalls. Und wie sah die Situation im Falle eines sieben Monate alten Krabblers aus...?

* Während des relativ kurzen Aufenthalts in Bangkok lud man für uns, wie beim Einchecken erbeten, den Kinderwagen aus dem Flugzeug – eine bequeme, für alle Beteiligten entspannte und somit unbedingt empfehlenswerte Maßnahme.
** Stand: Mai 2009

Für den original australischen Burger inklusive Ananas und Rote Bete war er dann doch noch ein wenig jung, auch wenn unser Sohn vermehrt neidische Blicke auf unsere Teller warf. Dass er dennoch nicht zu kurz kommen würde, war ihm aber sicher bereits wenige Tage nach unserer Ankunft klar, als er zum ersten Mal frisch zubereitete Süßkartoffeln probierte – und Papa ihn angesichts der offenkundigen Begeisterung großzügig den überwiegenden Teil seiner Portion verspeisen ließ. Insgesamt jedoch wäre es auf dieser Reise mangels regelmäßig zugänglicher Koch- und Kühlmöglichkeiten praktisch nicht umsetzbar gewesen, Joosts Mahlzeiten konsequent selbst zuzubereiten. Nun waren wir auch zu Hause schon keine Jünger der Religion „Ausschließlich selber kochen“ gewesen, und Joost hatte (gerade wenn wir unterwegs waren) bereits den Inhalt diverser handelsüblicher **Babygläschen** widerspruchslos vertilgt. Da sollte es doch auch in australischen Supermarktregalen entsprechende Leckereien geben, oder?

In der Tat. Ob nun *Pumpkin*, *Potato & Beef*, *Organic Golden Vegetable Mash* oder *Spring Lamb and Vegetables* – die Auswahl an herzhaften **Mittagsmahlzeiten** ließ Joost sich schmecken, wobei wahre Begeisterungsstürme durch *Pasta Bolognese* ausgelöst wurden! Das Nudelgericht enthielt bereits typisch italienische Kräuter – vielleicht war es nicht zuletzt auch darum so lecker…! Ansonsten nämlich mieden wir, wie wir es gemäß unseren deutschen Ernährungsempfehlungen gewohnt waren, Gläschen mit würzenden Zutaten – was in Australien dem Anschein nach etwas lockerer gesehen wurde. Zumindest fanden wir bei der „Futtersuche“ so manche Babymahlzeit, die nicht näher definierte *herb extracts* oder auch mal *beef stock* enthielt. Aller Wahrscheinlichkeit nach wird dadurch noch kein Kind ernsthaft gesundheitlich beeinträchtigt worden sein, doch vorsichtshalber blieben wir unseren puristischen Gewohnheiten einfach treu – was die Auswahl an Fertigmahlzeiten für Joost zwar einschränkte, jedoch immer noch genug Alternativen übrig ließ. Eine Ausnahme war eben jene Pasta, die ihren Weg in unseren Einkaufskorb anfangs versehentlich gefunden hatte, dann aber immer wieder nachgekauft wurde. Wir hatten einfach so einen Spaß an Joosts leuchtenden Augen und dem erwartungsfrohen „Hamm!" aus seinem Mund (und ein wenig Basilikum konnte wohl kaum schaden)!

Die Nachspeise war ebenfalls gesichert, dank der kleinen Gläschen mit **Obstpürees** in Sorten wie *fruity pear* oder *orchard apple*. Natürlich haben wir **Obst** (vor allem die für unterwegs so praktischen Bananen) auch im Originalzustand in Supermärkten gekauft, um es anschließend für den bisher noch zahnlosen Junior selbst zu zerkleinern. Wem Bio-Qualität wichtig ist, der kann *organic fruit and vegetables* erwerben, doch muss man hierfür die etwas größeren oder spezialisierte Lebensmittelgeschäfte ansteuern und kann ein solches Angebot nicht im kleinsten Ort erwarten. Wir haben auf unserer Reise zumeist Obst aus konventionellem, jedoch möglichst australischem Anbau gekauft – anders als gewohnt gab es nun ja sogar die geliebten Bananen in der regional angebauten Variante! Auf den Verkauf von Nahrungsmitteln aus heimischer Herstellung wurde, so gewannen wir den Eindruck, insgesamt Wert gelegt: Eine große Supermarktkette warb in der Obst- und Gemüseabteilung mit ihrem Grundsatz: „90% Australian-grown!" Da sollte doch wirklich jeder, dem importierte Früchte aus weiten Fernen suspekt sind, in der Lage sein, seine Vitaminzufuhr in abwechslungsreicher Weise zu sichern?

Gegen Ende unserer Reise wurde Joost hungriger, und die Einführung des **Nachmittagsbreis** schien sinnvoll. Auch hier fanden wir Babygläschen, die sich in der Zusammensetzung ihrer Inhalte an den uns vertrauten Ernährungsrichtlinien orientierten: Ein Obst-Getreide-Brei sollte es sein, und da war zum Beispiel der *Golden Fruits Porridge* genau das Richtige.

Was die Fertignahrung aus Gläschen betrifft, so sei noch gesagt, dass sich auch hier zahlreiche Produkte in Bio-Qualität in den Supermarktregalen fanden. Die Firma Heinz, deren Namen wir Deutschen wohl in erster Linie mit Bratwurstduft und Grillabenden in Verbindung bringen, ist in Australien einer der Hauptanbieter für Babynahrung und hat auch „Bio"-Produkte im Sortiment. Eine neuseeländische Firma, deren

Pasta Bolognese!

Babygläschen wir häufig im Gepäck hatten (nicht zuletzt, weil sie für *Pasta Bolognese* verantwortlich zeichnete), hatte ihren Namen gleich zum Programm gemacht: *Only organic* waren auch die Inhaltsstoffe ihrer Produkte.

So waren wir *down under* mit der Auswahl an Babynahrung im Glas wirklich zufrieden. Zudem fand sich auch unterwegs immer irgendwo die Gelegenheit, eine Mittagsmahlzeit für Joost **aufwärmen** zu lassen: Ob im Café oder im Pub, nach der Bestellung für unseren eigenen Imbiss nahm man immer auch gern das Gläschen für unseren Sohn in Empfang und stellte es in die Mikrowelle. Nicht selten bekam Joost sein Essen sogar hübsch angerichtet in einem Schälchen serviert – die netteste Begegnung dieser Art hatten wir gleich am ersten Tag in Sydney in einem Café am Circular Quai mit Blick auf das Opera House. Trotz der von vermuteten eher gehobeneren Preis- und Publikumsklasse hatten wir uns dort niedergelassen, denn die Aussicht war traumhaft, uns dürstete nach Kaffee, und vor allem war es unbedingt Zeit für Joosts Mittagessen. Fast verschämt hielten wir der Bedienung, nachdem sie uns einen Tisch zugewiesen und unsere bescheidene Bestellung aufgenommen hatte, das Gläschen entgegen mit der Frage, ob sie es wohl aufwärmen könne. Selbstverständlich, so ihre Antwort – und nach einer Weile erschien sie stolz mit einem weißen Teller, darauf eine schwarze Serviette, darauf wiederum eine kleine, eckige Schüssel, und inmitten dieses stylishen Ambientes befand sich der Babybrei. Sie entschuldigte sich noch, dass es ein wenig länger gedauert habe, und erklärte, sie habe einen größeren und einen kleinen Löffel dazugelegt – so könnten wir auswählen, welcher am angenehmsten zum Füttern sei; sie selbst sei sich da nicht sicher gewesen. Und strahlend erzählte sie uns, dass der Koch des Hauses Neuseeländer sei und selbst Kinder habe – zum Glück, denn so habe er genau gewusst, welche Temperatur das Essen haben müsste – sie und ihre übrigen Kollegen hätten sich auf diesem Gebiet gar nicht so gut ausgekannt. Wir waren sprachlos. Eingestellt darauf, in diesem Etablissement vielleicht höflich geduldet zu werden, erlebten wir nun diese herzliche, ehrliche Freude daran, den Gästen etwas besonders Gutes tun zu können. Noch oft sollten wir Freunden und Bekannten von dieser Begegnung erzählen und werden es bestimmt noch einige weitere Male tun.

Gute Dienste im Sinne einer warmen Mittagsmahlzeit fürs Baby leisten in Australien auch einige der sogenannten *parent rooms*. In Shoppingcentern (wie Haymarket nahe Sydneys Chinatown), großen Supermärkten oder öffentlichen Gebäuden (wie dem National Museum of Australia in Canberra) findet man diese Einrichtungen in unterschiedlichen Größen und Ausstattungen. Wickelvorrichtungen und Waschgelegenheiten haben sie alle, doch gibt es oft auch Extras wie Stillkabinen, niedrige Toiletten für Kleinkinder oder eben eine

Proviantplünderung

Mikrowelle. Gerade auf Reisen sind diese Versorgungszentren Gold wert – doch auch in heimischen Gefilden wären wir bei manchem Ausflug für einen solchen Standard an Familienfreundlichkeit dankbar gewesen.

Übrigens wurden für uns die Babygläschen natürlich auch **während der Flugreise** auf Betriebstemperatur gebracht. Joosts Flugtikket umfasste sogar die Option *baby meal*, welche wir auch buchten – allerdings gab es dann an Bord Mittagsmahlzeiten, die bereits Salz enthielten, so dass wir lieber um die Zubereitung unserer eigenen mitgebrachten Fertignahrung baten. Als die Flugbegleiterin auf dem Weg von Bangkok nach Sydney freundlich fragte, ob es für den Kleinen etwas Obst sein dürfe, nahmen wir dieses Angebot gern an – und bekamen ein Gläschen gereicht, dessen Etikett aufgrund eines kleinen Fotos auf apfelhaltigen Inhalt schließen ließ. Die detaillierteren Informationen erschlossen sich uns nicht, da die Beschriftung nur in thailändischer Sprache war. Doch die Stewardess übersetzte sie uns auf Nachfrage und erklärte, es befände sich zu fast 100 Prozent pürierter Apfel im Behälter – der Rest sei Vitamin C. Das klang auch in den

Ohren der ernährungsbewussten Eltern (zumindest was den Spröss-
ling angeht – vom eigenen Schokoladenkonsum sei hier besser nicht
die Rede...) nach guter Babynahrung: grünes Licht für grüne Äpfel!

Zurück nun aber nach Australien mit einem Blick auf mögliche Tücken
bei der Beschaffung von Gläschenmahlzeiten...! Eine gute Idee ist es,
so stellten wir während unserer Autoreise durch New South Wales
fest, sich in dieser Hinsicht mit einer gewissen **Reserve** zu bevorraten
– zumindest dann, wenn es in einsamere Gefilde geht. Praktisch ist es
ja ohnehin, nicht jeden Tag aufs Neue fürs Baby einkaufen gehen zu
müssen (zumal im Auto immer ein Eckchen frei ist für die Tüte mit
den Fertiggläschen) – doch kann es einem eben auch passieren, dass
bei spontan auftretendem Bedarf keine passende Einkaufsmöglichkeit
in Reichweite ist. Mit dieser Situation machten wir Erfahrung, als wir
unweit der Grenze zum Bundesstaat Victoria die Küste in Richtung
Nordosten verließen. Morgens in Bermagui hatten wir noch davon
gesprochen, dass wir neuen Proviant für Joost kaufen müssten. Bislang
war das nie ein Problem gewesen, und bis zum Mittag lagen noch einige
Stunden vor uns, in denen wir diverse Kilometer zurücklegen und die
eine oder andere Ortschaft passieren wollten. Schon bald erreichten
wir Bega an der Abzweigung zum Highway 18, doch die Hauptverkehrsstraße führte am Stadtkern vorbei – für die Suche nach einem
Supermarkt hätten wir also unsere Route verlassen müssen. Ach, da
kommen ja noch ein paar kleinere Orte auf dem Weg nach Canberra,
sagten wir uns – bestimmt würde dort irgendwo ein Lebensmittelge-
schäft direkt an der Straße liegen. So fuhren wir weiter, zunächst durch
Bemboka, doch für die Mittagspause war es immer noch zu früh, was
kam denn da als Nächstes auf der Karte...? Nimmitabel. Welch drolli-
ger Ortsname, und wie spricht man den wohl aus? Sicher würde uns
das einer der *locals* bei unserer Rast verraten, die wir beschlossen, dort
abzuhalten – und neben einem Snack für Mama und Papa würden
wir uns in Nimmitabel auch Nachschub für Joosts Vorratstüte beschaf-
fen. So sah zumindest unsere Planung aus. Nimmitabel stellte sich
als eine irgendwie anheimelnde Ansammlung von Häuschen heraus,
doch bei genauerem Hinsehen fiel uns auf, dass nicht wenige von
ihnen leer standen. „For sale"-Schilder hingen in einigen Fenstern,

und dahinter sah es aus, als wären die Räume nicht erst seit wenigen Tagen unbewohnt. Der Ort schien nicht in der Blüte seiner Entwicklung zu stehen, und obgleich wir ihn gerade zum ersten Mal sahen, tat uns das auf eine Weise Leid. Wir fuhren einmal durch das ganze Dorf, um uns eine Übersicht zu verschaffen, wendeten dann und hielten vor dem kleinen Tante-Emma-Laden, den wir zuvor erspäht hatten. „The Friendliest Supermarket" nannte er sich, das fanden wir sympathisch – auch wenn nicht ganz klar war, womit er sich verglich, denn er schien zugleich der einzige seiner Art im Ort zu sein. Ein Heißgetränk und einen kleinen Imbiss hätte man hier in jedem Fall auch bekommen, doch wir hatten auf der anderen Straßenseite bereits eine große und doch gleichzeitig kuschelig anmutende Bäckerei mit zahlreichen Sitzgelegenheiten gesehen, die genau unseren Wünschen für eine nette Mittagspause entsprach. Aus dem kleinen Laden sollten es nur die Gläschen für Joost sein, von denen er nun aber auch bestimmt ganz bald eines essen wollte. Hätten wir unseren Reiseführer sorgfältiger gelesen, wären wir vielleicht auf die Idee gekommen, dass der Ort unseres Zwischenstopps seine Einwohner und Besucher nicht zwangsläufig mit allem versorgen konnte, was diese brauchten: „Pretty Nimmitabel [...] is a good spot for a coffee fix but you'll have to look elsewhere for petrol."* Diese Feststellung wäre zu ergänzen gewesen um den Zusatz „and baby food", doch die Redaktion des *Lonely Planet* legt nun mal üblicherweise den Schwerpunkt ihrer Reiseinformationen nicht auf den Bereich „Verpflegung von Babys und Kleinkindern". Fairerweise muss ich sagen, dass man in Nimmitabel vor einer Weile durchaus noch Babys Bäuchlein hätte füllen können – am Tag unserer Durchreise jedoch begab sich folgendes: Ich betrat den Laden, der zunächst menschenleer schien. Zwischen den Regalen tauchte nach kurzer Zeit dann aber doch eine nette Dame auf, die mich fragte, ob sie helfen könne. Ich trug ihr mein Anliegen vor, und sie sah mich erstaunt an: „Baby food?!" Die Reaktion auf ein Kaufgesuch nach Dinosauriereiern hätte kaum überraschter sein können. Nein, *baby food* habe sie keins da. Vor einigen Monaten habe sie die letzten Gläschen weggeworfen, da das Verfallsdatum abgelaufen war – „Nobody has asked for baby food in years!" Fürsorglich (und somit dem Namen ihres Geschäfts Ehre machend) verwies sie mich auf das gut 30 Kilo-

meter nördlich gelegene Cooma, wo eine Filiale einer großen Supermarktkette alles hätte, was ich mir nur wünschen könnte. Wie wir am
Nachmittag beim nächsten Pausenstopp feststellen sollten, traf das zu
– doch hier in Nimmitabel war es inzwischen höchste Zeit für Joosts
Mittagessen, und ein weiteres Hinauszögern durch die Fahrt nach
Cooma plus Einkaufstour kam nicht in Frage. Guter Rat war zum
Glück nicht wirklich teuer, denn kurzerhand tauschten wir Mittags-
und Nachmittagsmahlzeit einfach aus. Der hungrige Junior nahm dies
protestlos hin, wurde in Nimmitabel gestillt und bekam in Cooma
dann sein Fleisch und Gemüse in Püreeform. Allerdings hatten wir
über die „No baby food"-Episode hinweg glatt vergessen zu fragen,
wie man denn nun den Namen des Örtchens mit Versorgungseng-
pass tatsächlich ausspricht…! Blieb zu hoffen, dass Nimmitabel auch
in einigen Jahren noch auf der Landkarte zu finden sein würde – wir
machten uns ein wenig Sorgen angesichts der leerstehenden Häuser
und der ausbleibenden Nachfrage nach Babynahrung…

Nicht nur an jenem Mittag in Nimmitabel wäre das Reisen mit Baby
für uns wohl deutlich unpraktischer gewesen, hätte Joost seine **Milchmahlzeiten** im Fläschchen bekommen. Vorsichtshalber hatte ich
mich vor unserem Monat *down under* zumindest ansatzweise darüber
informiert, welche Flaschennahrung für Babys in Australien erhältlich war. Im Internet las ich auf verschiedenen Seiten von Herstel-
lern und Gesundheitseinrichtungen, dass das Angebot offensichtlich
dem deutschen (soweit ich mich mit diesem auskannte) nicht unähnlich war: *Formula*, Milchpulver zur Zubereitung von Säuglings- und
Babynahrung, gab es in mehreren Abstufungen (*stages*), die sich am
Alter der Kinder orientierten. Auch Produkte für Babys mit Aller-
gien oder anderen gesundheitlichen Einschränkungen waren in verschiedenen Ausführungen erhältlich. Sollte es also aus irgendwelchen
Gründen nötig werden, im Laufe unserer Reise Milchfläschchen für
Joost zuzubereiten, würden wir uns (wie nicht anders zu erwarten
war) problemlos vor Ort mit dem erforderlichen „Equipment" aus-
statten können – doch erpicht war ich auf diese Möglichkeit nicht.
Zwar war Joost mit sieben Monaten dem Alter entwachsen, in dem
noch täglich der Schnuller und gegebenenfalls Fläschchen sterilisiert

werden mussten, doch brauchte man zur Zubereitung einer Milch-
mahlzeit aus Fertigpulver ja dennoch heißes Wasser – ich stellte mir
die Prozedur des Fläschchenmachens und –sauberhaltens unterwegs
recht umständlich vor (was aber auch daran liegen mochte, dass mir
die Erfahrung und die cleveren Tipps und Tricks im Umgang mit Flaschennahrung weitgehend fehlten).

Wie ja im Grunde auch zu Hause war das Stillen auf Reisen einfach
unschlagbar praktisch, und wir kamen auch nicht in die Verlegenheit,
Flaschennahrung hinzuziehen zu müssen. Australien ist zudem ein
Land, in dem sich niemand daran stört, wenn Babys auch einmal auf
einer Parkbank oder in einem Café gestillt werden (dass dies möglichst dezent geschieht, war für mich allerdings hier wie dort immer
eine Selbstverständlichkeit). Einschlägige australische Internetseiten,
auf die ich zu Hause gestoßen war, stellten die Vorzüge des Stillens
im Vergleich zum Füttern von Flaschennahrung sogar in fast exakt
derselben Weise dar, wie ich es aus deutschen Publikationen kannte
(so ich sie denn zur Kenntnis genommen hatte ich war nie gut im
Lesen von Elternratgebern). Es schien also in Medizin und Gesellschaft den deutschen sehr ähnliche Erkenntnisse und Entwicklungen
zu geben, wenn man einmal um beinahe den halben Erdball reiste
und sein Baby mitnahm.

Den einen oder anderen Gedanken verschwendete ich vor unserem Abflug noch daran, dass wir ja mit einer asiatischen Fluggesellschaft reisen würden und die Akzeptanz stillender Mütter in einer
Flugzeugkabine von Thai Airways womöglich weniger ausgeprägt
sein könnte. Doch trotz kultureller und wahrscheinlich religiöser
Unterschiede zwischen uns und der Besatzung (sowie zahlreichen
Mitreisenden) stellte es kein Problem dar, Joost während des Fluges
mit seinen Milchmahlzeiten zu versorgen. Kaum jemand bekam
davon ja überhaupt viel mit, und wer dessen gewahr wurde, drückte
zu keiner Zeit uns gegenüber Unbehagen aus.

Der erste Supermarkt, den wir in den Tagen nach unserer Ankunft
in Sydney ansteuerten, befand sich einige Straßenecken von unserer
Unterkunft entfernt in Kings Cross. Dieser Stadtteil ist bekannt für
alles Mögliche, von der Stripbar über eine besonders hohe Dichte

an Backpacker-Hostels bis hin zu schicken, angesagten Restaurants – weniger jedoch als Mekka junger Familien mit Kindern. Unseren benötigten Nachschub an Windeln und Feuchttüchern bekamen wir selbstverständlich trotzdem ohne langes Suchen, doch war die Auswahl in Sachen Babynahrung etwas schmal. Unter den vorhandenen Produkten im Supermarktregal wiederum gab es einige, die zwar als geeignet für Joosts Altersstufe ausgewiesen waren, unserer Ansicht nach aber überflüssige bis unerwünschte Inhaltsstoffe enthielten. Das an sich ist nun kein typisch australisches Phänomen – auch deutsche Hersteller bringen ja reichlich zweifelhafte Nahrungsangebote für die Kleinsten auf den Markt (schön auf den Punkt gebracht einst von unserer Hebamme Isabell: „Ein Baby braucht kein Stracciatella.“). Allerdings waren wir an jenem Abend in Kings Cross mit den Auswahlmöglichkeiten insgesamt weniger glücklich als in Deutschland, wo wir neben wilden Müsli-Kreationen für Krabbelkinder dann doch immer noch irgendwann die schlichten Getreideflocken gefunden hatten. Vor allem dies suchten wir im ansonsten gut sortierten Supermarkt gänzlich vergeblich: eine geeignete Grundlage für Joosts **Getreidebrei**, den er abends mit Milch und Frucht aß. Noch waren die mitgebrachten Vorräte nicht aufgebraucht, und so vertagten wir die Aufstockung derselben auf später.

„Später“ war gleich am nächsten Tag. Wir waren auf den Spuren der Vergangenheit durch den Stadtteil Balmain gewandelt, in dem Marcus vor über zehn Jahren gelebt hatte. Die Darling Street entlang bummelten wir nun in Richtung Fähranleger, als wir den Woolworths-Supermarkt und seine geschäftig (doch keineswegs hektisch) hinaus- und hereinströmenden Kunden erblickten. In Balmain wohnten viele Familien, das wusste Marcus und daran ließ auch die bunte Gesellschaft aus Groß und Klein, Buggys und Kinderwagen in den Straßen keinen Zweifel – hier sollten wir die Beschaffung neuer Nahrung für Joost unbedingt noch einmal versuchen, beschlossen wir! Vorbei an einer unverschämt vielfältigen Auswahl an frischen Oliven, Schafskäse und vergleichbaren Köstlichkeiten (auf die wir zu einem späteren Zeitpunkt noch zurückkommen sollten) stromerten wir durch die Gänge, bis wir den richtigen gefunden hatten. Erneut nahmen wir das Angebot sorgfältig in Augenschein, lasen Zutatenlisten, versuchten uns an Einzelheiten aus den Merkblättern unserer Hebamme zu erinnern und unterhielten uns über den jeweils aktuellen Stand der Ermittlungen. Zwei Kinder spielten währenddessen um uns herum Fangen, bis ihre Mutter nahte. Sie musste einen Teil unseres Gesprächs gehört haben, denn sie lächelte uns im Vorbeigehen an, ehe sie Sohn und Tochter bat mitzukommen – in akzentgefärbter, aber eindeutig deutscher Sprache. Marcus und ich schauten den dreien hinterher und dann einander lachend an – was die Dame wohl über uns gedacht hatte? Desorientierte Deutsche im Dschungel der australischen Babygläschen und Breipulver...! Diesen oder einen ähnlichen Eindruck mussten wir wohl gemacht haben, obwohl wir in jeder anderen Supermarktabteilung dank guter Kenntnisse des Landes und seiner Sprache gar nicht weiter aufgefallen wären.

Unser sorgfältiges Durchkämmen der Lebensmittelauswahl fürs Baby wurde nur teilweise von Erfolg gekrönt. Als wir uns an der Kasse anstellten, befanden sich in unserem Einkaufskorb zwar einige Mittagsgläschen, doch hinsichtlich des Getreidebreis waren wir keinen Schritt weiter als tags zuvor in Kings Cross. Während wir noch über eben diese Schwierigkeit sinnierten, sahen wir vor uns in der Warteschlange wieder die deutschsprachige Dame, die sich gerade zu uns umdrehte: „Das ist wirklich nicht immer ganz einfach hier – aber vor zehn Jahren war's noch viel schlimmer, da habe ich fast nichts gefunden. Solche Gläschen wie in eurem Korb dort gab es überhaupt noch nicht..." Kurz zuvor hatte ich überlegt, ob sie vielleicht Einheimische war und sehr gutes Deutsch sprach, vielleicht ja als Deutschlehrerin an einer Schule arbeitete – doch sie war tatsächlich deutsche Muttersprachlerin mit australischer Note in Aussprache und Satzbau. Und sie verstand offenkundig unser aktuelles Problem. Doch nicht nur das – gleich im nächsten Satz erhielten wir von ihr auch noch den goldenen Tipp zu seiner Lösung: „Geht mal zu ‚About Life' in Rozelle – da findet ihr bestimmt, was ihr braucht!" Rozelle war der angrenzende Stadtteil, in dem die Darling Street ihren Anfang nahm und sich dann als Hauptstraße weiter durch Balmain schlängelte, bis sie buchstäblich im (oder besser gesagt: am) Wasser des Sydney Harbour endete. Unser Engel der Essensbeschaffung hatte uns die Lage des großen Bio-Supermarkts „About Life" so gut erklärt, dass wir ihn wenige Tage später auf Anhieb fanden. Bis wir im hinteren Teil des Marktes die Babyabteilung gefunden hatten, drehten wir Umweg um Umweg durch die Gänge dieses Schlaraffenlandes. All die Tee- und Kaffeesorten, die Kräuteröle und Gebäckvariationen, die stilvoll abgefüllten Weine und Fruchtsäfte konnten bedauerlicherweise, wenn überhaupt, höchstens auszugsweise in den Reiseproviant aufgenommen werden... Doch der Verzicht, den wir als vorübergehend Nicht-Sesshafte üben mussten, war schnell verschmerzt angesichts dessen, was uns letztendlich in trauter Eintracht mit Babypflegemitteln in Bio-Qualität und Flaschensaugern aus Naturmaterialien anlächelte: Hirsebrei! Pur oder bereits mit Milchpulver gemischt! Und irgendwie sahen die Kartons so vertraut aus... Nachdem wir die Aufschrift genauer gelesen hatten, wussten wir warum: Von Gebirge zu Gebirge, genauer von den Schweizer Alpen bis an den Rand der Blue Mountains war dieses Objekt unserer Begierde gereist und kam uns deshalb so bekannt vor, weil es auch in den Oldenburger Bio-Supermärkten im Regal stand! Begeistert deckten wir uns mit beiden angebotenen Varianten ein, erweiterten nebenbei unseren Wortschatz um den Begriff *millet* (bislang waren wir nie in die Verlegenheit gekommen, „Hirse" auf Englisch sagen oder verstehen zu wollen) und zogen selig von dannen...

... direkt auf den Highway gen Süden.

Im Folgenden sollten wir nahezu von Nacht zu Nacht neue Unterkünfte kennenlernen. Jede von ihnen war mindestens mit einem Wasserkocher ausgestattet, so dass ein schnelles Zubereiten des bereits fertig mit Milchpulver gelieferten Breis immer eine Option war. Das abgekochte **Wasser** aus dem Hahn konnten wir bedenkenlos verwenden, wobei allerdings bedacht werden musste, dass australisches Trinkwasser anders als bei uns mit Fluor versetzt ist. Ich hatte vor unserer Abreise darüber gelesen und unseren Kinderarzt um Rat gefragt, wie wir unter dieser Bedingung mit Joosts Vitamin D-Tabletten verfahren sollten. Er bekam nämlich eine Sorte, die bereits Fluor enthielt, und bei all seiner Nützlichkeit sollte dieser Mineralstoff ja sorgfältig dosiert werden. Die Auskunft des Mediziners mit Arbeitserfahrung im *land down under* war einleuchtend: Da uns in Austra-

lien trotz nahenden Winters viel Sonne erwartete, konnten wir die
Rachitis-Prophylaxe aussetzen. Das Problem des Fluor-Anteils in
den ansonsten täglich zu verabreichenden Tabletten löste sich somit
von alleine.

Wo es ging, versuchten wir allerdings, Joosts Abendmahlzeit mit frischer Milch anzurühren. Es war nie schwierig an das heranzukom-
men, was Joost heute als „Kuhbrause" bezeichnet – das Fleckchen
Outback mochte noch so entlegen und der *general store* noch so winzig
sein, einen Liter **frische Vollmilch** bekam man immer. Komplizierter
wurde es bei der Erhitzung derselben, denn längst nicht jedes Motelzimmer verfügte über einen Mikrowellenherd. Doch wenn wir an
der Rezeption von unseren Plänen für Babys Abendessen erzählten,
wurden die netten Menschen dort nach Kräften aktiv für den kleinen Mann mit den Knopfaugen: Da trieb die Dame in Bermagui doch
noch irgendwo eine Mikrowelle auf und ließ sie uns aufs Zimmer
bringen, oder der freundliche Besitzer des Motels in Queanbeyan bot
uns die Benutzung der *microwave* in seinem privaten Partyraum an.
Besonders fürsorglich wurde Joost von der Moteleignerin in Milton
umsorgt, die die Erwärmung der Milch zur Chefinnensache machte
und einen Becher des heißen Weiß' persönlich zubereitete und servierte.

Erwähnung im Kapitel „Füttern in weiter Ferne" soll abschließend
ein Neuerwerb unsererseits finden, der sich als wahres Multitalent
entpuppte. Er stammte aus jenem bereits erwähnten Supermarkt im
(zumindest streckenweise) sündigen Kings Cross und bestand aus
acht Teilen. Ein dekoratives Arrangement einheimischer Tiere im
Miniaturformat? Mitnichten. Eine Probierpackung verschiedener
Sorten der beliebtesten australischen Tafelschokoladen? Wäre auch
schön gewesen, aber nein. Ein Puzzle für die Allerkleinsten? Schon
eher, doch immer noch weit gefehlt. Es handelte sich – und ich sehe
die Enttäuschung auf den Gesichtern der werten Leserschaft – um
ein Set aus vier durchsichtigen, runden Plastikdosen mit passenden
blauen Schraubdeckeln. Doch was konnte man mit diesen profanen
Kunststoffbehältern nicht alles anstellen! Zunächst dienten sie zum

Transportieren so mancher Nahrungsmittel, von halben Bananen und Apfelvierteln bis hin zu Teebeuteln und Keksen, und sorgten dafür, dass sie Reiseetappen unterschiedlichster Länge unversehrt überstehen konnten. Viel spannender waren die praktischen Dosen aber in ihrer Eigenschaft als Messbecher: Versehen mit einer Skala bis 400 ml wurden sie unsere unverzichtbaren Begleiter beim Abmessen von Milch oder Wasser für Joosts Brei und konnten anschließend gleich in die Mikrowelle gestellt werden, um die Flüssigkeiten darin zu erhitzen. Selbstredend waren sie groß genug, um dann auch noch das benötigte Getreidepulver und Obst zu fassen und dem hungrigen Baby direkt als Fütterschüsseln zu dienen. Und damit immer noch nicht genug – sie wurden auch zu beliebten und wandlungsfähigen Spielzeugen. In ihren Einzelteilen unterhielten sie Joost ebenso wie gefüllt mit verschiedenen, wechselnden Gegenständen (wie bereits oben beschrieben): Was sehe ich da durch die Plastikwand...? Es kippt hin und her, wenn ich die Dose bewege – und Geräusche beim Schütteln macht es auch noch! Da rede noch einer von ollen, gewöhnlichen Kunststoffdosen – wir jedenfalls fanden an unseren runden Reisebegleitern derart Gefallen, dass sie mit nach Hause kamen und uns heute noch in unserem Küchenschrank zu Diensten sind. Eine von ihnen geht mittlerweile zweimal die Woche mit Joost in den Kindergarten – immer dann, wenn es frische Milch für alle gibt und die Kinder Müsli zum Frühstück mitbringen können.

So, nun haben wir unser Baby schon recht gut versorgt – sein sorgfältig zusammengestelltes Reisegepäck inklusive Spielzeug ist griffbereit, zu Essen und zu Trinken bekommt es, sein Transport orientiert sich weitestgehend an gängigen Sicherheitsbestimmungen, ... fehlt noch was?

* *Lonely Planet* Sydney & New South Wales, 2007

Wie man sich bettet...

Etwas fehlt noch. Ist es daheim die Selbstverständlichkeit schlechthin, sich durch bloßes Umdrehen des Haustürschlüssels Zugang zu einer gemütlichen Wohn- und Schlafhöhle zu verschaffen, will dieselbe unterwegs immer wieder aufs Neue erst einmal gefunden werden – und am Gelingen dieser Suchen haben alle Familienmitglieder ihre Freude. Mama und Papa vielleicht noch am meisten.

Mit der (Vor-)Freude war es allerdings erst einmal so eine Sache. Wir hatten unseren Flug nach Sydney gebucht und uns erste Gedanken über eine Art Reiseplanung für den Monat *down under* gemacht. An dieser Stelle tatsächlich von „Planung" zu sprechen ist allerdings gewagt, denn vielmehr sammelten wir einfach unsere losen Überlegungen zu interessanten Orten und deren möglicher Erreichbarkeit im Rahmen unserer Expedition mit Baby. Schnell jedoch stand zumindest schon einmal fest, dass wir die ersten Tage in Sydney verbringen wollten. Die Stadt hatte so viel zu bieten, und Marcus als ortskundigem „Heimkehrer" war es ein Leichtes, auf Anhieb ein mehrtägiges Programm zu erstellen mit Dingen, die er (wieder) sehen oder (wieder) machen wollte. Es schien uns sinnvoll, für diese Zeit unseres Aufenthalts in der Metropole schon von Deutschland aus eine Unterkunft zu buchen – spontanes Suchen vor Ort bei abendlicher Ankunft, noch dazu in Gesellschaft eines sieben Monate alten Babys, war in unserem Fall keine gangbare Alternative. So schauten wir uns im Internet nach preiswerten, möglichst zentral gelegenen und gut mit öffentlichen Verkehrsmitteln erreichbaren Herbergen um – eine Kombination aus Wünschen, die sicher nicht ganz einfach und ohne gewisse Abstriche an der einen oder anderen Stelle zu erfüllen sein würden. Und doch schienen wir fündig zu werden: Im Stadtteil Potts Point, zu Fuß noch gut zu erreichen vom Bahnhof Kings Cross und gleichzeitig nur einen Spaziergang entfernt von den Wahrzeichen der Stadt, hieß „**Challis Lodge**" Übernachtungsgäste willkommen. Fotos verrieten, dass es sich um ein innen wie außen in die Jahre gekommenes Gebäude handelte

Challis Lodge

und dass Luxus in keiner Form zu erwarten war – doch Letzteren brauchten wir nicht, und Ersteres fanden wir in der Form, in der es sich uns präsentierte, durchaus charmant. Ein erster E-Mail-Kontakt bestätigte die online einsehbaren Preise von AUS$60 für ein Doppelzimmer und AUS$75 für einen sogenannten *family room**. Man empfahl uns das Familienzimmer – es biete neben mehr Platz und einem zusätzlichen Bett auch noch einen Balkon und eine Mikrowelle. Ins Doppelzimmer würde man uns aber auch gern ein Babybett stellen, ohne dafür etwas zu berechnen. Wir überlegten und kamen zu dem Schluss, dass es ruhig die preiswertere Lösung sein durfte – ein Extrabett brauchten wir nicht (Joost würde aus einem normalen *single bed* mit an Sicherheit grenzender Wahrscheinlichkeit irgendwann im Laufe der Nacht herauspurzeln und benötigte daher so oder so ein spezielles Babybett), eine Mikrowelle würde es auch in der Gemeinschaftsküche geben, von der wir im Internet gelesen hatten, und viel Platz inklusive Balkon würde für uns nicht wichtig sein, sahen wir uns doch eh nur zum Schlafen in unsere Herberge einkehren. Somit baten wir um Reservierung eines *double room* und bekamen neben der Buchungsbestätigung noch den Türcode zugeschickt, da wir möglicherweise nach Schließung der Rezeption um 10 Uhr abends ankommen würden.

Und warum nun die eingeschränkte Vorfreude? Nun, nach getätigter Zimmerbuchung war ich zufällig auf Online-Bewertungen gestoßen, in denen ehemalige Gäste ihre Erfahrungen mit und Meinungen zu „Challis Lodge" kund taten. Einige dieser Rezensionen bestätigten, was ich erwartete – dass es sich bei unserer Unterkunft um eine durchaus akzeptable Form der *budget accomodation* handelte, deren günstige Preise durch nicht viel mehr als elementare Ausstattungsmerkmale erst möglich wurden. Andere Stimmen jedoch ließen Bedenkliches verlauten – und sie waren in der Mehrzahl. Gleich mehrere Reisende stellten fest, dass es mit der Sauberkeit zum Teil erheblich hapere. Ich las von Ungeziefer, feuchten und im Winter eiskalten Räumen, defekten Toiletten und nahezu funktionsuntüchtigen Duschen. Die Aussicht darauf, dass zumindest einige dieser enttäuschten Gäste Recht haben könnten, beschäftigte mich dann doch. So wenig mir Komfort bedeutet, so viel Wert lege ich auf einen vernünftigen Hygienestandard einer Unterkunft. Und die Kombination „Ungeziefer – Säugling" war schlicht ein *no go*. Ich erwägte den Versuch, unsere Buchung rückgängig zu machen – doch gleichzeitig fragte ich mich, wie die wohlwollenden Kritiken der zufriedenen Reisenden zustande gekommen waren. Letztlich beschlossen wir gemeinsam, „Challis Lodge" eine Chance zu geben und notfalls kurzfristig umzuziehen.

Am Abend des 16. Mai sahen wir die Herberge dann endlich in natura, und bereits im Dunkeln ließ sich erahnen, dass das Gebäude tatsächlich Charme besaß. Auch Eingang, Flure und Treppenhaus vermittelten den sympathischen Eindruck eines Hauses, das aus seinem langen Leben viele vergessene Geschichten zu erzählen hätte, wenn es dies denn könnte. Einen Fahrstuhl gab es nicht, und so stellten wir unseren behäbigen Kinderwagen zusammengeklappt unter einer Treppe hinter der Rezeption ab und beförderten nach und nach unsere Habseligkeiten in den ersten Stock. In unserem Doppelzimmer fanden wir ein Reisebettchen für Joost vor, fertig aufgebaut, ein netter Service. Ich verstand allerdings schnell, warum man mir im Vorfeld den *family room* ans Herz gelegt hatte: Sobald unsere Rucksäcke und Taschen den verbleibenden Platz zwischen Doppelbett, Babybett und Küchenzeile (ein Kühlschrank gehörte übrigens auch zur Grundausstattung der Zimmer) eingenommen hatten, blieb uns dreien eigentlich kaum etwas anderes übrig als uns aufs Bett zu setzen und zu überlegen, wie man das Arrangement an Gegenständen vielleicht noch ein wenig verschieben könnte, um irgendwann ins Badezimmer zu gelangen. Die Tür dorthin würde sich nämlich vorerst nur gut zehn Zentimeter weit öffnen lassen.

Die Freilegung eines Zugangs zu Dusche und WC gelang, wir arrangierten uns und unsere Ausstattung einigermaßen zweckmäßig und lagen schließlich ermattet in den Kissen. Am nächsten Morgen wachten wir nahezu gleichzeitig gegen zehn Uhr auf, die Sonne schien durchs Fenster, und aus dem Babybett schauten uns über dem Schnuller zwei wache Kulleraugen an. Sydney, hier waren wir! Und Hunger hatten wir auch. Doch ehe wir mobil machten zum „Frühstück jagen" fiel der Beschluss, der Enge unseres aktuellen Zimmers möglichst dauerhaft zu entfliehen. Fünfzehn Dollar mehr pro Nacht hin oder her, aber die freie Fußbodenfläche von insgesamt einem gefühlten halben Quadratmeter (und das nachdem die Rucksäcke erst ansatzweise ausgepackt waren) hatte auch über Nacht nicht an Attraktivität gewonnen.

Der Herr an der Rezeption war höflich und hilfsbereit (wenngleich keine überschwängliche Freude ausstrahlend – haben wir ihn in der Zeit unseres Aufenthalts einmal lächeln gesehen...?) und hatte tatsächlich noch einen *family room* im Angebot. Unkompliziert änderte er die Buchung, wir zahlten die Differenz zum Doppelzimmer nach und zogen mit Sack und Pack in einen großen (wirklich großen!), luftigen und sonnigen Raum im vorderen Teil des Hauses. Das eigentlich überflüssige Einzelbett wurde sehr schnell eine praktische Ablagefläche für allerlei Kleidung und Krimskrams, und kaum länger brauchten wir, um das absolute Highlight unseres neuen Zimmers schätzen zu lernen: den Balkon! Eine Doppeltür, die in ihrem betagten Stil zum Holzfußboden ebenso passte wie zu den blumengemusterten Balkongittern, öffnete sich zur zwar befahrenen, aber doch insgesamt erstaunlich ruhigen Challis Avenue und ließ uns heraustreten auf unseren privaten Aussichtspunkt. Morgens genossen wir dort im Freien unser Frühstück (Tisch und Stühle waren vorhanden), und abends machten wir es uns mit Tee, Schokolade und Büchern draußen gemütlich, während drinnen Joost ungestört schlafen konnte. Herrlich – und auch im Nachhinein für uns noch immer einer der großen kleinen Glücksfälle unserer Reise.

Und was war nun mit den furchteinflößenden Internet-Rezensionen? Ja, die „Challis Lodge" war alt, und hätte man Geld in ein *makeover* investieren wollen, hätte es zahlreiche Ansatzpunkte für Renovierungsarbeiten gegeben. Die Bäder waren eng und abgenutzt, die Möbel hatten vor langer Zeit bessere Tage gesehen – doch entgegen anders gearteten Befürchtungen waren die Zimmer sauber.

Gleiches galt leider nicht uneingeschränkt für die Gemeinschaftsküche, in der wir an drei Abenden eine Mahlzeit zubereiteten – dort empfahl es sich schon, die eher lückenhafte Auswahl an Kochutensilien und Geschirr vor der Benutzung abzuwaschen und gern auch ein eigenes Geschirrtuch zum Abtrocknen mitzubringen. Essen musste man dann entweder auf dem Zimmer oder draußen im schlauchartigen Innenhof – Letzteres war durchaus ganz nett, doch konnte es gut sein, dass im Laufe eines Abendessens auch der eine oder andere Raucher diesen Hof nutzte und man dessen Nikotinschwaden dann als unfreiwillige Beilage dazu bekam. Alles in allem war es die etwas angenehmere Variante, auswärts zu essen – vielfältig genug zu vernünftigen Preisen war das Angebot in Sydney allemal.

Ja, und dann die Tierchen, von denen ich gelesen hatte – es gab sie. Auch in unserem Zimmer. Nicht in rauen Mengen, doch sichteten wir mehr als einmal eine Kakerlake in unmittelbarer Nähe der Küchenzeile. Nachdem wir die Rezeption darüber informiert hatten, kümmerte sich die freundliche und offenkundig fleißige Putzfrau des Hauses um die Angelegenheit. Wir trafen sie ohnehin fast täglich bei der Arbeit und hielten ein Schwätzchen mit ihr (sie erzählte uns von ihren Enkelkindern und machte sich einen Spaß aus kleinen Unterhaltungen mit Joost, in denen sie den Ahnungslosen scherzhaft mit „His Lordship" ansprach). Konfrontiert mit unserem Ungezieferproblem fragte sie sofort, ob Joost auch auf dem Fußboden krabble, was wir bejahten (wenngleich er dabei meist auf einer Decke lag). Sie wählte daraufhin ihr Insektenbekämpfungsmittel und dessen Einsatzort sorgfältig aus und erklärte uns, wo sie das Pulver ausstreuen werde.

Offenbar war man gerüstet gegen Krabbeltiere und wir waren nicht die ersten Gäste, die welche angetroffen hatten (wie ja auch aus den Kommentaren im Internet hervorging). Berücksichtigte man aber das Alter des Hauses und den Umstand, dass der Holzbau gewiss naturgemäß manch offene Spalten und Fugen zum Durchschlüpfen hatte, wunderte man sich nicht mehr gar so sehr über Besuch aus der Tierwelt. Nicht zwingend ist ja mangelnde Sauberkeit die Ursache dafür, dass Kakerlaken und Co. ihren Weg ins Innere eines Gebäudes finden. Die Insektenbekämpfung war in unserem Fall leider nur mäßig erfolgreich, doch eine härtere Chemiekeule wollten wir, gerade mit Joost, in unserem Zimmer auch nicht eingesetzt wissen. Letztlich war es auch die Erfahrung mit dem leider doch vorhandenen Ungeziefer, die uns am Ende der Reise nach längerem Überlegen eine andere Unterkunft aufsuchen ließ, als wir für einige Tage nach Sydney zurückkehrten. Doch haben wir, wie man sicher beim Lesen unschwer merkt, insgesamt einen absolut akzeptablen, in Teilen auch ganz klar positiven Eindruck der „Challis Lodge" bekommen und können die gnadenlosen Verrisse anderer Hostelgäste nicht teilen. Eine besonders nette Begegnung gehört noch in das Album unserer schönen Erinnerungen an diese Unterkunft...

Es war der graue Nachmittag eines regnerischen Tages, und wir liefen ein wenig ziellos und in Gedanken durch die kurze Fußgängerzone von Sydney, besser bekannt als Pitt Street Mall. Eigentlich kannten wir hier niemanden und waren somit auch nicht darauf gefasst, auf der Straße angesprochen zu werden – doch genau das geschah. Die Stimme von hinten musste allerdings erst ein zweites Mal erklingen, damit uns klar wurde, dass da jemand tatsächlich uns meinte. Als wir uns schließlich umdrehten, erblickten wir einen fröhlich lachenden Mann in grüner Salatblattkostümierung. Wiederum dauerte es einige Sekunden, ehe wir begriffen, dass wir nicht wahllos von irgendeinem wandelnden Werbegag angesprochen wurden, sondern dass wir diesen Herrn im Grünzeug kannten – an einem der vergangenen Abende hatten wir ihn beim Kochen in der Küche der „Challis Lodge" getroffen, und nun versuchte er sich an die Aussprache von Joosts Namen zu erinnern. Darum also hatten wir ihn anfangs nicht einmal verstanden, als er uns auf der Straße hinterherrief...! Angesprochen auf seine eigenwillige Bekleidung

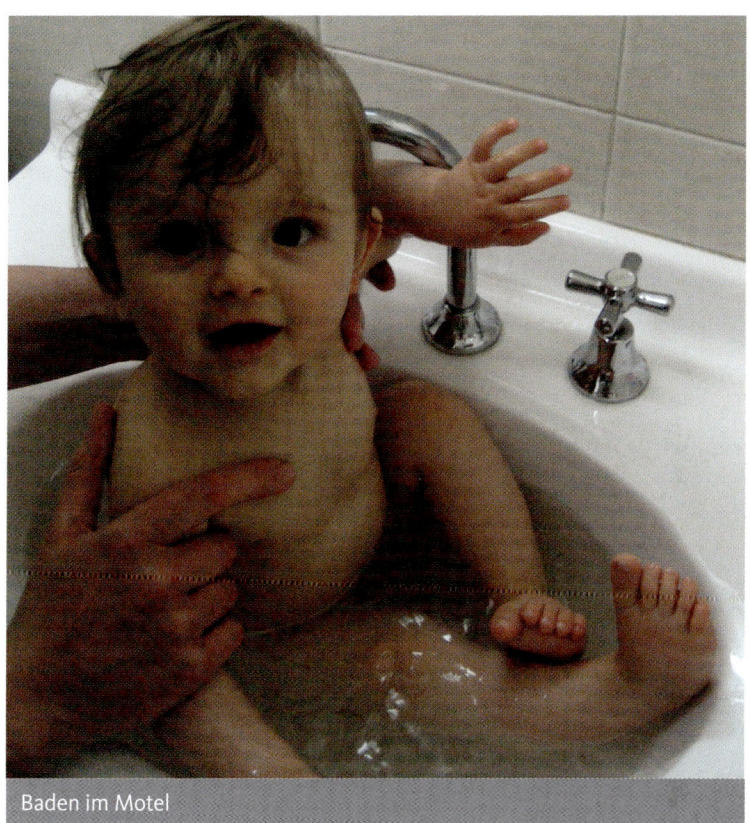

Baden im Motel

erklärte er uns, dass er für sein Kinderbuch Werbung mache (in gewis-
ser Weise war es also doch ein Werbegag – nur eben kein x-beliebiger!)
– und darin gehe es um einen Kochwettbewerb, daher sein Auftritt als
Gemüse auf Beinen. Ich fragte ihn, für welche Altersgruppe sein Buch
bestimmt sei. Grundschulkinder ab ungefähr sieben, acht Jahren könnten es gut lesen, so seine Antwort. Dann war Joost von diesem Lesever-
gnügen wohl noch einige Jahre entfernt, stellten wir gemeinsam fest.
Im Übrigen war es auch fraglich, ob er in dem Alter dann überhaupt
schon genug Englisch können würde, um die Geschichte des kleinen
Matty Swink, der ein berühmter Koch werden wollte, zu verstehen.
Doch das würde sich schon irgendwie finden – Andy, der Buchautor,

versprach uns jedenfalls ein Exemplar seines Werkes für unseren Sohn. Tatsächlich kam er abends an unsere Zimmertür, erkundigte sich noch nach der genauen Schreibweise von "Joost" (bei der ihm anschließend dann doch ein kleiner, aber auch ganz hübscher Fehler unterlief) und signierte ein Exemplar von „Matty Swink – Curse of the Moon Mice" mit den Worten: „To Yoost, Happy reading in seven years time! Andy Porter". Reich war Andy mit seinen Büchern noch nicht geworden, sonst hätte er als Schriftsteller wohl besser als in der „Challis Lodge" gewohnt und Leute engagiert, die statt seiner mit Salatblättern dekoriert durch die Fußgängerzone spazierten. Und doch hatte er ein Buch zu verschenken an den kleinen, weitgereisten Jungen aus Deutschland. Möge Andy eines Tages richtig erfolgreich werden!

Nach einer guten Woche in Sydney tauschten wir nicht nur Bus und Bahn gegen unser Mietauto ein, sondern mussten uns von nun an statt der allabendlichen Rückkehr zur „Challis Lodge" auch immer wieder neue Quartiere suchen – oft jeden Tag aufs Neue. Mal wieder hatten wir uns noch keine ausführlichen Gedanken zu Einzelheiten der weiteren Reise gemacht – abgesehen davon, dass sie uns erst einmal die Küste entlang Richtung Süden führen sollte. Anschließend wollten wir einen Abstecher ins Landesinnere machen – so weit, dass wir auf jeden Fall in den Ausläufern des Outbacks etwas von der Atmosphäre dieses besonderen Teils Australiens erleben konnten.

Übernachtungsmöglichkeiten würde es, da waren wir zuversichtlich, unterwegs sicher auch genug geben, um spontan dort etwas zu finden, wo der Weg uns gegen Ende eines Tages hingetragen haben würde. Dem war meist auch so – nur hatten wir (mal wieder ohne frühzeitig den Reiseführer zu konsultieren) auf eine gewisse Infrastruktur an **Backpacker-Hostels** spekuliert. Aus Neuseeland kannten wir es nicht anders, als dass auf Reisen das nächste preisgünstige Hostel mit Selbstversorgung nie wirklich weit entfernt war. Vor Jahren hatten wir dort noch beide gern die besonders budgetschonende Übernachtung in einem *dorm* genutzt, einem Schlafsaal (der jedoch oft nur vier bis sechs Betten umfasste und mit ungemütlicher Massenunterbringung wenig gemein hatte) – das kam nun mit Baby natürlich nicht mehr in Frage. Doch hatte eigentlich jeder Backpacker auch Doppelzimmer im Angebot, und außerhalb der Saison konnte man ein solches auch ohne vorherige Reservierung meist kurzfristig buchen. Dass auch Australien über ein derartiges Hostel-System verfügte, hatte ich 2005 in Queensland erfreut festgestellt – und war stillschweigend davon ausgegangen, dass es sich in irgendeiner Form auch in südlicher Richtung entlang der Küste von New South Wales fortsetzen würde. Was es dann aber nicht tat. Anders als die tropischen Gefilde Queenslands mit Fraser Island, dem Great Barrier Reef und im Norden dem Daintree National Park hatten Rucksacktouristen offensichtlich außer Sydney und den Blue Mountains nur wenige Teile des südwestlichen Bundesstaates für sich erschlossen. Dementsprechend fehlte eine ihren Bedürfnissen angepasste Infrastruktur weitgehend. Dies war hinsichtlich der Backpacker-Hostels schade, denn außer kostengünstiger Unterbringung boten sie den Reiz der Gesellschaft anderer Reisender aus verschiedensten Teilen der Erde. Man lernte sich in der Küche oder im gemeinschaftlichen Aufenthaltsraum kennen (letzterer glich oft einem gemütlichen Wohnzimmer, in dem meist auch Gesellschaftsspiele und Bücher zur freien Nutzung in den Regalen standen) und kam ins Plaudern – auf diese Kontakte hatten wir uns gefreut, stellten aber schnell fest, dass sie so nicht zustande kommen würden.

Nun hatte es, wenn man einmal darüber nachdachte, natürlich auch seine Vorteile, in einem Gebiet mit geringer (Rucksack-)Touristendichte unterwegs zu sein. *Backpackers* kannten wir als bunte Mischung sehr interessanter Menschen und Gesprächspartner, doch gab es unter ihnen mittlerweile eine regelrechte Sondergruppierung, um die herum eine eigene Tourismusindustrie zu entstehen schien. Es waren die Rucksackreisenden Anfang zwanzig, die oft gerade die Schule beendet hatten und nun das Abenteuer auf dem Fünften Kontinent suchten. Schon vier Jahre zuvor in Queensland war mir mehr als einmal bewusst geworden, dass ich diesem Alter und seinen Wünschen und Interessen doch seit einer Weile entwachsen war – mit Unterhaltungen über das Bananenpflücken im Rahmen eines *working holiday* konnte ich bereits damals nur noch bedingt etwas anfangen. Auch die Attraktivität einer selbst durchgeführten mehrtägigen Four-Wheel-Drive-Tour auf den Sandwegen von Fraser Island in Gesellschaft (und

Abhängigkeit) anderer Orts- und Technikunkundiger (die man häufig gerade erst kennengelernt hatte) erschloss sich mir kaum noch (erst recht nicht mehr, nachdem ich im Hinterhof eines Hostels die konfusen Vorbereitungen zu einer solchen Expedition beobachtet hatte). All diese Aktionen hatten ihre Berechtigung, und wo Nachfrage bestand, da waren entsprechende Angebote verständlicherweise selten weit. Wir gehörten nur eben nicht (mehr) zur Gruppe der Nachfragenden, und so war es für uns auch einmal ganz entspannend, nicht bei jedem zweiten Schritt unfreiwillig über nervenkitzelnde Wassersportaktivitäten, auf Rudel abgestimmte Ausflugspakete oder vergleichbare Offerten zu stolpern. Die Gebiete, die wir letztendlich bereisten, gehörten den Einheimischen und ihren Gästen aus anderen Teilen des Landes, die außerhalb der Saison einen Kurzurlaub machten.

Letzten Endes waren und sind wir aber noch immer eindeutig „pro" Backpacker-Hostels und hätten sehr gern wenigstens ab und zu in einem übernachtet. Die spezielle Atmosphäre dieser Quartiere, die eben doch oft so spannenden Gespräche und Begegnungen (gerade in Neuseeland und gerade im Winter hatte ich schon viele auch ältere Reisende getroffen, die in verschiedensten Missionen unterwegs waren), all das fehlte uns in den **Motels**, die wir alternativ als Unterkünfte aufsuchten. Gemeinschaftsräume gab es dort für gewöhnlich keine, und die Gäste blieben mehr oder weniger jeweils für sich. Zudem hatten *motel rooms* ihren Preis – sicher nicht überteuert für das, was einem an Komfort geboten wurde, doch schlugen die gerne mal um AUS$90 pro Nacht natürlich merklich zu Buche. Wenngleich unsere Motelzimmer unterschiedlich anheimelnd waren (was ja immer auch Geschmackssache ist), kann man auf jeden Fall sagen, dass sie allesamt über einen vernünftigen bis guten Standard hinsichtlich ihrer Ausstattung verfügten. Meist waren sie geräumig und boten Kühlschrank, Geschirr, einen Wasserkocher sowie Kaffee, Tee, (frische) Milch und manchmal auch ein paar Kekse. Ein Fernseher war eigentlich immer vorhanden, und in zwei Fällen konnten wir sogar ein ganz besonderes Extra nutzen: In den Badezimmern unserer Quartiere in Condobolin und Griffith waren *spa pools* integriert! Mussten wir als Eltern schon auf abendliche *pub crawls*, Kino- und Konzertbesuche oder auch nur den Spielfilm im Fernsehen verzichten (da der Junior im selben Zimmer schlief), lag uns nun unerwartet ein privates Wellness-Angebot in Lauschnähe zum schlummernden Sprößling zu Füßen! Selbstredend genossen wir die Blubberbäder ausgiebig. Nur die Abende im Freien hatten sich südlich von Sydney und auch später im Landesinneren schnell erledigt. Zwar standen eigentlich immer Tisch und Stühle draußen vor den Zimmereingängen, und manchmal schloss sich sogar eine Veranda an eine Hintertür an, doch wurde es im Mai und Juni hier mit Untergang der Sonne empfindlich kalt. In Bermagui hielten wir es noch eine Weile in Jacken gehüllt vor unserem Zimmer aus und versuchten das Rauschen des jenseits der Straße ans Ufer schlagenden Meeres aufzuschnappen, doch nahm man einige Tage später in Queanbeyan automatisch Abstand von derartigen *outdoor experiences*, wenn man sich drinnen schon ob der Kälte mit der Funktionsweise der Heizung auseinandersetzen musste (zum Trost wussten wir immerhin, dass wir die Wellen des Ozeans dort eh nicht mehr hätten hören können...). Dies war eben nicht *tropical Queensland*, wo man in Cairns auch im Juli noch spät in der Nacht im T-Shirt die Strandpromenade entlang lief.

Das Thema „Ausstattung von Motelzimmern" wartet aber noch auf eine wichtige Ergänzung – und womöglich wartet der eine oder andere Leser auch schon seit einer ganzen Weile darauf, Genaueres über den Nutzen unserer mitgebrachten Kinderwagenmatratze zu erfahren. Beide Aspekte treffen sich in der Tatsache, dass keines unserer Motels seinen Gästen Babybettchen zur Verfügung stellen konnte. In Wollongong sahen wir uns zum ersten Mal mit diesem Problem konfrontiert, hatten wir uns doch zuvor in Sydney nicht mehr um ein Leihbettchen für die Reise gekümmert – nachdem die „Challis Lodge" wie selbstverständlich für Joosts Schlafgelegenheit hatte sorgen können, hatten wir die Beschaffung eines Reisebetts für alle Fälle schlicht versäumt. Was also tun? Marcus zauberte die bis dahin als Ballast mitgeschleifte Matratze aus seinem Rucksack hervor, und wir bezogen sie mit dem passenden Laken. In Wollongong wie auch in allen anderen Motels hatten wir in unserem Zimmer überschüssige Decken und Kissen, die wir zur Isolierung unter die Matratze legen beziehungsweise als Schutz vor harten Wänden und vor dem Wegrollen um das selbstgebaute Schlaflager drapieren konnten. Es klingt ein wenig abenteuerlich, doch der Höhlenbau fürs Baby funktionierte – Joost schlief nicht schlechter als zu Hause, und gefroren hat er selbst in den kühlen Bergregionen nicht. Sein warmer, variabler Schlafsack hatte hier sicher auch seinen Anteil am Gelingen der unorthodoxen Eigenbaumaßnahmen.

Freie Motelzimmer fanden wir kurzfristig fast immer – nur in Tumut hatten wir schon ein Weilchen gesucht, als man uns schließlich verriet, dass viele Unterkünfte wegen Wartungsarbeiten an der örtlichen Papierfabrik seit Wochen ausgebucht seien. Zahlreiche Facharbeiter waren in die Stadt gekommen, so erklärte uns die Dame im Pub. Nun erinnerten wir uns auch daran, zuvor in den Straßen ungewöhnlich viele Herren in Arbeitskleidung mit orangefarbenen Warnapplikationen gesehen zu haben. Die Barkeeperin hatte jedoch trotz der misslichen Situation für Spontanbucher noch einen Tipp für uns: Einige Straßen weiter gebe es gleich mehrere Motels, und sie hielt es für nicht unwahrscheinlich, dass dort doch noch irgendwo etwas frei sein könnte. Wir folgten ihrer Wegbeschreibung und hatten tatsächlich Glück: ein Motel der Kette „Best Western" hatte noch Kapazitäten, und wir bekamen sogar ohne Zuzahlung eine *family unit* mit zwei vom Wohn- und Essbereich abgetrennten Schlafzimmern, da wir doch für Joost ein wenig mehr Platz bräuchten.

Das eine oder andere Mal versuchten wir, auf Campingplätzen eine *cabin* zu mieten, doch diese waren entweder gerade nicht zugänglich oder bereits ausgebucht. So ein kleines Ferienhaus wäre preisgünstiger gewesen als die Übernachtung im Motel, allerdings wussten wir auch, dass wir uns das jeweilige Häuschen vor einer Buchung hätten ansehen müssen. *Cabins* fielen nämlich für gewöhnlich unter die Ausstattungskategorie *basic*, hatten oft kein eigenes Bad, manchmal sogar keinen Strom, und womöglich auch keine Heizung. Im Einzelfall hätte das natürlich bedeuten können, dass wir mit unserem kleinen Krabbler dort nicht gut aufgehoben gewesen wären.

Vereinzelt, so stellten wir bei genauerem Studium des *Lonely Planet* fest, gab es sie doch – unsere Backpacker-Hostels. Allerdings selten an den Orten, an denen wir dann auch wirklich übernachten wollten (oder mussten), und fernab jeglicher Organisation in einem einigermaßen flächendeckenden Netzwerk. In ein, zwei Fällen hielt uns auch der Kommentar im Reiseführer davon ab, ein Hostel anzusteuern, weil er es als sinnvolle Unterbringung von Eltern mit Baby nicht unbedingt nahe legte.

Doch es gab da etwas, das (zumindest im englischsprachigen Ausland) einem Backpacker absolut vergleichbar war: die Jugendherbergen, hierzulande **YHA-Hostels****. Ich hatte sie schon in Neuseeland, den USA und Kanada kennengelernt und wusste, dass sie dem *independent traveller* deutlich mehr zugetan waren als ihre Schwestern in Deutschland. Statt beliebte Ziele von Klassenfahrten mit Vollpension zu sein, ließen sie ihren (zumeist Einzel-)Gästen dank vorhandener Gemeinschaftsküche die Möglichkeit, sich selbst zu verpflegen. In größeren *YHAs* oder ihnen angeschlossen gab es oft auch ein Café oder Bistro, zudem konnte man Gemeinschaftsräume zum geselligen Beisammensein oder auch nur zum entspannten Lesen seiner Reiselektüre in einer stillen Ecke nutzen. Bettzeug wurde den Gästen zur Verfügung gestellt – auf Grund australischer Gesundheitsbestimmungen war es sogar verboten, eigene Schlafsäcke zu benutzen (was nachvollziehbar war, den Rucksackreisenden, der noch vor zehn Jahren seine „Penntüte" völlig selbstverständlich auf jedem fremden Bett ausgerollt hatte, aber gleichzeitig etwas sonderbar anmutete). Wer YHA-Mitglied wurde (was sich schon ab wenigen Übernachtungen lohnte und eine weltweite Mitgliedschaft für einen bestimmten, selbst wählbaren Zeitraum umfasste), bekam 2009 in Australien einen Rabatt von 10% auf jede Übernachtung.

Die Rückkehr ins *Backpacker*-Leben sollte uns dank der YHA am Ende unserer Reise doch noch vergönnt sein, und sie begann in Katoomba. Die Stadt mit Hippie-Flair in den Blue Mountains hatte gleich eine ganze Auswahl an Quartieren für *budget travellers*, und wir versuchten unser Glück zunächst im „Central Blue Mountains Backpackers". Da Joost zum Zeitpunkt unserer Ankunft im Auto schlief, ging ich allein in das große, seine nähere Umgebung quaderförmig überragende Gebäude und war zunächst sehr angetan von der ausgedehnten und doch äußerst gemütlichen Empfangshalle. Neben der Rezeption befanden sich, gekonnt angeordnet, Sofas und Sessel, die zum Verweilen einluden – der Raum mit den hohen Decken schien zugleich als kuschelige Lounge genutzt zu werden. Eine nette junge Dame zeigte mir ein freies Doppelzimmer, das wir hätten beziehen können. Schon der Weg dorthin war für mich (nicht unbedingt ein Orientierungswunder, doch auch nicht vollkommen hilflos) verwirrend und enthielt einige Abzweigungen zuviel, als dass ich ihn irgendwann im Laufe der nächsten Stunden einmal irrungs- und wirrungsfrei wiedergefunden hätte. Doch es war das Zimmer selbst, das mich zum Verzicht bewog: Gestrichen in einer Farbe zwischen Badezimmerblau und Klinikgrün war es kalt und vollkommen ungastlich – so als habe man für die hübsche Lounge im Eingangsbereich dann aber bei den Zimmern tüchtig einsparen müssen. Diverse Rohre, die an den Wänden entlang verliefen, vervollständigten das Bild. Nein, ohne Not musste das hier nicht sein – zumal wir in Erwägung zogen, zwei Nächte in Katoomba zu verbringen. Zurück im Auto berichtete ich von meinen Eindrücken, und wir schauten uns noch einmal unseren Reiseführer an. Der pries Sauberkeit, eine riesige Küche sowie hervorragende *security* im Hostel – jedoch… „feels nondescript in a nursing home kind of way. The fact that it used to be a nursing home may explain this." Ach, darum. Einst ein Pflegeheim – ja, das erklärte in der Tat einiges.

Uneingeschränkt ins Schwärmen geriet der Autor des Artikels über Katoomba hingegen bei der Beschreibung des örtlichen *YHA*. Er hatte unser Vertrauen gewonnen, und so fuhren wir hin. Kaum durch die Eingangstür ins Innere des großen Backsteingebäudes gelangt, waren wir zurück in der Welt der *independent travellers*. Historische Fotos und aktuelle Plakate an den Wänden, ein öffentliches Telefon und Computer mit Internetzugang, Uhren mit der aktuellen Anzeige für ausgewählte Zeitzonen, eine große Kreidetafel mit Veranstaltungstipps, ein Sofa, entspannte Gäste mit bunten Wollmützen und Schals und aller Zeit dieser Erde, … unsere Herzen schlugen höher, und wir näherten uns mit verklärten Gesichtsausdrücken der Rezeption. Dort hatte man einen *family room* für uns, zwar ebenso wie im Motel ohne Babybett, dafür aber mit eigenem Badezimmer. Günstiger als eine Übernachtung im Motel war der Aufenthalt in der Jugendherberge für uns als Familie letztlich zwar nicht, doch bekamen wir hier zusätzlich zum Zimmer eine große, gut ausgestattete Küche und einen

Gemeinschaftsbereich zur Verfügung gestellt, der seinesgleichen suchte. Ein Ambiente aus Art déco, Holzfußböden und riesigen Fenstern wurde ergänzt durch wärmende Öfen und Sitzecken mit ebenso ein- wie ausladenden Sofas (hinsichtlich Bequemlichkeit respektive Größe). Billard hätte man spielen können, Tischfußball auch, und wahrscheinlich taten das sogar Leute, während wir uns im angrenzenden Essbereich das selbstgekochte Mahl aus Süßkartoffeln und Fisch-Gemüse-Pfanne schmecken ließen – doch bekamen wir davon nichts mit, so großzügig war der Raum angelegt. Somit ließ er wohl jedem seine gewünschten Entfaltungsmöglichkeiten – Joost eingeschlossen: Der hatte einmal mehr die Gelegenheit, auf „großes Baby" zu machen und zum Essen in einem der bereitstehenden Hochstühlchen Platz zu nehmen. Und seine Eltern konnten wieder eintauchen in die Welt des Reisens, die ihnen so vertraut war. Da war es doch tatsächlich ein nahezu erhebendes Gefühl, endlich mal wieder mit einem dicken schwarzen Filzstift Namen und Ankunftsdatum auf die Milchflasche zu schreiben, ehe man sie in den riesigen Gemeinschaftskühlschrank stellte – denn: „All unlabelled food will be thrown out!!"

Von den Blue Mountains führte uns der Highway für die letzten Tage *down under* zurück in die Olympiastadt Sydney. Da wir nicht nur Feuer gefangen hatten, sondern nun auch im Besitz des aktuellen *YHA Accomodation Guide* waren (und die Erinnerung an schwarze Viecherchen in der „Challis Lodge" keine unserer liebsten war), hatten wir uns zum Übernachten erneut ein *youth hostel* herausgesucht. In Sydney und Umgebung befanden sich gleich acht *YHAs*, und unsere Wahl fiel auf Glebe. Das gleichnamige Studentenviertel versprach eine sympathische, entdeckenswerte Nachbarschaft zu beherbergen, und das Haus selbst war, gemessen an der Anzahl der Betten, nicht annähernd so riesig wie die YHA-Hostels direkt im Stadtzentrum. Tatsächlich war das „Glebe Point YHA", so der volle Name, überschaubar – ließ aber ansonsten einiges von dem Charme vermissen, den wir in Katoomba kennengelernt hatten. Der Aufenthaltsraum sowie Küche und Essbereich befanden sich im Keller des Gebäudes; nur Oberlichter ließen Tageslicht herein. Im Sommer wäre die Dachterrasse des Hauses sicher verlockender (vielleicht auch gepflegter) gewesen, als wir sie empfanden – allerdings hatten wir auch den Fehler gemacht, erst nach Einbruch der Dunkelheit hinaufzugehen; die „great city views" (so der *accomodation guide*) konnten wir so nur noch in Form der Lichter der Stadt genießen. Übrigens bekamen wir diesmal für Joost ein *baby bed* an der Rezeption – Toilette und Dusche allerdings gab es nicht *ensuite*, sondern nur als Gemeinschaftseinrichtungen auf dem Flur. Dafür kostete unser Zimmer nur AUS\$72 pro Nacht.

Für eine einzige Schicht Matratzenhorchdienst buchten wir schließlich doch noch ein Zimmer im 556 Betten starken „Sydney Central YHA" (Näheres dazu später...). Einen Steinwurf vom Bahnhof entfernt ragte dieses riesige, doch nicht uncharmante alte Gebäude sieben oder acht Stockwerke hinauf in den Himmel der Großstadt. An der Rezeption arbeitete man gleich zu dritt, um die zahlreichen Reisenden mit Rat und Tat versorgen zu können. Wir erhielten gegen Pfand ein Babybett, nahmen den Fahrstuhl hinauf in den vierten Stock und fanden ein einladendes Zimmer vor – geräumig, mit *ensuite bathroom*, in freundlichen Farben und mit weitläufiger Aussicht. Eine große, strahlend saubere Küche im Erdgeschoss war in mehrere jeweils vollständig ausgestattete Kochecken unterteilt, und im angrenzenden Essraum sorgte erneut eine Aufteilung in einzelne Nischen für ein Plus an Wohlgefühl in diesem Großbetrieb. Hier hatte man wirklich geschickt für Atmosphäre gesorgt, und als ich Joost mit seinem Abendbrei fütterte, kam ich mir nicht vor, als befänden wir uns gerade im mit Abstand größten Hostel der Stadt. Am selben Tisch wie wir hatte eine Frau Platz genommen, vielleicht fünfzig Jahre alt, mit der wir ins Gespräch kamen. Sie wohnte in Cooma (Supermarkt! *Baby food*!) und war für eine Heilbehandlung nach Sydney gekommen. In einer Praxis für traditionelle chinesische Medizin ließ sie sich zum wiederholten Mal helfen und erzählte uns von den Methoden des Arztes und seiner Helferinnen. Hier hatten wir es noch einmal, am letzten Abend und ausgerechnet im anzunehmenderweise (aber eben nicht tatsächlich) unpersönlichsten *youth hostel* des gesamten Landes: das Glück einer spannenden Unterhaltung mit einem Menschen, den sicher mehr als nur der reine Zufall an einem Ort wie dem *YHA* übernachten ließ.

Das Kapitel "Unterkünfte" neigt sich seinem Ende entgegen, doch das Beste kommt bekanntlich zum Schluss – in unserem Fall waren das die drei Tage, die wir in Gorokan nördlich von Sydney verbrachten. Ein netter Ort mit allem, was man so brauchte, und manchem darüber hinaus – wie dem nur zehn Minuten entfernten Strand komplett mit Leuchtturm, Kletterfelsen und Anglerparadies. Touristen verirrten sich dennoch selten hierher, und auch wir hätten wohl kaum Station in Gorokan gemacht, lebten dort nicht Melanie und Christian mit ihren Kindern. Christian war 1998 Marcus' Chef gewesen und wohnte damals zusammen mit Melanie in dem Haus in Balmain, in das dann auch Marcus während seines Arbeitsaufenthalts einziehen durfte. Eine Freundschaft verbindet ihn seitdem mit den beiden, und so luden sie uns ein, einige Tage bei ihnen zu verbringen. Auch Christians Nichte Sanne war zu jener Zeit in Australien und wohnte bei ihrem Onkel – Sohn Kye hatte für sie bereitwillig sein Zimmer geräumt und schlief bei seiner Schwester Pia im Etagenbett. Als nun noch wir dazukamen, verließen die beiden auch Pias Zimmer und zogen mit Matratzen und Schlafsäcken um ins Wohnzimmer. Das war uns zunächst unangenehm, sollten doch die Kinder nicht unseretwegen auf ihre Betten und Zimmer verzichten müssen. Doch alle vier versicherten uns, dass das überhaupt kein Problem sei – was uns angesichts der fröhlichen Stimmung im Hause dann auch nicht schwer fiel zu glauben. Aufgenommen wie Verwandte fühlten wir uns pudelwohl und kamen hier nach einer langen Reise durch Küstenstreifen, Berge und Outback zur Ruhe. Wir lebten **in einer Familie** und mit ihr und waren wie selbstverständlich immer dabei – egal ob es um die Mahlzeiten, den Sonntagsausflug, das Wäschewaschen oder die Tasse Tee samt Pläuschchen zwischendurch ging. Von Melanie, Christian und den Kindern erfuhren wir viel über das Leben in Australien – im Allgemeinen und auch im Besonderen, so wie sie persönlich es als gebürtige Deutsche seit vielen Jahren führten. Job und Weiterbildung, Schule und soziale Kontakte – wir sprachen in den Tagen bei Melanie und Christian über vieles, was wir als reine Touristen im Land wohl kaum erfahren und gelernt hätten. Es fällt sicher nicht schwer sich vorzustellen, warum wir bei Marcus' Freunden ganz besonders gerne waren.

* Die Preise sind mittlerweile stark angestiegen.
** Youth Hostels Association.

New South Wales in 30 Tagen

Highlights und auch ganz Gewöhnliches...

17. Mai: *So That's Sydney...!*

Sonntagvormittag, postkartenblauer Himmel, Herbstwärme, ein Stadtteil im Wochenendmodus – und Hunger. Das waren die markantesten Eckdaten unseres ersten Spaziergangs durch Kings Cross bei Tageslicht – und was für welchem! Doch so sehr uns das Wetter und unsere Umgebung bereits auf leeren Magen erfreuten, es musste zum vollkommenen Glück nun unbedingt etwas Essbares her. Möglichst bald und möglichst reichlich. Mit diesem Ansinnen waren wir offensichtlich nicht allein: In und vor den Cafés entlang der Straßen nahmen auch zu fast mittäglicher Stunde noch immer neue Frühstücksgäste Platz. Sie waren fröhlich, selten allein und wahrscheinlich dankbar ob der Tatsache, dass das Wochenende nach der vergangenen Partynacht noch nicht vorbei war – sich ganz im Gegenteil gerade noch einmal ganz besonders hinreißend zeigte. Die gelassene Fröhlichkeit der Menschen schien sich zu spiegeln in ihrer Kleidung, einer unaufgeregten Mischung aus Folklore und modischem Chic (nicht selten an ein und demselben Körper vereint). Sonnenbrillen wurden kombiniert mit bunten Wollmützen und Schals, während der Zeiger unseres Temperaturempfindens klar in Richtung "T-Shirt" ausschlug – doch der *Sydneysider* friert schneller als der durchschnittliche Oldenburger, und schließlich war es fast schon Winter. (Interessanterweise gilt dies nicht innerhalb geschlossener Räume – da erwartet der gemeine Deutsche die unkomplizierte Sofortwärme einer Zentralheizung. Bekommt er diese in Australien oder Neuseeland nicht, stört ihn die resultierende Kälte meist deutlich mehr als seinen einheimischen Mitbewohner – zumindest hat sich bei mir dieser Eindruck im Laufe der Zeit verfestigt.*) Eines der stark frequentierten Cafés hatte bald Platz für uns an einem Tisch im Freien. Wir bestellten je ein *all-day breakfast*, und während wir sehnsüchtig die Ankunft von Rühreiern, Speck, Würstchen, gegrillten Tomaten und verwandten Köstlichkeiten erwarteten, servierte man uns schon einmal unsere *flat whites*. Die Tasse mit dem

Lieblingskaffee in der Hand dem sonntäglichen Betrieb auf Straße und Bürgersteig zuzuschauen gefiel mir; entspannt zurückgelehnt ließ ich meine Blicke schweifen und mir den Duft des heißen Milchkaffees in die Nase steigen... bis ein forderndes Quaken aus dem Kinderwagen erklang. Richtig – da hatte ja noch jemand Hunger...!

Das *all-day breakfast* hatte seinen Namen nicht ohne Grund. Nicht nur stand es den ganzen Tag lang auf der Speisekarte und war bis ultimo für den Gast erhältlich, es machte normalerweise auch für einen geraumen Teil des Tages satt. Das war eine gute Grundlage, um sich aufzumachen zu einem Spaziergang entlang der Wahrzeichen Sydneys. Der Yachthafen in der klangvollen Woolloomooloo Bay (tatsächlich mit acht „o's") westlich von Potts Point war schon hübsch anzusehen, doch einmal die Bucht umrundet und die Landspitze Mrs Macquaries Point passiert, wurde es noch besser: In der Ferne, auf einem weiteren Landvorsprung im Meer, thronte das berühmte Sydney Opera House! Wir spazierten weiter – links die Royal Botanic Gardens (und an ihren Eingängen Schilder mit der ebenso unmissverständlichen wie gerade für deutsche Besucher unerwarteten Aufforderung „Please walk on the grass"), rechts das Wasser der Farm Cove. Das Opernhaus verschwand zwischenzeitlich aus dem Blickfeld, um sich dann größer und eindrucksvoller als zuvor wieder vor Augen und Kameralinse der begeisterten Betrachter zu stellen. Hinter den (wie wir später erfuhren nicht rein weißen, sondern cremefarbenen) Segeln des Konzerthauses erhob sich gleich das nächste Symbol der Stadt: die Harbour Bridge, auch bekannt als „the old coat hanger". Der drahtige „Kleiderbügel" aus dem Jahr 1932 war gewiss alt – aber keineswegs undekorativ, wie er sich so über die Wellen des Port Jackson spannte.

Buntes Treiben wenige hundert Meter entfernt vom Opernhaus. Am Circular Quay, dem Bahnhof der gelb-grünen Stadtfähren namens „Freshwater", „Lady Herron" oder schlicht „Charlotte", gaben sich Straßenkünstler und Händler ein Stelldichein. Berufspendler nahmen mit geübten Ausweichbewegungen den Hindernisparcours, den Touristen ihnen bereiteten – durch Dem-Didgeridoospieler-Zuhören, Im-Reiseführer-Blättern oder Einfach-mal-kurz-alles-auf-sich-wirken-Lassen.

„Joost, wollen wir Schiff fahren?" Er widersprach nicht (gut, er konnte zu dem Zeitpunkt weder sprechen, noch wusste er trotz seines

Daseins als „Oldenburger Jung" bislang viel von der Schifffahrt...), und so gingen wir (das erste Mal von vielen) an Bord einer *Sydney ferry*. Welch hervorragende Unterhaltung, getarnt als Unternehmung des öffentlichen Nahverkehrs! Man hatte kaum dem Bild der vorbeiziehenden Oper die gebotene Aufmerksamkeit gezollt, da fuhr das Boot auch schon unter der Harbour Bridge hindurch und zeigte uns Ingenieurskunst aus der Froschperspektive. Am Ufer von North Sydney wurde es wuselig – Luna Park lockte vor allem junge Besucher mit Riesenrad und Karussells. Die Fähre legte dort an, und ein Teil der Passagiere verschwand mehr oder minder direkt in einem roten Grinsemund, dem Eingang zum Vergnügungspark. Das Ziel unserer Fahrt sollte Darling Harbour sein – ein erst anlässlich der Olympischen Spiele im Jahr 2000 aus ehemaligem Industriegrund entwickeltes Gelände mit Veranstaltungs- und Messehallen, schicken Restaurants, aber auch einem kleinen Einkaufszentrum und am gegenüberliegenden Ende dem Tumbalong Park. Es dämmerte bereits, als wir unsere Fähre verließen und über die Pyrmont Bridge zur großzügig angelegten Promenade entlang der Cockle Bay spazierten. Den Park sahen wir nur noch im Dunkeln, doch waren die Wasserspiele und ein weiteres Riesenrad beleuchtet, so dass auch der Nachtspaziergang seinen eigenen Reiz hatte.

Beim Abendessen in einem thailändischen Restaurant in Kings Cross (erneut einem „ersten von vielen", denn köstliche Spezialitäten aus Fernost kreuzten unsere Nahrungssuche dankenswerterweise noch oft in Form von Thai-Restaurants oder *takeaways*) sprach uns eine Dame im Hinausgehen an: „Das ist toll so, wie ihr es macht – das Kind einfach mitnehmen! So gewöhnt er sich an die Gesellschaft und daran, dass man auch mal rausgeht!" Nicht viel später ließen sich an einem der Nachbartische zwei junge Paare nieder, von denen eins einen Kinderwagen neben sich parkte. Das Baby darin war noch ein paar Monate jünger als Joost, und wir fanden es sympathisch, dass unsere Einstellung und die der freundlichen Dame hier offenbar keine Einzelfälle waren.

* Nicht von ungefähr kam sicher auch die einst geäußerte Bemerkung eines neuseeländischen Studenten gegenüber einigen deutschen Gast-Kommilitonen, denen er sinngemäß zu verstehen gab: „Leute, wenn ich noch einmal ‚Zentralheizung' oder ‚Vollkornbrot' höre, dann ist aber was los hier..."

Sydney Opera House

18. Mai: „Life Is Hard..."

Schiffchen fahren! Während Sydney in eine neue Arbeitswoche startete, gaben wir uns dem Urlauberdasein schamlos hin. Ausschlafen und Balkonfrühstück taten zu Beginn des Tages schon das Ihrige, um uns dem *holiday feeling* anheim zu geben – doch das sollte sich durchaus noch steigern lassen.

Es waren außer uns kaum Fahrgäste an Bord, als das Schiff mit Zielhafen Manly vom Circular Quay ablegte. Kein Wunder – wer beruflich in diesem Stadtteil (eigentlich bereits einer eigenen kleinen Stadt) am Eingang des Port Jackson beschäftigt war, hatte längst auf einer der früheren Fähren übergesetzt und freute sich langsam auf die Mittagspause. Wir genossen die mit einer Dauer von 30 Minuten vergleichsweise lange Bootsfahrt, sahen das Opernhaus aus einer der wohl beliebtesten Fotoperspektiven (abgesehen von Luftaufnahmen) und legten schließlich an der Manly Wharf an. Ein Spaziergang durch die Fußgängerzone führte uns zunächst an den *ocean beach*, dem Strand hin zum offenen Meer. Fahnen in rot, gelb, blau und grün flatterten im Wind und forderten zum Spaß-Haben auf: „Enjoy Manly". Genau das taten hoffentlich auch die unerschrockenen Surfer dort draußen, deren Anblick uns thermoskannenweise heißen Tee herbeiwünschen ließ. Hier direkt am Wasser wehte ein ziemlich frischer Wind, und Wolken auch in dunkleren Schattierungen schoben sich frech in das Blau des Himmels. Wer nicht des Wassersports wegen am Strand weilte, dessen Kleidung hatte lange Ärmel und Hosenbeine. Hinter uns, so stellten wir beim Umdrehen zur Rückkehr in die windgeschützte Flaniermeile fest, lag allerdings das historische Gebäude der Ocean Beach Tea Rooms von 1898 – na, das sollte doch ein beruhigende Wirkung haben auf unsere Surfer, falls es ihnen doch zu kalt würde. Ob man in Australien das Rezept für Grog kannte...?

Wir wanderten. Entlang einer Straße zunächst, die sich dann in einen Weg verwandelte und schließlich zum nördlichsten Punkt des Hafeneingangs von Sydney führte (passend heißt das Gelände westlich dieses Weges denn auch Sydney Harbour National Park). Bevor wir jedoch den North Head erreichten, machten wir Bekanntschaft mit mehreren kuriosen Pflanzen – einer majestätischen Riesenblüte in Farbschattierungen von apricot bis knallpink, eines Puschelbusches mit integrierter Lanze, hellbrauner Troddeln an irgendwas zwischen Laub- und Nadelgewächs, ... nur die *endangered bandicoots* trafen wir nicht. Sicher versteckten sie sich vor motorisierten Menschen – Warnschilder nämlich forderten Autofahrer zum Reduzieren der Geschwindigkeit auf, da die bedrohten Nasenbeutler (optisch einem Kaninchen nicht unähnlich) in der Gegend lebten.

Am North Head selbst schließlich wurden wir Zeugen des Naturschauspiels aus schroffen Felsen und Brandung. Jemand hatte auf dem asphaltierten Rundweg eine Nachricht hinterlassen, in sauberer Druckschrift, als sei ein Stempel auf die Steine gedrückt worden: „Life is hard. A brick is harder." Dass das Leben gar so hart nicht sein konnte fand wohl auch Joost, der gerade vom Kinderwagen in den Tragegurt umgestiegen war und fröhlich lachend und strampelnd seinen Blick hinaus auf den Ozean (grob in Richtung Neuseeland) gerichtet hatte. Einige Schritte weiter den kleinen *loop track* entlang sah man statt Klippen und klatschenden Wellen die Zivilisation im abendlichen Dunst: Die Skyline von Sydney zeichnete sich am Horizont ab. Und sie war – nun ja, recht klein. Uns dämmerte, dass nicht nur der Abend Selbiges tat, sondern wir auch noch eine gehörige Wegstrecke zurück

North Head, Manly

zum Fähranleger und anschließend per Boot in die Innenstadt vor
uns hatten.

Als wir an der *wharf* ankamen, war es dunkel und unser Schiff
weg. Bis zur nächsten Verbindung zum Circular Quay dauerte es noch
– ungefähr eine Teelänge, schätzten wir, und bestellten uns einen solchen im Café auf der anderen Straßenseite. Eigentlich waren wir auch
hungrig, doch für ein Abendmahl reichte die Zeit nicht mehr. Das
fanden wir dann aber am Ende einer romantischen Fährfahrt bei
Nacht im etwas weniger romantischen Einkaufszentrum von Darling Harbour. Ein asiatisches Schnellrestaurant namens „Wok on Inn",
das in Sydney mehrere Filialen hatte, versorgte uns mit schmackhaften Frühlingsrollen und Nudelgerichten. Die Verköstigung nach

Circular Quay & Harbour Bridge

dem Baukastenprinzip (Nudelsorte wählen, Sauce wählen, Beilagen wählen, kurz warten, essen) nahmen wir in Sydney noch ein paarmal in Anspruch, wenn der etwas größere Hunger nahte.

Mit der Bahn ging es zurück nach Potts Point, und wir stiegen am zentralen Bahnhof Town Hall um. Eine Bäckerei in der Untergrundpassage, zu dieser späten Stunde bereits geschlossen, hatte einen Aushang im Schaufenster: „Bedienung gesucht. Falls Interesse, bitte persönlich im Laden vorstellen." Dies ist keine Übersetzung sondern stand wortwörtlich da – das Geschäft nämlich war die „Lüneburger German Bakery", und offensichtlich wünschte man sich deutschsprachige Verstärkung für das Personal. Wir kauften an einem späteren Tag einmal ein Brot bei unseren niedersächsischen Landsleuten, deren Backwaren bei der Kundschaft *down under* gut anzukommen schienen. Für ein paar Sätze hatten die beiden jungen Leute hinter dem Tresen trotz des regen Betriebs Zeit, ehe sie die nächsten Liebhaber von Vollkorn und Sauerteig bedienten. Wie ihre Arbeitgeber kamen sie gebürtig aus Deutschland (Zweisprachigkeit schien Teil der Firmenphilosophie zu sein), und ich dachte mir, dass so ein Bäckereijob bestimmt eine willkommene Chance war, wenn man neu in ein fremdes Land kam und dort Fuß fassen wollte. Wäre ich selbst in einer solchen Situation gewesen, hätte mich das Stellenangebot der Lüneburger bestimmt interessiert.

19. Mai: *History Walk*
Heute näherten wir uns dem Circular Quay einmal auf anderem Wege. An der großen Leuchtreklame für einen bekannten amerikanischen Softdrink, die sich seit ihrer Inbetriebnahme zum Wahrzeichen von Kings Cross gemausert hatte, bogen wir ab in die William Street. Wir schauten uns die Geschäfte entlang dieser vielbefahrenen Straße (darunter ein mit „Auto Barn" hübsch wortspielerisch benannter Auto- und Wohnmobilverleih) und die Menschen an, die an diesem Werktag unterwegs waren. Ein Ort der Ruhe im Großstadttreiben war die St Mary's Cathedral, die schon bald von weitem sichtbar wurde. Wir versuchten zunächst, den für Rollstuhlfahrer ausgewiesenen Hintereingang in die Kirche zu nehmen, doch als wir dort an der verschlossenen Tür klingelten, öffnete uns niemand. Der gute Geist des Hauses hatte wohl frei oder war anderweitig beschäftigt... Aber die Treppenstufen zum Haupteingang waren nicht so zahlreich, als dass wir Joost samt Kinderwagen nicht mit vereinten Kräften hätten hinauftragen können.

Das im gotischen Stil erbaute Gotteshaus war, daran ließen Aushänge und Informationsmaterial keinen Zweifel, Schauplatz eines aktiven Gemeindelebens. Und doch führte es uns zurück in die längst vergangene Zeit nach Ankunft der ersten Strafgefangenen und ihrer Aufseher in Australien. Für die Katholiken unter ihnen nämlich war St Mary's einst erbaut worden. Im Jahr 1865 zerstörte ein Feuer die Kirche, doch die Grundsteinlegung zum Wiederaufbau folgte nur wenige Jahre später. In mehreren Abschnitten wieder eröffnet, sah St Mary's dann schließlich so aus, wie wir sie an jenem Tag in Augenschein nahmen – „an outstanding example of gothic revival architecture".*

St Mary's Cathedral lag in direkter Nachbarschaft zum Hyde Park. Fast hätte man meinen können, sich nach London verirrt zu haben, wäre die Grünanlage nicht deutlich überschaubarer gewesen als ihre britische Namensschwester. Wir liefen den nordöstlichen Bogen des Parks entlang, als auf der gegenüberliegenden Straßenseite eine Mauer mit eingelassener Glasscheibe unsere Aufmerksamkeit auf sich zog. Was war das? Wir überquerten die Straße und sahen genauer hin. Es schien sich um ein Kunstwerk zu handeln, einen Ort des Gedenkens vielleicht... Seine Botschaft jedoch verstanden wir auf Anhieb nicht. Die Glasscheibe, die uns von weitem aufgefallen war, trug als Inschrift Dutzende von Namen, eingraviert in weißen, geschwungenen Buchstaben. Wir lasen und stellten fest: Es waren nur Frauennamen! Warum? Ein Tisch, auf dem eine einzige Schüssel stand, schien in der Mauer zu verschwinden, denn nur zwei seiner Beine waren für uns sichtbar. Als wir um die Mauer herumgingen, schaute tatsächlich das zweite, längere Ende dieses Tisches auf der anderen Seite heraus – gedeckt mit einem Teller und einem Löffel. Ein einfacher Holzschemel stand davor. Schwierige Zeiten und ärmliche Verhältnisse kamen uns in den Sinn. In einer Mauernische fanden wir ein Körbchen mit Deckel und ein paar Bücher – die wenigen persönlichen Habseligkeiten eines Menschen, der ansonsten alles verloren hatte? Herbstlaub hatte sich vor der Glasscheibe gesammelt und verstärkte noch den Eindruck der Trostlosigkeit. Wir waren so versunken in das Betrachten unserer Entdeckung, dass uns erst spät ein kleines Metallschild auffiel, das an der Mauer angebracht war – und dem, was wir sahen und dachten, schließlich Zusammenhang und Sinn gab. Es verriet uns, wo wir standen: vor dem Australian Monument to the Great Irish Famine. Während der Hungerkatastrophe in Irland in den Jahren 1845 bis 1848 hatten viele Überlebende ihr Land verlassen in der Hoffnung, in anderen Teilen der Welt eine Zukunft für sich zu finden. Gerade verwitwete Frauen und verwaiste Mädchen waren auch nach Australien gekommen. Ihrer wurde an diesem Ort gedacht und ihr Verdienst um ihre neue Heimat gewürdigt. Es gab auch einen Grund dafür, dass die Gedenkstätte gerade an dieser Stelle errichtet worden war: Ging man um die Mauer herum, gelangte man direkt zum Hyde Park Barracks Museum. Die heute in Teilen zu besichtigenden Baracken waren in den Jahren 1817 bis 1819 ursprünglich zur Unterbringung männlicher Strafgefangener gebaut worden, doch 1848 änderte sich aus gegebenem Anlass ihr Verwendungszweck: Sie wurden zum Einwanderungs-

Mittagspause im Botanischen Garten

lager für alleinstehende Frauen und Mädchen, die aus dem gebeutelten Irland nach langer Schiffsreise im Hafen von Sydney ankamen. Mary Coghlan, Bridget Fleming, Sarah Doyle - nun verstanden wir auch, warum nur weibliche Namen im Glas verewigt waren.

Die Zeitgeschichte blieb unser Begleiter, als wir die Macquarie Street hinunter liefen. Pfefferminze suchte man in der Mint wohl weitestgehend vergeblich, auch wenn das wahrscheinlich die erste Assoziation war, die einem als Deutschsprachigem in den Sinn kam – nein, hier wurden dereinst Münzen geprägt. Gleich neben diesem historischen Gebäude stand das Parliament House, in dem die Abgeordneten des Bundesstaates New South Wales tagten. Doch nicht nur die Geschichte der weißen Siedler und ihrer Nachfahren begegnete einem an jenem Tag im Stadtzentrum von Sydney. Entlang der Straße wehten an Masten große Fahnen, die den bevorstehenden „Sorry Day" ankündigten. Kurz vor Beginn des neuen Jahrtausends nämlich hatte die damalige australische Regierung endlich öffentlich zugegeben und somit anerkannt, dass jahrzehntelang unzählige Kinder der Aborigines ihren Familien weggenommen und unter staatlicher Obhut fernab ihrer Wurzeln aufgezogen worden waren. Zwischen 1909 und 1969 war dies offizielle Verfahrensweise und politischer Kurs in Australien, doch gab es auch vor und nach diesem Zeitraum derartige Kindesentführungen mit dem Ziel, Kultur und Traditionen der Aborigines auf dem Weg der Umerziehung ihrer Nachfahren auszulöschen.** Heute gedenkt man in Australien jedes Jahr am 26. Mai dieser „Stolen Generations" und ihrer Familien. Das Wort *reconciliation* fällt häufig in diesem Zusammenhang – man sucht Versöhnung mit den Betroffenen, will versuchen, zur Heilung der oft tiefen Wunden beizutragen, die Einzelnen und ganzen Familien in der Vergangenheit zugefügt wurden.

Ein Buch fiel mir ein, das ich einige Jahre zuvor gelesen hatte – „My Place" von Sally Morgan. Der Roman erschien 1987 und wurde über Nacht zu einem Bestseller in Australien. Er erzählt eine ebenso unfassbare wie wahre Geschichte – es handelt sich um die der Autorin selbst und ihrer Familie. Als Kind und Jugendliche glaubte Sally Morgan, eine weiße Australierin zu sein – ihr leicht getönter Teint stammte, so erklärte ihre Mutter, von indischen Einflüssen in der Familie. Buchstäblich Jahrzehnte vergehen, ehe Sally merkwürdige Ungereimtheiten in ihrem familiären Umfeld auffallen, die sie zum Nachfragen bewegen. Unter ihren Verwandten stößt die aufkeimende Neugier der jungen Frau auf wenig Auskunftsfreude, was sie nur noch misstrauischer macht – Sally Morgan beginnt zu recherchieren und begibt sich auf eine Reise, die sie immer weiter in die Vergangenheit und immer tiefer in die Geschichte ihrer Vorfahren führt. Ihre anfänglichen Ahnungen bestätigen sich – sie ist eine Aborigine. Und die Tatsache, dass ihre wahre Identität ihr konsequent verschwiegen wurde, wurzelt in einem tiefen und über Generationen nie kurierten Schmerz. Ihre Familie erfuhr Enteignung im materiellen und kulturellen Sinne, doch die schlimmsten seelischen Qualen erlitt sie als Opfer der australischen Behörden, als diese kamen und ihnen ihre Kinder fortnahmen. Sie kamen mehr als einmal, und Sally Morgans Roman erzählt von den Leiden der Entführten ebenso wie von denen der Zurückgebliebenen. Teile der Familiengeschichte bleiben für immer verloren und werden der Autorin auch durch sorgfältigstes Nachforschen nicht zugänglich – doch die Wahrheit, die sie imstande ist ans Tageslicht zu befördern, bildet trotz aller schmerzhaften Erkenntnisse und Erinnerungen einen Boden, auf dem Heilung und Seelenfrieden für die Zukunft der Familie möglich werden. Sally Morgan lehrt heute an der University of Western Australia in Perth.

Während ich so meinen Gedanken nachhing, gewannen die Gebäude um uns herum an Stockwerken – wir hatten uns sozusagen ins Zentrum der Skyline Sydneys vorgearbeitet. Ein Blick auf die Uhr erklärte das Hungergefühl, dessen wir uns plötzlich bewusst wurden. Für Joost hatten wir etwas zu essen dabei, fehlte noch ein Mittagssnack für Mama und Papa. Im *Central Business District*, kurz *CBD,* dem Geschäftszentrum der Stadt war natürlich bald ein Ort gefunden, an dem sich Banker und Geschäftsleute zum Lunch einfanden oder schnell einen Imbiss auf die Hand nahmen: Der moderne Food-Court beheimatete bestimmt ein gutes Dutzend Anbieter internationaler Küche. Wir schauten uns um, ließen uns inspirieren von Sushi und indischen Currys und gelangten schließlich ganz am Ende des kulinarischen Rundgangs zum Sandwich-Stand. Was dort für die hungrigen Kunden nach Wunsch zusammengestellt wurde, erinnerte Marcus an die Mittagspausen während seiner Arbeit in Sydney. Verpflegung hatte er damals nämlich häufig in einer der zahlreich vertretenen *milk bars* erstanden – in Form von Sandwiches oder *filled rolls*, länglichen Brötchen, gefüllt mit reichlich frischem Gemüse und weiteren Belägen wie Käse, Schinken oder Thunfisch. Das klang gut in meinen Ohren, und so zogen wir schließlich von dannen mit Frischfutter zwischen Brötchenhälften, gerade erst zubereitet und doch mit beachtlichem nostalgischem Wert...!

Auch im Food-Court hätten wir sitzen können, in einem hellen, wenngleich ein wenig klinisch wirkenden Bereich nahe des Ausgangs, doch statt die Träger von Anzügen und Aktentaschen allzu sehr aufzumischen, steuerten wir lieber die grüne Oase der Innenstadt an.

Und da „Please walk on the grass" ganz sicher auch „Feel free to sit on it" bedeutete, ließen wir uns inmitten der großzügigen Rasenflächen des Botanischen Gartens nieder – genauer gesagt auf einer Anhöhe mit Aussicht aufs Wasser. Ein schöner Ort, um unseren Proviant seiner Bestimmung zuzuführen. Während Joost anschließend mit vollem Bäuchlein und sichtlicher Zufriedenheit an den Grashalmen vor seiner Nase zupfte, nahte allerdings Ungemach von oben: Über unseren Köpfen bahnte sich ein Happening aus Wolken und Wind an. Ein Spaziergang hinunter zur Farm Cove wurde denn auch von so kräftigen Böen begleitet, dass wir beschlossen, möglichst zügig Unterschlupf zu suchen – am besten für länger, denn am Himmel sah es nicht nach baldiger Wetterbesserung aus. Unsere Wahl hinsichtlich einer trockenen, windgeschützten Attraktion fiel auf das Queen Victoria Building. Wir kannten es bereits als Eingang zur U-Bahn-Station Town Hall, doch war dieser profane Zweck bei weitem keine hinreichende Würdigung für dieses Schmuckstück eines Gebäudes. Galerien und gläserne Dachkuppeln zogen die Blicke der Besucher ebenso auf sich wie schmiedeeiserne Balustraden und nicht zuletzt die riesige Royal Clock, die die Einkaufsbummler von der Decke herunter mit majestätischer Behäbigkeit betrachtete. Wenn man dann noch auf die Mosaikfliesen zu seinen Füßen schaute und ihren Mustern folgte, wurde Shopping vollends zur Nebensache. Es musste allerdings mehr als nur eine Handvoll Menschen geben, die der Architektur des Hauses bereits genug Bewunderung gezollt hatten und sich auf den kommerziellen Anteil des QVB besinnen konnten – anders war die Vielzahl der Geschäfte nicht zu erklären, die sich auf insgesamt fünf Ebenen aneinanderreihten. Von Souvenirläden bis hin zu exklusiven Modehäusern schien alles vertreten – egal ob man Brillen suchte oder Blumen, Sportschuhe oder Swarowski-Steine, irgendwo unter dem Glasdach wurde man fündig. Zu Kaffee und Kuchen konnte man sich selbstverständlich auch niederlassen – wenn es draußen schon stürmen und regnen musste, wollten Stimmung und Körper doch umso dringender mit Wärme aus anderen Quellen versorgt werden...!

* www.stmaryscathedral.org.au/History.html

** Im Internet findet man ausführliche Informationen zum Thema, z.B. auf http://reconciliaction.org.au/nsw/education-kit/stolen-generations/.

20. Mai: *Keep Clear of That Crocodile!*
Der Sonnenschein war zurück!
Auf also zum nächsten Ausflug, der uns nach Balmain führen sollte. Marcus schlug vor, für den Hinweg einen Bus zu nehmen. So würden wir ein paar weitere Stadtteile wie das studentische Glebe zumindest vom Busfenster aus kennenlernen und auch die ANZAC Bridge sehen können. Letztere war zwar weit weniger berühmt als ihre den Hafen überspannende große Schwester, doch mit ihren fast filigran anmutenden Fächern aus Stahlseilen, mittels derer die Straße an den Spitzen der A-förmigen Brückenpfeiler aufgehängt war, hatte sie ihren ganz eigenen Reiz. Nach der bereits näher beschriebenen Busfahrt in einem ebensowenig behindertengerechten wie kinderwagentauglichen Gefährt erreichten wir sicher und begleitet von Marcus' kundiger Kommentierung der Umgebung Balmain.

Einst ein Arbeiterviertel, war Balmain im Laufe der Jahre von besser situierten *Sydneysiders* für sich entdeckt worden. Marcus erklärte und zeigte mir, wie sich der Stadtteil seit seinem Aufenthalt 1998 verändert hatte. Der Park mit Blick auf die Mort Bay, in dem wir ein halbes Mußestündchen einlegten (sowie Joost fütterten und endgültig den künftigen Verzicht auf Mitnahme erwärmter Mittagsgläschen im konsequent versagenden Thermobehälter beschlossen), sah noch ungefähr aus wie früher – wobei wohl dieser Tage ein paar mehr Jachten und Segelschiffe in der Cameron's Marina und an den Ankerplätzen vor dem Ufer festgemacht waren. Manche Häuser jedoch waren deutlich erkennbar renoviert und modernisiert worden, und neue Wohngebäude gehobeneren Standards ergänzten das Angebot für die etwas betuchteren Käufer oder Mieter. In vielen der Seitenstraßen, durch die wir gingen, hatte ich allerdings zugleich den Eindruck, dass vom ursprünglichen Charme Balmains noch einiges erhalten geblieben war. Da lugte ein verwunschenes Cottage aus einem Rosengarten hervor, gräuliche Häuschen mit bescheiden anmutenden Außenfassaden lehnten sich platzsparend eng aneinander, und hinter einer riesigen Palme erschien ein klobiger alter Quader mit Augen aus wohl ebenso altem farbigem Glas. Im Obergeschoss desselben Hauses lud eine durchgehende Front aus nicht minder betagten großen Sprossenfenstern (diesmal klar statt bunt) die Sonne ein – es sein denn, sie verfing sich in einer der scheinbar willkürlich drapierten langen Stoffgardinen, die entfernt an Bettlaken erinnerten. Marcus steckte seinen Kopf in den einen oder anderen Pub und stellte fest, dass dort das Interieur meist nicht mehr dem der Arbeiterkneipen aus vergangenen Tagen glich – alles war schicker, verchromter, blankgeputzter. Nur noch schwer konnte er sich vorstellen, dass man sich an diesen Orten in der Art und Weise nach der Arbeit traf, wie es früher der Fall gewesen war – nämlich Hafenarbeiter und Handwerker Seite an Seite und Bierglas an Bierglas mit Bankern und Büroangestellten. Es zählte nicht, wie man sein Geld verdiente und wieviel davon jeden Monat aufs Konto wanderte. Vielmehr war man an der Theke ein Mensch unter anderen Menschen, immer auf gleicher Augenhöhe, interessiert aneinander ohne Sinn für Status und Materielles. Wir hatten keine Gelegenheit selbst herauszufinden, ob Marcus' Erfahrungen von damals im Balmain von heute Bestand hatten – doch wir hofften, dass dem trotz aller Veränderungen so war. Vielleicht waren die aufgehübschten Thekenfronten ja letztlich doch nur eine weitere Äußerlichkeit, die hinter Gesprächen über die wirklich wichtigen Dinge im Leben verblasste.

Außer unserem „Joostimobil" wurden an jenem Tag noch viele andere Kinderwagen die Darling Street entlang geschoben. Mehrfach sahen wir sogar Doppeldecker-Konstruktionen, in denen unten in einer Art Babyschale das Jüngste schlummerte, während das ältere Geschwisterkind darüber einen Sitz mit Aussicht einnehmen konnte. Wenn das nicht allesamt Touristen und Besucher waren, wohnten in Balmain ziemlich viele junge Familien...! Wir schauten genauer hin, und vieles sprach dafür, dass der Stadtteil eine ganze Reihe kleiner Bewohner hatte: Dreiräder in Vorgärten, ein Spielzeugladen und ein Geschäft für Kinderbekleidung (beide gehobener Qualitäts- und somit auch Preiskategorie – das passte auch in anderer Hinsicht ins Bild) und die Tatsache, dass immer wieder Eltern mit ihren Kindern auf einen Plausch an einer Straßenecke stehen blieben, da sie offensichtlich Bekannte, vielleicht sogar Nachbarn getroffen hatten. Vor dem Bekleidungsgeschäft für die Kleinsten blieben wir eine Weile stehen. Es hatte sehr geschmackvolle Wintermode im Schaufenster ausgestellt, die zugleich robust und zweckmäßig aussah: warme

Strickjacken, Wollpullis, Jeans und Stiefel. Ganz klar, in diesen Sachen sollte es hinausgehen ins Freie – so besagte es auch die Dekoration. Die kleinen Schaufensterpuppen standen auf Waldboden, eine von ihnen hielt eine Emailletasse in der Hand, auf einem Baumstumpf stand ein Teller mit Haferflocken (wohl die Grundlage für einen Porridge im morgendlichen Zeltlager), und unweit davon war „Mäusespeck" auf Äste gespießt worden – der wartete sicher nur noch darauf, ins Lagerfeuer gehalten zu werden und sich in *toasted marshmallows* zu verwandeln! Ein Gedicht zierte die Fensterscheibe, und wer bis

Spielzeugladen in Balmain

dahin immer noch Wintermuffel gewesen war, konnte nicht anders als seine Haltung doch noch einmal zu überdenken: „I'm glad that winter's finally here, the smell of wood smoke fills the air, warming by the fire at night, and singing under the stars so bright."

Ganz so winterlich waren die Gefühle nicht, als wir nach unserem Abstecher in den Supermarkt (samt wertvollen Tipps unserer deutschstämmigen Zufallsbekanntschaft!) die Darling Street hinunter liefen – doch merklich kühler wurde es auf einmal, denn Regenwolken waren unbemerkt wieder über uns aufgezogen und blockierten die bis dahin wärmenden Sonnenstrahlen. Wir hatten den Fähranleger knapp erreicht, als der Wolkenbruch begann – zum Glück hatte die Station Balmain East einen Unterstand, der uns vor Nässe von oben bewahrte. Zugig jedoch war es dort, und während wir auf die Fähre warteten, wären uns trockene Kälte und ein heißer Tee am Lagerfeuer durchaus lieber gewesen... am besten noch in Begleitung der *marshmallows* am Stock...!

Wohin nun, erneut im Regen? Unser Schiff hielt am Darling Harbour, und vom Anleger aus waren es keine hundert Meter bis zum Sydney Aquarium. Nun sind Tiergärten, Zoos, Aquarien und dergleichen eigentlich keine meiner liebsten Ausflugsziele. Andererseits war die Aussicht darauf, nur kurz durch den Regen sprinten zu müssen und dann eine Beschäftigung für die nächsten ein, zwei Stunden zu haben, vergleichsweise verlockend. So verdrängte ich die Erinnerung an einen dicken, hässlichen, steingrauen Irgendwas-Fisch, den ich Jahre zuvor bei meinem letzten Besuch eines Aquariums auf den norwegischen Lofoten gesehen hatte, und besann mich auf erlebte Schnorchelfreuden am Great Barrier Reef. Letztere waren zu meinem Glück dann auch mehr als das Maß der Dinge im Sydney Aquarium. In den riesigen Wasserbehältern (der größte von ihnen beherbergte die Nachbildung eines Korallenriffs samt Bewohnern) waren flinke Fische in allen Schattierungen des Regenbogens unterwegs. Das war natürlich auch etwas für Joost, der begeistert im Tragegurt zappelte! Hinsichtlich des Projekts „Finding Nemo" konnten wir ebenfalls Erfolge verbuchen: Gleich mehrere der putzigen Clownsfische tummelten sich in ihren Seeanemonen. Doch damit nicht genug – in zwei enorm großen Becken, die Besucher über das Untergeschoss des

Gebäudes erreichten, lebten die Schwergewichte des Ozeans: Haie, Riesenschildkröten und die seltenen Seekühe, in Australien bekannt als *dugongs*. Man umrundete ihre gigantischen Aquarien und fand sich Aug in Aug (von den Zähnen ganz zu schweigen…) mit Vertretern der Spezies, die im oben zitierten Zeichentrickfilm die Parole „Fische sind Freunde!" umzusetzen versuchte. Faszinierend, und trotz der dicken Glasscheibe doch auf eine Art furchteinflößend… – was allerdings als Werbemaßnahme für eine weitere Attraktion Sydneys gerade recht kam, wie Plakate auf dem Weg zu den Haien zeigten: „Management would like to warn against patting the sharks, may we suggest the koalas next door instead." Also Finger weg von den Haien und sicherheitshalber stattdessen nebenan Koalas knuddeln – in der Sydney Wildlife World. A propos Sicherheit – mit einem Krokodil hatte ein weiterer nicht ganz ungefährlicher Anwohner australischer Küsten den Weg ins Aquarium gefunden. Sein Zuhause konnte man aus ebenerdiger Perspektive, aber auch von einer Empore aus betrachten – letztere erlaubte einen direkten Blick in den nach oben offenen Glaskäfig. *Scary* – doch dass Besucher sich da ein wenig gruselten, war wohl nur allzu beabsichtigt. Gleichzeitig wurde aber vor den Folgen heftiger Angstanfälle (oder auch vor übermäßigem Wagemut) dort oben am Rande des Abgrunds gewarnt – mit einem anschaulichen Piktogramm. Es zeigte einen Menschen, der in einen offenen Krokodilsschlund fiel. Rot umrandet und durchgestrichen, versteht sich, denn genau dies galt es zu vermeiden. Und wer davon bildlich noch nicht überzeugt war, nahm sich vielleicht die darunter gedruckten Worte zu Herzen: „DO NOT ENTER. If the fall does not kill you the crocodile will." Das ließ in der Tat wenig Interpretationsspielraum.

21. Mai: *Under the White Sails*

Im Wetterbericht für Sydney an jenem Tag fiel wohl mit ziemlicher Sicherheit das Wort *overcast* – was wir in Ermangelung eines Radios nicht hörten, sondern nur live am Himmel sahen. Dieser war wolkenverhangen, doch behielt er eventuellen Niederschlag bei sich, und so schoben wir wieder einmal unseren Kinderwagen in Richtung Opera House. Diesmal wollten wir uns mit der grandiosen Außenansicht jedoch nicht begnügen, sondern das Wunderwerk der Architektur von innen besichtigen. Zunächst war es ein gewisses Abenteuer, mit dem „Joostimobil" überhaupt zu den Schaltern für die *guided tours* zu gelangen. Wir entdeckten den Eingang für Rollstuhlfahrer auf der Parkplatzebene des Gebäudes – fast schien es, als könne in diesem düsteren Durchgang eigentlich gar kein Publikumsverkehr erwünscht sein. Hinter einer Glastür jedoch fanden sich tatsächlich Mitarbeiter des Hauses, die mit Anliegen wie dem unseren rechneten und gleich zum Telefonhörer griffen, um Unterstützung heranzurufen. Es dauerte eine ganze Weile, bis der angeforderte Kollege eintraf, der uns an unser Ziel begleiten sollte – und uns zu diesem Zweck durch allerlei interessante (und dabei wenig opernhafte Eleganz ausstrahlende) Flure und Gänge zum Fahrstuhl führte. Später während der Führung hörten wir, dass im Zuge der aktuellen Renovierungsarbeiten auch zweckmäßigere Zugänge für Gehbehinderte geschaffen werden sollten. Das war gewiss eine gute Idee, wenngleich man im Hause die zur Zeit für manche Gäste noch suboptimalen Bedingungen charmant zu meistern wusste. Letztere durften es halt nur nicht eilig haben.

Oben angekommen, stellten wir fest, dass es bis zu den nächsten freien Plätzen in einer Führung noch mehr als zwei Stunden dauern würde. Wir besorgten uns Tickets und beschlossen, in der Zwischenzeit durch The Rocks zu schlendern. Diesen Bezirk, wo einst die ersten europäischen Siedler der Stadt Quartier bezogen hatten, erreichten wir nach einem kurzen Spaziergang über den Circular Quay in Richtung Hafenbrücke. Klobige, graubraune Backsteinhäuser bestimmten das Bild im historischen Stadtteil, der in den 1970er Jahren überhaupt erst als solcher entdeckt und gewürdigt worden war. In vielen Jahrzehnten zuvor nämlich war es mit den Rocks mehr oder minder kontinuierlich bergab gegangen. Verrufen als Treffpunkt raubeiniger Seeleute und zwielichtiger Gestalten war die einstige Keimzelle Sydneys bald ein Hort von Kriminalität und Prostitution und aufgrund mangelhafter hygienischer Zustände auch ein Ausgangspunkt von Seuchen. Der Ausbruch der Beulenpest zu Beginn des zwanzigsten Jahrhunderts half ebensowenig die Talfahrt der Rocks zu stoppen wie der Bau der Harbour Bridge, für deren Brückenpfeiler ganze Straßen geopfert wurden. Der staatlich veranlasste Abriss der alten Gebäude verzögerte sich immer wieder, letztlich bis in die späten 1960er Jahre – doch als es dann schließlich soweit sein sollte, formierte sich eine Bürgerinitiative aus den Reihen der Anwohner. Sie sahen nicht nur den trotz aller Schäbigkeit liebgewonnenen Charakter ihres Stadtteils vor dem Aus, sondern befürchteten in den geplanten Neubauten auch eine Bedrohung ihrer Existenz: Die zu erwartenden höheren Mieten nämlich würden sie sich voraussichtlich nicht leisten können und wären so gezwungen, die Rocks zu verlassen. Tatsächlich waren die Proteste am Ende erfolgreich, und an die Stelle der beabsichtigten Zerstörung trat die Restaurierung der meist arg mitgenommenen Wohn- und Geschäftshäuser. So kann man heute in den Straßen der Rocks ihre Geschichte nicht nur atmen (und dank ausgehängter Erläuterungen und Fotos schrittweise nachvollziehen), sondern auch viele der ursprünglichen Bauten in restauriertem Zustand bewundern. Sie beherbergen nun Restaurants und Lokale (vom Straßenbistro für ein schnelles Mittagessen über einen Irish Pub bis hin zum „Löwenbräu"), Souvenirläden (besonders viele dieser Art in einem kleinen Einkaufszentrum, das von innen wenig Charme außer dem des von Touristen angekurbelten Umsatzes versprüht), aber auch hier eine Galerie oder dort einen Puppenmacher, vor dessen Ladentür eine lachende Pinocchio-Marionette winkt.

Das Wetter wurde ungemütlicher, die Wolken dunkler, und wir waren zurück am Opernhaus. Bevor unsere *guided tour* begann, stieg ein frisch ausgeschlafener Joost vom Kinderwagen in seinen Tragegurt um – hatten wir mit dem „Joostimobil" schon nur über Umwege den Ticketschalter erreicht, so waren die vielen Treppenstufen zwischen den einzelnen Gebäudeteilen und Konzerthallen gänzlich ungeeignet für Menschen auf Rollen. Leichte Bedenken hatten wir, ob der fröhliche Junior die Führung nicht durch lautstarkes Krähen stören und wir uns den Unmut der übrigen Teilnehmer zuziehen könnten. Ich erinnerte mich in diesem Zusammenhang noch genau an die Weihnachtsrede unseres Personalratsvorsitzenden, die Joost einige Monate zuvor durch inbrünstiges „Ooooh!" und „Aaaaah!" in signifikanten Teilen übertönt hatte – doch in jener Umgebung kannte und mochte man uns, amüsierte sich über die unerwartete Showeinlage, und nicht zuletzt war der Redner selbst mehrfacher Opa und voll des augen-

Harbour Bridge, CBD & The Rocks

zwinkernden Verständnisses für den Aufstand probende Babys. Verglichen damit stand die aktuelle Veranstaltung für zahlende Besucher des Weltruhm genießenden Bauwerks doch unter deutlich ungünstigeren Vorzeichen. Zum Glück erwies sich unsere Sorge letztlich als unbegründet – Joost quietschte nur vereinzelt vergnügt in die Runde, die sich weite Strecken der Führung sowie den Ton zu aufschlussreichen Kurzdokumentationen ohnehin über Kopfhörer zu Gemüte führte, damit der Probenbetrieb des Hauses nicht gestört wurde. Eine kundige Führerin stand ihren interessierten Gästen Rede und Antwort, ließ uns auf den Zuschauerrängen eines der Konzertsäle Platz nehmen (ihr Angebot, vorn auf der Bühne ein Liedchen zu trällern, wurde jedoch von den Anwesenden kollektiv ausgeschlagen) und gewährte uns Einblicke in zahlreiche Ecken und Winkel des Gebäudes. Sie zeigte und erklärte Architektur und Gestaltung des baulichen Meisterwerks, wobei neben dem weltberühmten Äußeren auch das weit weniger bekannte Innere des Opernhauses gebührend berücksichtigt wurde. Wir bestaunten Teppichböden in dunklem Violett, fischgrätenförmig angeordnete schwedische Kacheln (die man hinter der strahlend hellen und so ebenmäßig erscheinenden Oberfläche der Dachsegel nie vermutet hatte, solange man sie nur aus den medienwirksamen Luftaufnahmen kannte) – ja, die Liebe zum Detail reichte sogar bis hin zu Lampen, deren Glühwendel in Form der Dachsilhouette die frühabendliche Dämmerung erhellten. In diesem Zusammenhang seien übrigens, etwas abseits der Schauplätze musikalischen Kunstgenusses, auch die Örtlichkeiten der ganz profanen Bedürfnisse ausdrücklich erwähnt (sie zu besuchen war sogar kostenlos, denn sie befanden sich im Bereich der Ticketschalter für die *guided tours*). Wo andernorts meist zweckmäßige Standardwaschbecken, Krankenhausverdächtige Kacheln und metallene Seifenspenderkästen das Bild bestimmten, begegnete der Toilettengänger hier dunklem Holz und fließenden Formen in Keramik. Ein geschmackvolles *interior design* veredelte vermeintliche Alltäglichkeiten wie Beleuchtung und Waschgelegenheiten und lud, man mag es fast nicht glauben, direkt zum Verweilen ein.

Mindestens ebenso faszinierend wie das Wahrzeichen Sydneys selbst war für mich jedoch seine Geschichte, die uns während der Führung auf einfühlsame Weise nahe gebracht wurde. An ihrem Anfang stand ein Wettbewerb, den die Stadt zum Bau eines neuen Opernhauses ausgeschrieben hatte. Aus sage und schreibe 233 Vorschlägen (darunter auch solche von kenianischen und deutschen Bewerbern) wurde Anfang 1957 der Beitrag des Dänen Jørn Utzon ausgewählt. Er hatte die Jury mit seinen Ideen begeistert, doch sollte er in den folgenden Jahren gegen manche Unwegsamkeit ankämpfen müssen. Das Problem, seinen federleichten Entwurf in eine in statischer Hinsicht tragende Konstruktion umzusetzen, löste er nach intensiven Überlegungen schließlich souverän. Schwieriger wurde es da schon, als sowohl der Terminplan als auch das Budget mit den Jahren des Baus aus allen Nähten und Fugen gerieten. Die daraus resultierenden andauernden Querelen mit dem Staat New South Wales als seinem Auftrag- und Geldgeber nahmen Utzon im Laufe der Zeit derart mit, dass er schließlich 1966 sein Rücktrittsgesuch einreichte. Diesem wurde stattgegeben, doch als die Kunde an die Öffentlichkeit gelangte, sah man schon bald vor dem Parlamentsgebäude einen Zug protestierender *Sydneysiders* aufmarschieren, die ihren Baumeister zurückforderten. Vergebens – Utzon kehrte zurück nach Dänemark, und eine Gruppe australischer Architekten wurde mit der Fertigstellung des Gebäudes beauftragt. 1973 war es soweit: Das Opera House wurde feierlich eröffnet, und seine schwindelerregende Karriere als Meisterwerk moderner Architektur begann. Bis auf den Olymp der Auszeichnung zum UNESCO-Weltkulturerbe schafften es die weißen Segel im Hafen von Sydney, und namhafte Künstler aus aller Welt gastierten unter ihrem Schutz. Der ursprüngliche Vater des Opernhauses wurde mit Architekturpreisen für sein Werk ausgezeichnet, doch schwamm in der Erfolgsgeschichte des Gebäudes immer der Wermutstropfen, dass Utzon sie nicht selbst hatte zu Ende schreiben dürfen. Nach Jahren des eher spärlichen Kontaktes mit dem Dänen, dem die Stadt so viel zu verdanken hatte, kam jedoch aus Sydney eine herzliche Geste der Anerkennung und Wertschätzung: Jørn Utzon wurde 1999 im Zuge der Weiterentwicklung seines Meisterstücks als leitender Berater engagiert. Sein Wort bekam erneut Gewicht bei der Gestaltung des Opera House und sollte Maßgabe für alle künftigen Arbeiten am Gebäude werden. Utzon muss diese ihm entgegengestreckte Hand gut getan haben, schrieb er doch in einem Vorwort: „My renewed contact with Sydney and my work with the refurbishment of the Opera House [...] has felt like a wonderful welcome back to Australia, a hand extended in the spirit of reconciliation, a hand I shake with warmth and gratitude."* Persönlich kehrte der Architekt nie nach Australien zurück, doch halfen seine Kinder bei der Verwirklichung seiner Pläne vor Ort. 2008 starb Utzon im Alter von 90 Jahren in seiner dänischen Heimat.

Als wir das Opernhaus mit Blick auf die Skyline Sydneys verließen, waren bereits viele Hochhausfenster hell erleuchtet. Auf den Booten und Fähren am Circular Quay hatten die Besatzungen die Innenbeleuchtung eingeschaltet, und entlang der Straße über die Harbour Bridge bildeten Laternen die Illusion einer Kette aus Leuchtpunkten. Die Anziehungskraft dieser Lichterkette bewirkte, dass wir in einen Zug nach North Sydney stiegen – um diesen an der nächsten Haltestelle bereits wieder zu verlassen und von Milsons Point am anderen Ende der Brücke über selbige zurückzulaufen in die Rocks. Der Fußweg hatte in direkter Nachbarschaft diverser Fahrspuren für Autos und Bahn einen wenig beschaulichen Charakter, lag jedoch sinnvollerweise ganz außen und erlaubte somit zwischen den Absperrungen hindurch manch schönen Blick auf die Lichter der Stadt und vor allem das angestrahlte Opera House. Erleuchtete Fährschiffe mit Kurs auf Balmain und Darling Harbour verschwanden unter uns, und über uns erhoben sich die gewaltigen Aufbauten der Brücke. Aus der Sicht des Brückenläufers schien das Bild eines Kleiderbügels unglaublich unpassend für das, was da an massigen und noch massigeren Metallstreben in den nachtschwarzen Himmel ragte. Schauten wir direkt nach oben, verwandelte sich unser Wissen um die bogenförmige Gesamtansicht der Hafenbrücke allenfalls noch in eine Ahnung. Über die Bögen selbst übrigens hätte auch noch ein Weg geführt – jedoch nur gegen Bezahlung und nach sorgfältiger Einweisung (und vermutlich auch vorzugsweise bei Tageslicht), dafür aber als Gruppenerlebnis inklusive einheitlicher Bekleidung und sicherndem Seil. Wer außerhalb dieser organisierten Waghalsigkeit den Nervenkitzel suchte, wurde auf Schildern über strafrechtliche sowie finanzielle

Konsequenzen individueller Kletterpartien informiert: „WARNING. Unauthorised climbing on bridge is an offence. Maximum penalty: $2200." Grob überschlagen konnte man für das Geld auch alternativ nach Neuseeland fliegen und sämtliche landesweit angebotenen Bungee-Sprünge absolvieren. Ein Brückenbogenspaziergang mit den Profis daheim in Sydney wäre zusätzlich wohl auch noch drin. Zugegeben, das ist die spießige Variante, aber Eltern sind nunmal so...

   * www.sydneyoperahouse.com/the_building_history_heritage.aspx. Hier lässt sich die Geschichte Utzons und des Sydney Opera House in vielen Einzelheiten nachlesen.

22. Mai: *Bondi for Beginners*

Mit dem Stadtbus an den Strand – und dann noch an den berühmten, den kultigen, den Strand der australischen Strände! Hier musste man gewesen sein, wenn man auf einen Aufenthalt in Sydney zurückblickte, und galt er nicht überhaupt als einer der schönsten Strände der Welt? In solchen und ähnlichen Sphären bewegten sich meine Gedanken, als der Bus in eine weitere Kurve ging und unerwartet den Blick auf Bondi Beach freigab. Nur wenige Sekunden dauerte der Eindruck einer annähernd sichelförmigen Bucht, gesäumt von einem breiten Sandstreifen, auf den temperamentvolle Wellen begleitet von reichlich Gischt aufliefen. Dann ging es auch schon aus erhöhter Lage zügig bergab, und die Straße schmiegte sich bald auf Höhe des Meeresspiegels direkt an den Strand. Wir stiegen aus und schoben Joost die befestigte Strandpromenade entlang, das Verdeck des Kinderwagens immer gegen den auffrischenden Wind gerichtet (was je nach Windrichtung auch mal bedeutete, den Wagen hinter sich herzuziehen). Von den Surfern, die Bondi Beach bei besserem Wetter ihre Spielwiese nannten, sahen wir an jenem Tag nur wenige – dafür waren aber unsere Freunde, die Wolken, wieder da. In Farbtönen von gutmütigem Grau bis zu aggressivem Anthrazit bildeten sie wechselnde Formationen am Himmel, und gepaart mit dem Wind gaben sie Anlass zur Vermutung, dass ein Spaziergang bis zum Ende der Bucht keine gute Idee sein könnte. Einige wenige Strandläufer, allein oder in kleinen Gruppen, schienen ähnliche Befürchtungen zu hegen und gingen nur hier und da ein paar Schritte in die eine oder andere Richtung, schauten aufs Meer hinaus oder hoben ein Fundstück vom Strand auf. Kaum vorstellbar, dass sich hier bei sommerlicher Wärme derart viele Menschen, Badetücher und Sonnenschirme zu einem bunten Teppich verwoben, dass gefühlt nur einzelne Sandkörner zwischen den Maschen sichtbar blieben. Bondi im Winter – das war gewiss mal etwas anderes und hatte seinen Charme. Dass ich diesem Strand auf meiner persönlichen Rangliste einen der vorderen Plätze eingeräumt hätte, wäre allerdings wohl auch bei Sonnenschein nicht der Fall gewesen (wahrscheinlich noch weniger als jetzt, wegen der zu erwartenden Menschenmassen) – was eine Frage individueller Vorlieben war, zweifelsfrei. Und streng genommen durfte ich auch gar keine Äpfel mit Birnen vergleichen. Denn sicherlich konnte und wollte sich ein (groß-)stadtnaher Strand nicht mit wilden, unberührten Naturschönheiten (generell meinen Favoriten) messen – hier musste man wohl innerhalb zweier getrennter Kategorien mit ihren jeweiligen Möglichkeiten und Eigenheiten denken. Und nicht zuletzt kam es ja immer auch darauf an, was man (insgesamt oder in einem bestimmten Moment) suchte: So mancher bezaubernde Küstenstreifen in entlegenen Ecken Australiens ließ das Betrachterherz höher schlagen, doch sollte der zugehörige Rest des Körpers sich besser nicht ins kühle Nass wagen, um folgenschwere Kontakte mit Unterwasserströmungen, Krokodilen oder Würfelquallen zu vermeiden. Soweit immer noch schön für Spaziergänger und Schnappschussjäger, blöd jedoch für Schwimmer und Surfer. Letztere fanden in Bondi Beach ein Eldorado und wussten sicher auch die Geschäfte und Cafés auf der anderen Straßenseite zu schätzen, die das Naturkind in Ozeannähe eher irritierten. Uns jedenfalls kam die Tatsache sehr gelegen, dass an jenem Tag ein heißer Kakao samt großzügig dimensioniertem Stück Kuchen nur einen Muschelwurf entfernt war – und man, als das Wetter nun wirklich gar kein Erbarmen mit mutigen Draußensitzern mehr hatte, einen gemütlichen Tisch im Café-Inneren beziehen konnte.

Wir fuhren mit dem Bus zurück in die Innenstadt, wo wir überwiegend trockenen Fußes durch Haymarket und Chinatown spazier-

Bondi Beach

ten. Ein anstehender Windelwechsel trieb uns ebenso wie die Neugier ins Einkaufszentrum Market City, wo wir den ersten und zusammenfassend betrachtet auch allerbesten *parent room* unserer Reise fanden.* Fasziniert von dem Umstand, dass man Eltern das Leben so leicht machen konnte, nutzten wir die so sauberen wie bequemen und geräumigen Wickelgelegenheiten – und fotografierten alle Details der erfüllten elterlichen Begierde für die Nachwelt und die Daheimgebliebenen. Wobei eine Weiterleitung ganz gezielt an deutsche Geschäftsführer oder Stadt- und Gemeinderäte die weitaus sinnvollere Verwendung unserer Bilddokumente sein könnte...

Unsere Idee, einen kleinen *fun ride* mit der *Sydney Light Rail* – der Straßenbahn von Sydney zu unternehmen, erwies sich in der Umsetzung als wenig spannend. Es dunkelte, man sah auf Grund hoher Absperrungen oder Gebäudemauern meist ohnehin kaum etwas Interessantes, und an der Endstation Lilyfield war auch nichts los, was uns länger dort gehalten hätte. Also fuhren wir mit der einzigen Linie der Tram (insgesamt hat sie ein gutes Dutzend Haltestellen) zurück zum Einkaufszentrum.

Market City hatte sich der Devise „Where East Meets West" verschrieben. Nach einer Rolltreppenfahrt über mehrere Ebenen mit Geschäften waren es schließlich unsere hungrigen Mägen, die von der Begegnung der Kulturen besonders profitieren sollten. Sie vollführten in der Tat wahre Freudensprünge, als die Signale der Sehnerven, welche just den Food-Court in Augenschein genommen hatten, bei ihnen ankamen. Ein Paradies der Vielfalt asiatischer Küche (wenn auch im *fast food style*) breitete sich vor uns aus – was sollte es denn da nur sein? Indisch oder Thailändisch? Kebabs oder *seafood noodles*? Ein Abendessen nach Rezepten aus Singapur, Japan oder Korea? Wir entschieden uns a) für Gegrilltes vom Chinesen und b) wiederzukommen.

* Siehe zu diesem Thema auch Kapitel „Hamm...!", S. 39

23. Mai: *Weekend Time – Market Time!*

Es war Sonnabend, und Sydneys Märkte gaben sich die Ehre. An jedem Wochenende luden zahlreiche Stadtteile zum besonderen Bummelerlebnis ein – wahlweise samstags oder sonntags. Marcus hatte den Balmain Market noch in guter Erinnerung, und so erkoren wir ihn zum ersten Ziel des Tages. An der vertrauten Darling Street befand sich in zentraler Lage die anheimelnde St Andrews Congregational Church, in deren Hof die Markthändler ihre Stände aufgebaut hatten. Hübsch sahen sie aus, die bunten Sonnenschirme im Schatten der Kirchenmauern und der umstehenden Bäume, und freundlich war der Empfang am Eingang: Gleich der erste Stand gehörte einer Familie, die Süßigkeiten aus Nüssen und Karamell herstellte und leckere Kostproben verteilte. Knabbernd schlenderten wir weiter... Künstler verkauften ihre Bilder, wir blätterten in gebrauchten Kinderbüchern, und im Anbau der Kirche gab es Tee, Kaffee und internationale Küche in Snackform. Schwere orientalische Teppiche, Liebhabergeschirr aus vergangenen Zeiten, Second-Hand-Kleidung und attraktiver Schmuck aus farbigen Glasperlen – die Angebote und Eindrücke wechselten von Stand zu Stand. Besonders viel Zeit verbrachten wir bei einer Dame, die auf ihrem Tisch Dutzende selbstgenähter Babyschühchen paarweise ausgestellt hatte. Wir kamen ins Gespräch, und als wir unseren Weg schließlich in Richtung Ausgang fortsetzten, hatten wir zwei Paar dieser hübschen Handarbeiten im Gepäck: eines in Blau und eines in Beige, jeweils mit applizierten Koalas versehen. Die hellen Schühchen waren für unsere kleine Nachbarin Jella bestimmt, deren Mama sich daheim in Oldenburg so lieb darum kümmerte, dass unser Briefkasten nicht überquoll.

Ein Café hatte noch einen freien Tisch an der Straße, an dem wir uns niederließen. Der Garten jenseits der Grundstücksmauer bot ebenfalls Sitzplätze, lauschig unter Laubbäumen, und es war nur zu verlockend, die Treppen hochzusteigen und nach freien Stühlen Ausschau zu halten – doch das Terrain schien weniger gut geeignet für die Mitnahme sperriger Kinderwagen, die Tische standen eng, und wir entschieden uns für den Weg des geringeren Widerstands. Die Straßencafé-Atmosphäre an diesem sonnenverwöhnten Samstag an der Darling Street gefiel uns auch, und das georderte *all-day breakfast* schmeckte hervorragend. Als passionierte Teetrinker wussten wir zudem den *chai tea* des Hauses sehr zu schätzen – denn die Gewürze hatten ihren Weg in Reinform in die servierten Teekännchen gefunden und wurden beim Eingießen samt Teeblättern in einem kleinen

Paddington Markets im Abbau

Sieb aufgefangen. Der aromatisierende Sirup, der vor allem im Mode-getränk Chai Latte meist verwendet wurde, schmeckte eben doch vergleichsweise künstlich und machte die Teezubereitung bei falscher Dosierung schnell zu süß – mit den naturbelassenen Zutaten konnte man uns daher immer eine Freude machen! Und Joost, der zu jenem Zeitpunkt seine Vorliebe für Wurst noch nicht entdeckt hatte, ließ sich bereitwillig mit Gemüsebrei füttern. Nur wenige Monate später hätten sowohl Mama als auch Papa ihr zweites Frühstück in erhebli-chem Umfang teilen müssen – mit Schwerpunkt auf fleischhaltigen Produkten...!

Durch den Stadtteil Paddington (genau – wie der gleichnamige Bär und die U-Bahn-Haltestelle in London) zog sich die Oxford Street, an der wir aus dem Bus stiegen. Während der Fahrt hatte das Wetter wieder einmal einen Umschwung erwogen und auch prompt in die Tat umgesetzt – es sah nach Regen aus. Doch noch hielten die Wolken dicht, und wir konnten in Ruhe durch den Außenbereich der Paddington Markets spazieren. Wie schon heute Vormittag schaute auch jetzt ein Kirchturm auf das bunte Markttreiben herab – nur gab es für die Paddington Uniting Church einiges mehr zu schauen als für ihre Schwester in Balmain. Ein Vielfaches der Stände wartete hier auf interessierte Besucher und Käufer, was die Atmosphäre zwar weniger verträumt und familiär machte als an der Darling Street, jedoch auf seine Art und immer noch fernab irgendwelcher Hektik dennoch für genussvolles Bummeln sorgte. Das Angebot nämlich war von oft ausgesuchter Individualität und Qualität und konnte sicher manch außergewöhnlichen Einrichtungs- oder Kleidungswunsch erfüllen. Kreative Handwerker und Designer wiesen an ihren Ständen auf die Verarbeitung heimischer Materialien (deren Herkunft nicht selten zugleich auch *organic* war) hin. „Australian-made" lautete hier die offensichtlich erfolgreiche Devise, gemäß der Abendmode, Malerei und Schmuck entstanden waren, die zahlreiche Blicke auf sich zogen. Babydecken in kräftigen, strahlenden Farben leuchteten mit ihren bunten Motiven gegen die Wolkenfront am Himmel an, und die Lampenschirme skandinavischen Designs konnte man vor seinem inneren Auge wohnliches Licht verbreiten sehen – auch wenn momentan noch Glühbirnen und Stromanschluss zur tatsächlichen Leuchtkraft fehlten. Naturkosmetik und Schreibwaren, Blumen und Spielzeug, es schien unter den schönen Gegenständen im Leben nur wenige zu geben, die es hier nicht gab. Und auch dem Geschmackssinn wurde geschmeichelt – Stärkung winkte in Form von Waffeln, thailändischen Currys oder gar Gerichten aus dem Himalaya. Der „Grumpy Baker" konnte ein so unangenehmer Zeitgenosse nicht sein, legte er doch bei der Zubereitung seiner Backwaren Wert auf ausgewählte Zutaten und stellte seine Brote und Kuchen noch weitgehend in Handarbeit her. Und wenn man einfach nur eine Tasse Tee trinken wollte? Bekam man die auch. So wie wir, als es schließlich anfing zu regnen und der Innenbereich des Marktes sich als Wetterschutz und für eine Teepause anbot. Wir waren kaum eingetreten, da schnellte Marcus' Arm nach vorne und deutete auf ein Arrangement aus Lichterketten. Die vielen kleinen Lämpchen waren umhüllt von Schirmen in unterschiedlichsten Farben und Formen: schlichte Kegel, Sterne, Marienkäfer, Fische, Blumen, … Lampions für jede Stimmung und Gelegenheit, und an einem Tisch inmitten des Lichtermeers: „Lutz!" Marcus kannte den

Sydney Tower

gebürtigen Deutschen als Arbeitskollegen von früher und wusste, dass Lutz sich mit dem Verkauf dekorativer Beleuchtung ein zweites Standbein geschaffen hatte. Er war, wie Marcus gehofft hatte, nach wie vor an seinem angestammten Platz auf den Paddington Markets zu finden – und staunte nicht schlecht, als wir vor ihm standen! Lutz hatte mit der Bedienung und Beratung von Kunden viel zu tun, so konnten wir uns nur kurz unterhalten und ihm Joost vorstellen. Doch wir sollten uns wenige Tage später erneut treffen und dann mehr Zeit zum Reden haben.

Der Markttag ging seinem Ende zu, um uns herum wurde abgebaut und eingepackt, und wir dachten über die weitere Gestaltung des noch gar nicht so alten Tages nach. Der Sydney Tower bot sich eigentlich als Ausflugsziel bei besserem Wetter an, da man bei guter Sicht bis zu den Blue Mountains hinter den westlichen Grenzen der Stadt schauen konnte. Andererseits wäre heute das Timing perfekt, um das Aussichtsdeck des Turmes kurz vor Beginn der Dämmerung zu erreichen. So könnten wir den Ausblick anfangs im Hellen und dann nach einer Weile bei einsetzender Dunkelheit genießen – eine Variante, die ich beim Besuch des Sky Tower in Auckland schon zwei Mal gewählt hatte und sehr attraktiv fand. Nachdem man sich bei Tageslicht einen Eindruck von der Stadt verschafft hatte, wandelte sich auch schon langsam das eben erst einigermaßen erfasste Bild: Die Farben verblassten, die Sonne näherte sich dem Horizont, und die auftauchenden Fleckchen elektrischer Beleuchtung erinnerten an eine Glühwürmchenversammlung mit rasant ansteigender Teilnehmerzahl. Lichterschlangen aus Autoscheinwerfern (oder –rücklichtern) wanden sich zwischen Türmen aus erleuchteten Fenstern in den Feierabend, und man staunte, was sonst noch alles angestrahlt war des Nachts in einer Großstadt... Es waren schöne, vielleicht einmal etwas andere Impressionen, derer man sich hoch oben über den Dächern erfreuen konnte. So gesehen konnten wir auf die nicht zu erwartende Fernsicht wirklich gut verzichten und machten uns auf zum Dämmerbesuch im Sydney Tower.

Joost ist bis heute ein glühender Fan von Fahrstühlen und Rolltreppen, und wir vermuten den Ursprung dieser Vorliebe primär in unserer häufigen Nutzung des U-Bahn-Systems in Sydney. Da fuhr Papa während der Wartezeit auf den nächsten Zug auch schon mal eine Extrarunde auf der Rolltreppe mit dem Junior vor der Brust, welcher fröhlich mit Armen und Beinen ruderte. Nur gut, dass er damals noch nicht eines seiner zukünftigen Lieblingswörter sprechen konnte: „Nochmal!" Andernfalls hätte er sich wahrscheinlich ebenso geäußert, als der Fahrstuhl des Sydney Tower nun die rundum verglaste Aussichtsplattform in 250 Metern Höhe erreicht hatte und wir aussteigen mussten. Doch auch ohne den Geschwindigkeitsrausch schien sich unser Sohn dann durchaus zu amüsieren, betrachtete andere Besucher, spielte mit den aufgestellten Ferngläsern und schaute offenbar auch gern nach draußen – wobei wir uns fragten, wie viel und wie weit er mit seinen sieben Monaten eigentlich schon sehen konnte aus unserer aktuellen Position. Wir selbst erkannten vieles wieder, was wir in den Tagen zuvor am Erdboden erkundet hatten – Hyde Park und Kathedrale, Darling Harbour mit Tumbalong Park samt Riesenrad und Kreuzfahrtschiff, das hell erleuchtet am Eingang des Hafens vor Anker lag, ... Die ungewohnte Vogelperspektive verleitete zu einem Wettbewerb um das Ausmachen von Gebäuden und Geländen („Das da drüben sind die Hyde Park Barracks!" – „Hinter dem langen Bootssteg muss doch irgendwo die „Challis Lodge" sein...!") und verhalf gerade mir als Sydney-Neuling noch einmal zu einer detaillierten und zusammenhängenden Orientierung im Zentrum dieser Großstadt. So ein Stadtplan in Bild, Farbe und 3D war schon etwas anderes als der alltägliche Blick auf die kleinen, in Grautönen gehaltenen Karten im Reiseführer.

Nachdem man sich satt gesehen hatte an Sydney *from above* wartete am Fuße des Turmes eine weitere Attraktion auf den geneigten Besucher. Wem der Höhentaumel auf dem Aussichtsdeck nicht genug gewesen war, der konnte ohne Aufpreis nun noch in weitere Dimensionen eintauchen: „Let's go oz-trekking!" Was nach körperlicher Anstrengung klang (Trekking? Rucksack? Wanderschuhe? Felsen, Klippen, Kletterseile?) entpuppte sich als vergleichsweise bequeme Veranstaltung: Um „OzTrek" zu erleben, nahm man in einem Kinosaal auf speziellen Sitzen Platz, schnallte sich an und harrte der Dinge, die da kamen. Nicht lange, und die Reise begann – von Sydney in die Weiten des gesamten Kontinents, von heute zurück in die Zeiten der Segelschiffe aus Europa und des Goldrausches. Bilder erschienen in rascher Abfolge auf der hohen 180°-Leinwand, Geräusche begleiteten das Geschehen im Surround-Modus, und die gut gepolsterten Kinosessel mit Kopfstützen ahmten die Bewegungen eines Hafenrundflugs über Sydney oder einer Fahrt an Bord der „Bounty" nach, ehe man am Ende des *treks* ruckelnd in ihnen zum Stehen kam. Die lebhafte Viertelstunde querfeldein durch *Oz* (Australia abgekürzt in landestypischer Aussprache) hatte Spaß gemacht und war ein nettes Extra, rangiert aber für mich gewiss nicht unter den *must-dos* eines Sydney-Aufenthalts. Müsste man wählen zwischen „OzTrek" und dem Besuch der Aussichtsplattform, ich würde ohne Zögern den Weg zum Fahrstuhl einschlagen. Babys und Kleinkinder übrigens waren von Teilen des Kino-Erlebnisses ausgeschlossen – um sich im „OzTrek"-Sessel durchschütteln lassen zu dürfen, musste man mindestens drei Jahre alt sein. Joost beobachtete das Geschehen darum gemeinsam mit Marcus (der die *oz-trekking experience* bereits kannte) vom Rande des Saals aus. Vor Beginn der Vorstellung hatten wir uns mit dem verantwortlichen Mitarbeiter darüber unterhalten, ob vielleicht auch allein die Bilder und *sound effects* für ein Kind in Joosts Alter zu verwirren sein könnten – der Herr erklärte uns, dass die meisten der ganz kleinen Besucher damit keine Schwierigkeiten hätten und wir Joost ruhig mit in den Raum nehmen könnten. Sollte es jedoch Anzeichen geben, dass er sich nicht wohl fühlt, könnten wir per Handzeichen Bescheid geben und würden dann sofort hinaus in eine ruhigere Umgebung geleitet. Joost allerdings zählte zur Mehrheit der Babys, denen *OzTrek light* keine Probleme bereitete – zumindest zum Zeitpunkt des Erlebens selbst nicht. Ob er im Vorschulalter irgendwann anfängt von rasanten Flügen über Wasser und weißgezackten Dächern wundersamer Opernhäuser zu träumen, werden wir abwarten müssen...

24. Mai: *Pink Koalas, Anyone?*

Es hätte auch regnen dürfen an diesem Sonntag Vormittag, denn die Stände von Paddy's Markets waren allesamt überdacht und hatten sozusagen sogar Seitenwände. Letztere waren die des Gebäudekomplexes am Haymarket, dessen Erdgeschoss Marktbesucher zum Bummeln und Stöbern einlud. Seit weit mehr als 150 Jahren wurde auf diesem Gelände schon Handel betrieben – zunächst mit Heu (als offensichtlichem Namensgeber) und Getreide, doch der Verkauf weiterer Güter wie Obst, Gemüse oder Gebrauchtwaren ließ nicht lange auf sich warten. Paddy's Markets entwickelte sich im Laufe der Jahre von einer reinen Verkaufsstätte zur jahrmarktähnlichen Veranstaltung, die an besonderen Tagen sogar mit Zirkusattraktionen aufwarten konnte. Am Ende des 19. Jahrhunderts wurde jedoch der Umzug des Marktes in gemauerte Wände vor Ort angeordnet, und dem besonderen Charakter von Paddy's, wie er unter freiem Himmel bestanden hatte, ward ein Ende gesetzt. Anbieter ebenso wie ihre Kunden wussten allerdings bei aller Nostalgie um vergangene Volksfestfreuden auch die Vorzüge der neuen Umgebung zu schätzen, die ihnen fortan Wind und Wetter vom Leibe hielt – gerade im Winter muss dies eine Wohltat gewesen sein, war Paddy's doch ursprünglich ein Markt der Abendstunden, der samstags erst um zehn Uhr nachts seine Pforten schloss.*

Nun war also der Jahrmarktcharakter schon vor über hundert Jahren aus Paddy's Seele gewichen. Leider aber hatte auch so ziemlich jeglicher darüber hinausgehende Charme des Marktgeschehens, wie es früher einen unverzichtbaren Teil des städtischen Lebens bildete, den Sprung ins aktuelle Jahrtausend nicht geschafft. Ich stand noch unter dem romantisch-verklärten Eindruck der kleinen, feinen Stände in den Kirchhöfen von Balmain und Paddington, als mich beim Betreten der Halle am Haymarket die hohen, breiten, von oben bis unten und links bis rechts dicht bepackten Verkaufsplätze der dortigen Händler unsanft in die Gegenwart beförderten. Was der erste Blick erhaschte, wurde beim ziellosen Gang durch die rasterförmig angeordneten Marktstraßen nicht besser: billige Plastiksonnenbrillen, wenig geschmackvolle Handtaschen und T-Shirts von zweifelhafter Qualität säumten den Weg. Plüschkoalas warteten aufgeknüpft an einem Seil auf Erlösung (welche gerade im Falle der rosafarbenen Exemplare wahrscheinlich in weiter Ferne lag…), und eine Armada aus Plastikbeinen präsentierte eine vermutlich nicht unmittelbar von den Laufstegen Mailands eingeflogene Socken- und Strumpfkollektion. An einem Stand gab es tatsächlich buntes Holzspielzeug zu kaufen, und bei Bedarf war sicher auch die verkleinerte Version eines typisch australischen Verkehrsschilds zum Thema *wildlife warning* („Kangaroos / wombats / dingoes / crocodiles / … next 100 /500 / 1000 / … kilometres", schwarz auf gelbem Grund, selbstverständlich mit Bild des betroffenen Kontinentbewohners) eine Kaufüberlegung wert, doch Vorsicht! An der nächsten Ecke lauerten schon regalweise Kunststoffköpfe mit Perücken in allen erdenklichen bis unvorstellba-

Schöne Aussichten

ren Längen, Schnitten und Farben (schon mal die Möglichkeit eines Haarschopfs in pink, metallicblau oder mintgrün in Erwägung gezogen?). Ein Hoffnungsschimmer hätte der Stand mit *Aboriginal art* sein können, doch beschlich mich beim Anblick der Dreamtime-Motive auf gemalten Bildern und bedruckten Stoffen der Verdacht, dass diese annähernd so authentisch sein könnten wie die Gucci-Taschen auf den Decken der fliegenden Händler an der Strandpromenade von Barcelona. Kurz rang ich mit der Versuchung, mich nach der Herkunft der Textilprodukte oder dem Künstler hinter einem der Gemälde zu erkundigen – doch glich mein Gesamtzustand inzwischen grob dem der Eiger Nordwand nach Ankunft einer Schlechtwetterfront (hinsichtlich des Umneblungsgrades) und verbot derlei spitzfindige Alleingänge.

Wie es geschah, vermag ich nicht mehr zu erklären, doch eine wohlgesonnene Woge muss uns aus dem Meer der unerfreulichen Konsumgüter hinaus in einen zweiten Abschnitt des Marktes gespült haben. Hier war nun alles anders, und meine Sinne verließen den Zustand bedenklich zunehmender Sedierung von einem Augenblick auf den nächsten. Händler überwiegend asiatischer Herkunft boten

Darling Harbour

frisches Obst und Gemüse feil – nicht selten Sorten, die wir nie zuvor irgendwo gesehen hatten. Mit etwas Glück fanden wir Schilder, die die Namen der angebotenen Waren benannten – und mit noch mehr Glück waren diese Schilder in englischer Sprache verfasst. Oft jedoch blickten wir fragend auf (vermutlich chinesische) Schriftzeichen, die mit einem dicken Filzstift auf ein Stück Pappkarton gebracht worden waren, und verstanden dann erst wieder den Preis, der darunter in vertrauten Ziffern notiert war. Viele derer, die hier ihre regelmäßigen Einkäufe tätigten, brauchten eben keine englischsprachigen Auskünfte – und viele derer, die einfach mal zum Schauen kamen und sich zudem nur auf Englisch verständigen konnten, wussten wahrscheinlich eh wenig anzufangen mit den traditionellen Zutaten der asiatischen Küche (oder hatten auch nur eine Ahnung ihrer Zubereitung). Die einen kannten sich ohnehin aus, und den anderen half ein Gespräch mit dem Verkäufer sicher deutlich wirksamer aus der Ahnungslosigkeit als das Wissen um den Namen einer ansonsten mysteriösen Feldfrucht. Die Stände der Händler waren schlicht, hatten keine monströsen Überbauten wie die ihrer Kollegen im vorderen Marktteil, und ließen zwischen sich Gänge, die eigentlich viel zu schmal waren für den Durchlass des munter einkaufenden Besucherstroms. Irgendwie aber funktionierte das System dennoch, ohne dass sich wirkliche Hektik und unangenehmes Gedränge auszubreiten schienen. So wurden auch wir und unser Kinderwagen inmitten all der Menschen und ihrer Einkaufskörbe voran befördert, und eine gutgelaunte Frau mittleren Alters fing sogar zwischen zwei Bestellungen an benachbarten Gemüseständen noch ein Gespräch mit mir an. Ihre fröhliche Stimmung und das lebhafte Markttreiben um uns herum ließen mich die strassbesetzten Handytaschen und die in geschätzten Hunderterzeilen aufgereihten Armbanduhren vergessen, mit denen unser Besuch bei Paddy's so unangenehm begonnen hatte. Hier gab es wirklich etwas zu sehen und zu erleben. Hier war Markt.

Sonnenschein nahm uns am Ausgang in Empfang, und die Entscheidung für einen ausgedehnten Spaziergang fiel leicht. Es war nicht weit bis zum Darling Harbour, und so schlenderten wir – diesmal bei Tageslicht – durch den Tumbalong Park hin zum Hafenbecken. Viele Ausflügler waren unterwegs, Kinder tummelten sich auf den Rasenflächen und hüpften über die Steine zwischen den angelegten Brunnen und Wasserläufen. Auf den langgezogenen Treppenstufen unterhielt man sich angeregt, studierte einen Stadtplan, träumte in den Tag hinein oder weckte die wochenendlich schlummernden Lebensgeister mit einem *coffee to go*. Wäre Joost älter gewesen, hätten wir sicher eine lange Pause an den tollen Spielgeräten eingelegt – so jedoch hielten wir erst an, als ein Komödiant unsere Aufmerksamkeit auf sich zog. Er hatte bereits einige Zuhörer um sich versammelt und unterhielt sie mit seinen Ansichten über Gott und die Welt, Australien und Neuseeland, und was ihm sonst noch wichtig oder unwichtig erschien. Unweit dieser Darbietung hatte ein Mann in Shorts, Turnschuhen und Hemd mit buntem Fantasy-Aufdruck die Kinder in seinen Bann gezogen – er produzierte riesige Seifenblasen, die in der Herbstsonne schillerten. Sein Publikum staunte mit offenem Mund, juchzte vor Begeisterung und vergaß glatt für einen Moment den vorher sicher hart erkämpften Softdrink oder kandierten Apfel in den Händen.

Sydney Skyline

Wir liefen weiter über die Pyrmont Bridge, sahen unter uns jede Menge Seetaugliches von Segelbooten über die *Sydney ferry* bis hin zu einem vor Anker liegenden Schiff der australischen Marine (sicher ein begehbares Ausstellungsstück des am Ufer gelegenen Australian National Maritime Museum, dessen Besuch einer unserer Programmpunkte für den nächsten Urlaub in Sydney sein dürfte...!) und standen schließlich am Ende unseres Spaziergangs auf einer weiteren Brücke. Der großen im Kleiderbügeldesign. Genau gesagt befanden wir uns an jenem Brückenpfeiler, der Heimat des Pylon Lookout samt zugehörigem Museum zur Geschichte der Harbour Bridge war – und ganz genau gesagt standen wir vor dem Schild mit den Öffnungszeiten desselben. Diese endeten um fünf, und wir waren uns nach einem Blick auf die Uhr einig, der Hafenbrückenhistorie mehr als eine knappe halbe Stunde unserer Zeit schenken zu wollen. So verschoben wir unseren Besuch im Pylon auf einen nicht näher bestimmten anderen Tag und genossen noch einmal die Aussicht auf die Oper, den Circular Quay, die Rocks, ... Moment, was war das dort unten zwischen den alten Backsteinbauten? Wo eigentlich eine Straße hätte sein sollen, reihten sich bestimmt zwanzig cremefarbene Baldachine lückenlos aneinander. Wir überlegten kurz, erinnerten uns an den heutigen Wochentag und schlussfolgerten, dass sich unter der Zeltdachraupe aller Wahrscheinlichkeit nach ein weiterer Markt verbarg. Da konnte man doch sicher noch einen Blick riskieren...

... sobald man von der Brücke hinabgeklettert war, dabei den Kinderwagen diverse Treppenstufen wieder hinuntergetragen und schließlich die von oben erspähte Straße ausfindig gemacht hatte. Es dunkelte inzwischen, und die Händler waren mehr oder weniger im Abbau begriffen. Polizisten halfen beim geordneten Rückzug, indem sie den Standinhabern in ihren Fahrzeugen einen Weg aus den engen Gassen der Rocks wiesen und auch einmal Fußgänger baten, kurz zu warten und ein Auto passieren zu lassen. Wir liefen trotz der Aufbruchstimmung noch einmal durch die zeltüberspannte Marktstraße und schauten zu, wie Holzarbeiten und Schmuck sorgfältig verpackt und Stände in ihre Einzelkomponenten zerlegt wurden. Jemand hievte einen großen Kochtopf vom Tisch, in dem den Tag über vielleicht Kürbissuppe oder ein Thai-Curry für hungrige Besucher warm gehalten worden war. Der Gedanke an uns entgangene Köstlichkeiten, welcher Art und Herkunft sie auch gewesen sein mochten, schärfte unser Bewusstsein für ein nunmehr deutlich einsetzendes Gefühl von Hunger...

Und so saßen wir am Ende des Tages bei einer europäischen Kooperation aus Pizza und griechischem Salat an der Kings Cross Road und wagten (ermuntert vom Personal der Pizzeria) den ersten Versuch, Joost die Mahlzeit von einem Kinderstühlchen aus verfolgen zu lassen. Ein wenig wackelig und orientierungslos war der kleine Mann zunächst dort oben, doch das gab sich bald. Der erste Schritt einer Karriere als *highchair tester* für ausgewählte Lokale in New South Wales war gemacht!

* Diese und weitere Informationen zur Geschichte von Paddy's Markets lassen sich nachlesen auf www.paddysmarkets.com.au/history.html.

25. Mai: *Let's Hit the Road!*

Es war soweit: Das Ende der temporären Sesshaftigkeit stand unmittelbar bevor, und wir sollten aufbrechen in ein Nomadenleben auf Mietwagenrädern. Strategisch durchdacht blieb der Großteil unseres Gepäcks am Morgen nach dem Auschecken zunächst in der „Challis Lodge", während wir zum Autoverleih an der William Street liefen und unseren reservierten Toyota in Empfang nahmen. Joosts Kinderwagen verschwand bequem im Kofferraum, Joost selbst akzeptierte die fremde Babyschale anstandslos, und wir fuhren zurück in die Challis Avenue. Der großzügig dimensionierte Innenraum des Autos wurde deutlich dezimiert durch unsere Rucksäcke und separat gepackte Taschen, doch hätten wir in unserem schneeweißen Gefährt auch problemlos noch weitere Reiseutensilien verstauen können.

Marcus hatte tags zuvor mit seinem Freund und früheren Arbeitgeber Christian telefoniert, der an diesem Montag nach Sydney kam. Zusammen mit Lutz arbeitete er zur Zeit an der Instandsetzung des Holzfußbodens im „Löwenbräu" (ausgerechnet!) und hatte vorgeschlagen, uns dort zu treffen. Wir fuhren also in die Innenstadt, stellten das Auto in Unkenntnis preiswerterer Alternativen im Parkhaus an der Oper ab und schoben Joost wieder einmal den Circular Quay entlang in die Rocks. Freiwillig hätten wir uns wohl kaum dem Ableger bayrischer Gastronomie auf australischem Boden für ein Mittagessen anvertraut, doch ein Anruf kündigte Christians und Lutz' Verspätung an, wir hatten wieder einmal Hunger, und vom verabredeten Treffpunkt nun wieder wegzulaufen war vielleicht keine so schlaue Idee. Ich durchforstete die überschaubare Speisekarte auf der Suche nach dem geringsten Übel für deutsche Hausmannskostmuffel (wenn's doch wenigstens Labskaus oder Kochfisch gegeben hätte...), blickte kurz und mit einem Anflug von Neid auf Joosts püriertes Möhrengemüse, entschied mich dann aber doch für Wiener Würstchen mit Kartoffelsalat. Die kamen sogar zusätzlich noch mit einer grünen Salatbeilage, wir wurden satt, Lutz und Christian gesellten sich bald zu uns, und der gemütliche Klönschnack (wie sagt man dazu wohl auf Bayrisch...?) bei einer Tasse Kaffee konnte beginnen. Von der Bedienung bis zur Geschäftsleitung des „Löwenbräu" war man deutsch und unterhielt sich gern für ein Weilchen mit uns am Tisch. Ich erinnerte mich an das Stellenangebot der „Lüneburger Bäckerei" – hier in den Rocks gab es offensichtlich eine weitere Möglichkeit speziell für unsere Landsleute, ihr tägliches Brot *down under* zu verdienen. Das laut formulierte Gedankenspiel, mich selbst auf dem Gebiet der Bedienung von Bier- und Leberkäsliebhabern zu versuchen, scheiterte bereits am Thema Arbeitskleidung – denn zum Tragen eines dieser Dirndl würde mich höchstens die vereinte Krokodilpopulation Queenslands unter Vorzeigen ihrer frisch gewetzten Zahnreihen bewegen können, und im friesischen Fischerhemd würden sie mich hier wohl kaum die bajuvarischen Bierkrüge an die Tische tragen lassen. Also wohl eher Sauerteigbrot verkaufen – oder es vielleicht doch ganz klassisch mit dem Unterrichten von Fremdsprachen probieren, sollte das Arbeiten am anderen Ende der Welt irgendwann einmal wieder auf dem Programm stehen.

Bevor wir uns verabschiedeten, erinnerte Christian uns daran, dass wir ihn und seine Familie in Gorokan besuchen kommen sollten. Das versprachen wir selbstverständlich nur zu gern. Doch jetzt sollten wir unsere große Rundreise überhaupt erst einmal beginnen, war es doch über unsere nette Kaffeerunde ganz heimlich schon Nachmittag geworden und wollten wir doch unbedingt den empfohlenen Bio-Supermarkt „About Life" aufsuchen, ehe wir Sydney verließen. Marcus, in Sachen Ortskundigkeit klar der Überlegene von uns ansonsten beiden mit dem Linksverkehr auf gutem Fuß stehenden Fahrern, steuerte somit (versehentlich dann doch auf einem interessanten, aber zeitintensiven Umweg) zunächst den Stadtteil Rozelle an. Glücklich über unsere frisch erstandenen Päckchen des ersehnten Babybrei-Pulvers fuhren wir schließlich bei Einbruch der Dunkelheit auf einer der großen Ausfallstraßen gen Süden – und uns wurde klar, dass wir uns heute angesichts der fortgeschrittenen Uhrzeit wohl nicht mehr allzu weit von der Metropole entfernen würden. So war es dann auch bereits achtzig Kilometer südlich von Sydney in Wollongong angezeigt, eine Unterkunft zu suchen. Am „Flinders Motel" hing ein gut beleuchtetes Schild, das uns das Blättern im Reiseführer oder Nachfragen bei Passanten ersparte und uns auf gut Glück in die Hofeinfahrt abbiegen ließ. Ein nettes älteres Ehepaar empfing uns an der Rezeption, doch während wir noch die nötigen Formalitäten abwickelten, störte ein lautes, dauerhaftes Hupen die entspannte Abendstimmung. Der Feueralarm war ausgelöst worden, und unser Check-in musste unterbrochen werden, um die Quelle dieser Lärmbelästigung ausfindig zu machen. Wir warteten vorne am Tresen, als nur wenige Minuten später die automatisch verständigte Feuerwehr eintraf – was für ein Schauspiel wäre das für Joost gewesen, wäre zu diesem Zeitpunkt bereits seine Leidenschaft entwickelt gewesen für alles, was Räder hat und vorzugsweise auch noch motorisiert ist...! Mit seinen sieben Monaten ließ ihn das blinkende Fahrzeug vor der Glastür der Rezeption jedoch reichlich unberührt. Seine unaufgeregte Grundhaltung konnten erfreulicherweise auch bald die Motelbesitzer wieder teilen, denn ihre Anlage war keinem zerstörerischen Feuer zum Opfer gefallen. Vielmehr hatte ein Gast so lange so heiß geduscht, dass ein verwirrter Feuermelder ob der starken Dampfentwicklung Qualm und Rauch im Bad vermutete und Alarm schlug. Der inzwischen wahrscheinlich immerhin porentief gereinigte Urlauber musste nun allerdings damit rechnen, die Kosten für den Einsatz der Feuerwehr aufgebrummt zu bekommen. Das würde sicher ein beachtliches Loch in die Reisekasse reissen – wie ärgerlich... vor der eigenmächtigen Einrichtung einer Sauna in brandschutztechnisch gut gesicherten australischen Gasthäusern sei darum ausdrücklich gewarnt.

Die Tatsache, dass es im „Flinders" keine Babybettchen zu entleihen gab, verhalf uns zu einem geräumigen Zimmer mit einem Extrabett, auf das unsere freundliche Gastgeberin vorschlug Joost zu legen. Das jedoch war uns deutlich zu riskant, denn hätte sich der Kleine einmal zu oft im Schlaf von der Wand weg gedreht, hätte ihn eine beachtliche Fallhöhe in Richtung Fußboden erwartet. Noch ehe ich nun aber ein echtes Problem wittern konnte, hatte Marcus den großen roten Rucksack geöffnet und zog die Kinderwagenmatratze hinter dicht gepackten Kleidungsstücken hervor. Auf der Grundlage dieses Platzfressers, den ich zu Hause beim Packen um ein Haar auf den „Passt-nicht-brauchen-wir-nicht-bleibt-hier-Stapel" befördert hätte, bauten wir Joost jetzt ein Bettchen am Boden und waren mit dem Ergebnis recht zufrieden. Unser Nachwuchs-Backpacker offenbar auch – er schlief friedlich ein und ließ alsbald auch Mamas Finger los. Die frei gewordene Hand (der Mama, wohlgemerkt) griff ohne

Umwege direkt nach einer Gabel und tauchte diese abwechselnd in köstliche *noodles & seafood* und *chicken stir-fry*. Marcus hatte nämlich in der Zwischenzeit erfolgreich ein Abendessen für die Großen aufgetrieben und auf dem kleinen Tisch neben unserer Zimmertür angerichtet. Ein wenig wärmer hätte das *Thai takeaway food* sein dürfen, da hatte die Feinabstimmung von Einschlafzeitpunkt und Ankunft der heissen Mahlzeiten nicht ganz hingehauen – doch dem Genuss und unserer Zufriedenheit tat das keinen wahren Abbruch.

26. Mai: *Pacific Blue or Nowhere to Stay in Jervis Bay*

Außer den Lichtern der Straße hatten wir auf unserem Weg nach Wollongong wenig von der Umgebung gesehen. Als wir die drittgrößte Stadt des Bundesstaates New South Wales an diesem Morgen verließen, fuhren wir darum noch einmal in nördlicher Richtung durch die Wälder des Royal National Park. Der zweitälteste Nationalpark der Welt nach Yellowstone in den USA lud zu vielversprechenden Wanderungen und Strandspaziergängen ein. Unsere Entscheidung, die Fahrt dennoch erst einmal gen Süden fortzusetzen, fiel mit der Option einer Rückkehr und längeren Verweildauer am Ende unserer Reise. Letztlich reichte die Zeit dafür dann leider doch nicht, der Royal National Park steht nun jedoch weit oben auf unserer Liste der Ziele für den nächsten Besuch in Sydney und Umgebung, irgendwann...!

Der Pacific Highway trug seinen Namen nicht zu Unrecht. Linker Hand breitete sich der leuchtend blaue Ozean aus, und wir legten eine Pause ein, um unsere ersten Eindrücke von der Weite des Meeres außerhalb jeder städtischen Bebauung zu genießen. Am Fuße des grünen Hügels, auf dem wir standen, konnten wir bei genauem Hinsehen Häuser ausmachen. Es mögen Ferienhäuser gewesen sein, die erholungssuchende Städter in unmittelbarer Nähe der felsigen Küste gebaut hatten. Vielleicht waren die Bewohner aber auch ganzjährig dort unten zu Hause, umgeben von Bäumen und Sträuchern und mit dem Meeresrauschen im Ohr. Um Grundstücksgrenzen schien man sich in jedem Fall wenig zu scheren – zumindest war nicht zu erkennen, welcher Abschnitt Land wohl zu welchem der gut zehn kleinen Gebäude gehören mochte. Zäune hätten aber auch allzu albern gewirkt zwischen den Holzhäuschen, die den Eindruck erweckten, als seien sie aus einem Würfelbecher heraus zufällig in ihre jetzige Position gefallen.

Zur Mittagszeit erreichten wir Kiama und fanden am Wasser einen Imbiss mit *fish'n chips*. Das passte kulinarisch in die Landschaft. Während des Essens an einem kleinen Tisch im Freien konnten wir Pelikanen zusehen, die einige Meter entfernt möglicherweise darauf hofften, der eine oder andere Rest eines Fischgerichtes könnte sich in ihre turnbeutelgroßen Schnäbel verirren. Joost schaute artig in Richtung der Vögel, als Marcus ihm erklärte, was es da zu sehen gab – doch ließ er uns im Unklaren darüber, ob er die gefiederten Küstenbewohner wirklich als interessante Beobachtungsobjekte wahrnahm. Guter Dinge war er allemal, als wir nach seiner und unserer Mittagsmahlzeit den steinigen Strand von Kiama entlang liefen. Der Kinderwagenfreundliche Weg führte an einem Schwimmbecken vorbei, das in die Küstenfelsen eingelassen worden war. Die Flut hatte es bis zum Rand gefüllt, und nun lag es völlig ruhig da. Seine spiegelglatte Wasseroberfläche reflektierte die Wolken am Himmel über uns – völlig unbeirrt vom Temperament der Welle, die sich gerade unweit des Beckenendes spritzend an den zerklüfteten Grenzsteinen zum Meer brach. Diese Attraktion für Freibadliebhaber hinter sich lassend erblickte man schon bald aus der Entfernung einen kleinen weißen Leuchtturm, der gemeinsam mit einem Blowhole – einem Loch in den Felsen, aus dem bei auflaufendem Wasser Fontänen sprühten – als Hauptattraktion des Rundwegs galt. Nachdem wir ein wenig verweilt und mit recht mäßigem Erfolg auf Blowhole-Aktivitäten gewartet hatten, schlenderten wir an Grasflächen und Spielgeräten entlang zurück zum Auto. Das Gelände hier in unmittelbarer Strandnähe schien ein viel genutztes Naherholungsgebiet zu sein – dafür sprach nicht zuletzt auch ein Grill zur öffentlichen Nutzung, wie man sie in Australien vielerorts findet. Solide aus rostroten Ziegelsteinen gemauert stand dieses quaderförmige Exemplar auf dem Rasen in der Nähe eines Kiosks. Seine Oberfläche, wohl knappe anderthalb Meter im Quadrat, bestand zum Großteil aus Fliesen helleren Rottons, in die an einer Seite eine Grillfläche aus Edelstahl eingelassen war. Unter ihr befand sich eine abgeschlossene Tür, durch die die Gasflasche für das Barbecue ausgewechselt werden konnte. Das blaue Schild mit der Aufschrift „If you use it... please clean it!" wurde offensichtlich ernst genommen, denn der Grill war strahlend sauber – wer hier als Nächster kam und mit Freunden oder Familie Steak, Würstchen oder Gemüsespieße zubereiten wollte, würde wohl höchstens pro forma noch einmal über die Kochfläche wischen, ehe der Spaß beginnen konnte. Praktisch war dabei mit Sicherheit die große gefliese Fläche gleich neben dem Ort des Brutzelns und Bratens – hier konnten bequem Salatschüsseln drapiert, Kräuterbutterbrote geschmiert und Paprikastreifen geschnitten werden. Wo hatte man solchen Luxus, wenn man denn überhaupt erst einmal seine sperrigen Grillutensilien an den heimischen Baggersee befördert hatte und bei der Vorbereitung des Outdoor-Schmauses schon bald kollektiv über Teller, Fleischzangen, Getränkeflaschen und halbe Wassermelonen stolperte, an denen sich außerdem im Handumdrehen eine dekorative Sandschicht festsetzte...? Die australische Antwort auf Grillfreuden mit Hindernissen konnte für ganz schmales Geld oder, wie Marcus sich erinnerte, manchmal sogar völlig kostenfrei genutzt werden – hier konnte sich die öffentliche Hand gewiss als Quasi-Mitorganisator manch gelungener Freiluftparty auf die Schulter klopfen.

Beim Mittagessen waren wir mit einem älteren Ehepaar ins Gespräch gekommen, das uns von Jervis Bay und den regelmäßig dort schon verbrachten ausgedehnten Urlauben vorgeschwärmt hatte. Die Bucht und der gleichnamige kleine Ort schienen uns in genau passender Entfernung zu liegen, um auch Stätte unseres Quartiers für die kommende Nacht zu werden. Als wir jedoch am Nachmittag an der Jervis Bay ankamen, fanden wir weder die Ortschaft noch irgendwelche Unterkünfte für Reisende – zwischen Bäumen und Sträuchern erhaschten wir nur immer wieder einen Blick auf die Bucht, die in der Tat recht malerisch zu sein schien. Das allein war uns allerdings im Moment noch nicht genug zum Glück. Bei einsetzender Dämmerung fanden wir schließlich einen kleinen Laden, der vom Apfel bis zum Angelhaken die überlebenswichtigsten Waren im Sortiment hatte. Dort bekamen wir (zu stolzen Preisen) Milch, Käse und Brot und zudem eine Broschüre der „Bay Stays Jervis Bay", die „quality accomodation at an affordable price" versprach. Die Fotos der Ferienwohnungen, die hier vermietet wurden, ließen Zweifel aufkommen, ob wir und die Betreiber der Anlage wohl dieselben Vorstellungen von *affordable* haben würden... Doch wir wollten uns auf jeden Fall erkundigen und riefen mehrfach die abgedruckte Telefonnummer an. Niemand antwortete. Bereits im Laden war man unsicher gewesen, ob wir wohl tatsächlich in der Nähe eine Unterkunft finden würden – wenn das die Ortskundigen schon sagten, sollte uns die Stille am anderen Ende der Leitung vielleicht nicht wundern, dachten wir und fragten uns gleichzeitig, was das Ehepaar in Kiama ganz genau gesagt hatte und ob wir eventuell einen Hinweis auf ungünstige Reisezeiten (wie den gerade beginnenden Winter) überhört hatten. Es half nichts, wir brauchten ein Bett für die Nacht und bald auch Strom, um Milch für Joosts Abendbrei erhitzen zu können. So schlängelten wir uns die schmale Straße durch die Dunkelheit zurück zum Princes Highway und erreichten nach gut 50 Kilometern Fahrt Milton. Schon vor den Toren der Stadt lächelte uns der Schriftzug „Milton Village Motel" an und versprach die Erfüllung unserer Wünsche. Joost wurde zunächst eigens von der netten Motelbesitzerin mit heißer Milch versorgt, robbte anschließend gesättigt durch das Zimmer und inspizierte neugierig den Nachtschrank durch Aufziehen der untersten Schublade (keine ganz unsportliche Darbietung aus bäuchlings liegender Position heraus), bevor er wieder sein kuscheliges Matratzenlager neben dem Elternbett einnahm. Wir hatten nun Zeit für unser Abendbrot und bedauerten einzig, dass es zu kalt war, um hinter dem Haus auf der Holzveranda zu sitzen. Am nächsten Morgen im Hellen konnten wir dann aber noch einmal die schöne Aussicht auf den Garten (komplett mit Sitzecke und Pool – hervorragend geeignet für den Sommer!) und dahinter liegende grüne Hügel genießen, selbst wenn es für ein Frühstück im Freien immer noch zu frisch war. Über Wälder hinweg konnte man bis zum Meer schauen, und als wir bei der Abreise unsere Gastgeberin auf die hübsche Lage ihres Motels ansprachen, wunderten wir uns wenig: Der Blick von der Veranda war es gewesen, der sie und ihren Mann letztlich überzeugt hatte, die kleine Anlage zu kaufen.

27. Mai: *Beware of Menues the Length of Travel Guides...!*

Bevor wir uns von ihr verabschiedeten, empfahl uns die Besitzerin des „Milton Village Motel" einen Besuch im Zoo von Mogo. Der Ort lag direkt an unserer Reiseroute, dem Highway 1, und seinem Zoo eilte der Ruf besonders durchdachter und artgerechter Beherbergung bedrohter Tierarten aus aller Welt voraus. Ein Flyer präsentierte die Namen einiger Zoobewohner – und während wir uns unter *African Hunting Dog, Sumatran Tiger* oder *White Lion* durchaus noch etwas vorstellen konnten, war das bei *Pygmy Marmoset, Siamang* und *Serval* spontan schon nicht mehr der Fall. Wäre Joost einige Monate älter gewesen (und hätte tags zuvor die Pelikane wenigstens eines erkennbar aufmerksamen Blickes gewürdigt), hätten wir uns wahrscheinlich aufgemacht, diese Geheimnisse um exotische Tiernamen zu lüften – keiner von uns beiden bekanntermaßen wenig passionierten Zoogängern bestand jedoch aus eigenem Interesse auf einen Abstecher zum Mogo Zoo. Wie ich später beim Blick in eine weitere Broschüre feststellte, wäre allerdings ein Bummel durch das Städtchen Mogo mit ziemlicher Sicherheit nach meinem Geschmack gewesen. Aus dem Goldrausch der 1850er Jahre heraus war der Ort geboren worden, doch schon bald waren die Vorkommen des glänzenden Edelmetalls erschöpft, und Mogo verfiel in einen Dornröschenschlaf. Erst die achtziger Jahre des vergangenen Jahrhunderts erweckten es wieder zum Leben – Mogo wurde gewissermaßen von der Muse geküsst, als eine kleine Gruppe von Künstlern und Kunsthandwerkern sich dort niederließ. Einige von ihnen leben und arbeiten bis heute in der Stadt, und zu ihnen gesellten sich im Laufe der Zeit zahlreiche gleich und ähnlich Gesinnte. Das Ergebnis dieser Entwicklung Mogos zur Künstlerkolonie mit historischem Flair mutete wahrlich attraktiv an – unser Prospekt* erzählte von Galerien und Cafés, von „Jenny's Old Time Lolly Shop" und „Scentual Beauty Therapy". Steve von „Mogo Raw Art & Blues" lud zu sich ein: „If you enjoy an eclectic mix of Aboriginal & non-Aboriginal Art & great Blues music then come on in." Schmuckbegeisterte würden sicher an den bunten Perlenkreationen von „Jellybeads" nicht vorbeigehen können, versprachen die Betreiber des Geschäfts ihnen doch ein „visual feast of exotic beads from around the world". Der Goldrausch-Themenpark war möglicherweise Geschmackssache, und nicht jeder Besucher würde die hochwertigen Strickwaren von „Absolutely Alpaca" zu würdigen wissen – doch konnte man dem Charme der Besitzerin von „Art Mandala" widerstehen? „My name is Mary. I was born in Ilford Essex 1939. I like my creations to give joy to the world – come in and share it with me." Beim nächsten Mal würde ich genau das tun. Außerdem wäre Joost dann alt genug für den Zoo. Und nach einer Mahlzeit im „Mogo Munchies" fänden sich sicher auch Betten für uns im „Australian bush retreat" der „South Coast Accomodation". Unsere Infobroschüre von 2009 könnten wir vorsichtshalber zur Orientierung mitnehmen – nur für den Fall, dass wir die dann aktuelle Version wieder nicht rechtzeitig zu lesen bekämen...!

Wir hatten Narooma erreicht, als es Zeit wurde für eine Mittagspause. Der Küstenort war laut *Lonely Planet* eines der weniger überlaufenen, zugleich jedoch besonders attraktiven Ferienziele der Region. In „Jay's Café" hatten wir das Wasser auf der anderen Straßenseite im Blick und konnten uns gut vorstellen, wie hier an wärmeren Tagen Urlauber entspannt die *waterfront* entlang flanierten (was wir nach dem Essen ebenso taten – mit langärmeliger Oberbekleidung und in Joosts Fall auch mit Mütze; frisch war's nämlich). Dem älteren Herrn übrigens, der uns im „Jay's" bediente, war der Himmel draußen möglicherweise gerade eine deutliche Spur zu grau. Oder die Außentemperatur war einige Grade zu kalt. Oder er hatte Zahnschmerzen. In jedem Fall war er ein auffällig wortkarger Vertreter seiner Zunft, der ohne auch nur den Anflug eines Lächelns gerade einmal das Nötigste mit uns redete.

Falls es das Wetter war, das unseren *grumpy waiter* missmutig stimmte, hätte er gute 30 Kilometer südlich von seinem Arbeitsplatz Chancen auf Besserung seiner suboptimalen Laune gehabt. In Bermagui nämlich schien die Sonne in Bilderbuchmanier auf kobaltblaues Meer, als wir über die Lamont Street in den Ort fuhren. „Schön hier...!" – „Tolle Farben... tolle Wellen... lass uns mal irgendwo ein paar Fotos machen." – „Oder sollen wir hier bleiben?" – „Au ja. Guck mal, da rechts ist ein Motel." Und schon stand unser großer, weißer Leih-Toyota auf dem Parkplatz des „Bermagui Motor Inn", statt sich mit ungewissem Tagesziel weiter auf die Grenze zum Bundesstaat Victoria zuzubewegen. Die Dame an der Rezeption hatte ein geräumiges Zimmer für uns und organisierte als Dreingabe eine Mikrowelle, die einer ihrer Kollegen wenig später herbeischleppte und in unserer Küchenzeile anschloss. Zeit für einen Milchbrei war es jetzt, mitten am Nachmittag, allerdings noch lange nicht – dafür zog es uns ganz dringend ans Wasser. Mit Joost im Tragegurt überquerten wir die Straße und gelangten so direkt an den kleinen Hafen von Bermagui. Dort herrschte, falls es so etwas gibt, entspannte Geschäftigkeit. Einige Hobby-Angler waren bereits von ihren Tagestouren zurückgekehrt, kümmerten sich um die Boote oder ihre Ausrüstung, säuberten den frischen Fang oder brachten Autos in die richtige Position, um Bootsanhänger montieren zu können. All das schien auf eine gemächliche Art vonstatten zu gehen, hier ein Schwätzchen, dort ein Zuruf und Gelächter, und gleichzeitig wusste offenbar jeder mit schlafwandlerischer Sicherheit, was es als Nächstes zu tun galt. Das war eine Form des Aktivurlaubs, die ihrem Namen Ehre machte – wohin man schaute, war am Bootsanleger Bewegung in fröhlicher Gelassenheit. So ging Erholung. Idealerweise funktionierte so wahrscheinlich auch das Leben.

Abends fanden wir jedoch unweit dieses zu philosophischen Erkenntnissen inspirierenden Hafens auch noch heraus, wie eine unserer persönlich besonders geschätzten Beschäftigungen nun gar nicht ging: Essen. Einige Schritte von unserem Motel entfernt hatten wir uns an einen Tisch im Restaurant „The Asian Cuisine" gesetzt und kämpften uns durch eine Speisekarte, deren Umfang, so vermuteten wir, den des Telefonbuchs von Bermagui und Umgebung (oder wahlweise eines Reiseführers über die Region) klar überschritt. Hatte uns die wenig ansprechende Gestaltung des Lokals (Wachstischtücher aus besseren Zeiten, Leichtmetallbestuhlung, ein Speiseraum vom Charme einer Wartehalle) nach kurzem Schaudern erst einmal nicht weiter bekümmert, zweifelten wir nun doch langsam an der Klugheit unserer Wahl. Konnte ein Küchenchef alles kochen können, was ein Querschnitt durch die kollektive Küche eines Kontinents hergab? Und wenn er das konnte – wie hielt er alle erforderlichen Zutaten dafür gleichzeitig vorrätig? Wahrscheinliche Antworten auf letztere Frage waren, so ahnten wir, „Tiefkühltruhe" oder „weitgehender Verzicht auf authentische Lebensmittel" oder beides. Und die Antwort auf erstere Frage lautete, zumindest den Stichproben auf unseren Tellern nach zu urteilen, leider „nein". Dank erfolgreicher Verdrängung von Einzelheiten unseres größten kulinarischen Fehlgriffs der Reise weiß ich heute nicht mehr genau, was wir überhaupt bestellt hatten – Marcus irgendwas mit Ente, ich (überrollt vom Wortschwall der Karte und infolgedessen unfähig, meinen wirklichen Appetit noch unter der Lawine angebotener Speisen ausfindig zu machen) irgendein Reisgericht. An unsere einhellige Einschätzung des Abendessens aber erinnere ich mich gut, lässt sie sich doch durch die prägnante Formulierung „schmeckt nicht" zusammenfassen. Das sagen wir selten und erinnern uns selbst heute noch im Zusammenhang mit Bermagui nicht nur an seine bezaubernde Küstenkulisse... Kürzlich einmal war ich so neugierig, ob sich „The Asian Cuisine" wohl am Markt hatte behaupten können (oder ob es sich bei unserer enttäuschenden Erfahrung vielleicht nur um punktuelles Pech gehandelt hatte), dass ich das Restaurant im Internet suchte. Mit Erfolg – und mit umgehend einsetzender Verwirrung. Warum nur zeigten entsprechende Fotos auf den Seiten der Gemeinde Bermagui einen Gebäudekomplex, den ich hätte schwören können noch nie gesehen zu haben? Bedauerlicherweise, strahlte doch die zweistöckige Holzkonstruktion einen urig-gemütlichen Charme aus. In meinem Gedächtnis dagegen tauchten in Verbindung mit der Lage des asiatischen Alleskönner-Lokals nur Elemente wie „Hauptstraße", „Supermarkt" und „Telefonzelle" auf. Licht ins Dunkel der bedrohlich verschwimmenden Erinnerungen brachte schließlich „Mr Flavin" mit seinem Eintrag im Online-Restaurantführer „Urbanspoon". Gute anderthalb Jahre nach unserem Besuch in der „Asian Cuisine" schrieb er wörtlich: „This restaurant has moved from the main street into the new Fishermans' Wharf complex. [Aha!] Big helpings [oh ja, reichlich waren die Portionen in der Tat – doch was half's...] of ‚Australian Chinese' favorites [möglicherweise ein hilfreicher Beitrag zur Klärung der Authentizitätsfrage] with great al fresco seating over the Harbour." Das klang recht angetan – wobei Mr Flavin über die Qualität des Essens interessanterweise kein Wort verlor. Er outete sich jedoch zusätzlich auf der Gourmet-Plattform unumwunden als „Fan" des Restaurants – da sollte man annehmen dürfen, dass auch eine gewisse geschmackliche Begeisterung im Spiel war. Ein Blick auf Mr Flavins Profil bei *urbans-*

poon.com zeigte allerdings noch, dass der Gute unter anderem auch das „Bavarian Bier Café" in Sydney auf die Liste seiner bevorzugten Lokale gesetzt hatte. Vielleicht war oder ist somit „The Asian Cuisine", wie vieles, schlicht Geschmackssache – und aus meinen hiermit nun endlich endenden Ausführungen zum dort angebotenen Essen sollte man am besten die Quintessenz ziehen, dass es in jedem Fall viel davon gab.

„Great al fresco seating" immerhin hatten wir zum Ausklang des Abends auf der Veranda vor unserem Motelzimmer – so lange, bis es trotz Jacken, Tee und Schokolade zu frisch wurde und wir unseren Platz im Freien aufgaben. Drinnen hörten wir statt des entfernten Ozeanrauschens nunmehr gleichmäßiges Atmen aus der Ecke des inzwischen routiniert gebauten Baby-Bodenbettchens. Vielleicht träumte Joost vom Meer. Vielleicht aber auch vom Bad im Handwaschbecken, an dem er wenige Stunden zuvor sichtlichen Spaß gehabt hatte. Zu groß geraten, um es ihm gleich zu tun, wichen wir, leicht fröstelnd nach der Freiluft-Teestunde, auf eine heiße Dusche aus. Jedem sein kleines Wellness-Erlebnis…!

* „Mogo Village 2008 – 2009"

28. Mai: *Taking Your Pram on the Beach?*

Strahlender Sonnenschein über Bermagui, und wir hatten erst ein kleines Ende des kleinen Küstenortes erkundet – da verbot sich die Abreise am nächsten Morgen von selbst. Wir verlängerten unseren Aufenthalt im „Motor Inn" und erledigten zunächst eine kleine Besorgung in einer Art Mini-Kaufhaus um die Ecke. Dort fand man vor allem Dinge, die außerhalb der eigenen vier Wände von Nutzen sein konnten – von der Katzenklappe (gut, die hatte noch einen unmittelbaren Bezug zu besagten vier Wänden) bis hin zur Kreissäge. Unser Ansinnen war vergleichsweise bescheiden: Wir planten unser Reisegepäck um jeweils zwei Messer, Gabeln und Plastikteller zu erweitern. Das gelang problemlos, und wir sollten fortan bequem in unseren angemieteten Zimmern frühstücken oder ein Abendbrot zubereiten können – was allein mit der motelüblichen Standardausstattung in Form von Kaffeetassen, Untersetzern und Teelöffeln bis dahin etwas umständlich gewesen war.

Strandspaziergang in Bermagui

Als wir Bermagui anschließend zu Fuß in die Richtung verließen, aus der wir tags zuvor gekommen waren, hatten wir kein festes Ziel. Der Weg führte uns vorbei an Wohnhäusern (bescheidenen wie stattlicheren), kleinen Geschäften, einer Schule (unter Bäumen auf einer Anhöhe gelegen – da machten die Pausen wahrscheinlich nochmal so viel Spaß!) und auffallend vielen Immobilienbüros. Wir lasen interessiert die Aushänge in den Fenstern – so manches Objekt gefiel uns spontan, doch Bermagui schien durchaus kein preiswertes Pflaster zu sein. Zwar lag es relativ abgeschieden, abseits des Princes Highway und in deutlicher Entfernung zu Städten nennenswerter Größe, doch schien die unmittelbare Nähe zur Tasman Sea die Immobilienpreise maßgeblich zu bestimmen. Wie gut, dass wir nur spaßeshalber und nicht mit ernsthaften Absichten die Beschreibungen und Fotos studierten...! Die *real estate agents* als am häufigsten gesichtetes Phänomen unseres Spaziergangs waren dicht gefolgt von dem Element, das wohl mit verantwortlich war für ihre guten Verdienstmöglichkeiten: Wasser. In seiner ausladenden, dem Wechsel der Gezeiten unterlie-

Muscheln am Strand von Bermagui

genden Mündung bewegte sich der Bermagui River auf das offene Meer zu, und man musste schon genau hinschauen (besser noch eine Karte konsultieren), um dieses seeähnliche Gewässer mit Seitenarmen und Ausbuchtungen tatsächlich als Flussabschnitt auszumachen. Gern hätten wir, nachdem wir schon eine ganz ansehnliche Strecke zurückgelegt hatten, auch Wasser durch die Kaffeemaschine des Cafés laufen sehen, von dem wir eine verlockende Abbildung in einem Prospekt an der Motelrezeption gesehen hatten. Als wir es jedoch erreichten, standen wir vor verschlossenen Türen und erinnerten uns daran, dass das Reisen außerhalb der Saison eben nicht nur Vorteile hatte. Schade – es sah wirklich nett aus hinter den Fensterscheiben dieses rustikal-strandverliebt angehauchten Ladens, der gut ein Surfer-Treff hätte sein können. Also leider kein frisch gebrühter Kaffee in relaxter Umgebung für uns. Dafür aber lag inzwischen Mooreheads Beach zu unserer Rechten, und die Form von Wasser, die uns dort erwartete, ließ uns die versagt gebliebene Kaffeepause schnell verschmerzen. Wir suchten einen Zugang zum Strand und fanden schnell hinter etwas

Gestrüpp eine Treppe, die hinunter ans Meer führte. Ihre Stufen waren kaum befestigt, so trugen wir Joost und Kinderwagen einzeln abwärts und führten die beiden erst unten angekommen wieder zusammen. An unserem Ende des Strandes schauten Felsen zwischen den spritzenden Wellen und dem Sand an Land hervor – klobige und knubbelige, zerfurchte und spitze Gesteinsbrocken, die unsere Blicke und Kameralinse auf sich zogen. Erst nach einer ganzen Weile nahmen wir die weitaus kleineren Schönheiten zu unseren Füßen wahr. Fast mochten wir gar nicht weiter laufen aus Sorge, eines der Schmuckstücke zu zertreten, die dort aus Neptuns Schatulle in den Sand gepurzelt waren: Muscheln, Schneckenhäuser und Steine dicht an dicht! Viele von ihnen hatten deutliche Spuren ihrer Reise durch die Fluten davongetragen. So fehlte manch gezwirbeltem Muschelkegel die Spitze, vom ehemaligen Heim eines kleinen Weichtiers war nur noch das Treppenhaus zu sehen, und die Vorbilder für das Logo eines Kraftstoffmultis waren in tortenstückähnliche Fragmente zerbrochen (Geschmacksrichtung Himbeer- bis Brombeer-Sahne, den Farben nach zu urteilen). Gnädig hatte die Kraft des Wassers bereits manche scharfe Kante rund geschliffen, vielleicht über Jahre hinweg. Zwischen den mal getigerten, mal gestreiften Kunstwerken aus Kalk verteilten sich zarte, helle Kieselsteinchen von milchigem bis fast durchsichtigem Aussehen. Den Elementen war ein unnachahmliches Arrangement gelungen.

Aus den entrückten Sphären der Naturbetrachtung en detail wurden wir flott zurück auf den Boden der Tatsachen befördert, als wir uns am Meer entlang auf den Weg zurück nach Bermagui machten. Irgendwie war uns schon klar gewesen, dass sich Kinderwagen auf sandigem Untergrund nicht gut schieben lassen – und die leise Hoffnung, der Sand ausgerechnet diesen Strandes könnte ja vielleicht ungewöhnlich fest sein, wurde nicht erfüllt. Egal – auf den Spaziergang am Wasser der sichelförmigen Bucht wollten wir nicht verzichten und experimentierten kurz hinsichtlich der optimalen Schiebetechnik. Es stellte sich heraus, dass Ziehen statt Schieben am einfachsten war und, wenig verwunderlich, dass zur Gewichtsreduzierung des Gefährts Joost am besten separat getragen wurde. Fast überflüssig zu erwähnen, dass letzterer damit höchst einverstanden war und sich als passiver Strandläufer im Tragegurt trefflich amüsierte.

Spannend hätte es für Joost auch am späteren Nachmittag noch einmal werden können, als wir im nahe gelegenen Mimosa Rocks National Park Kängurus im Gebüsch erspähten – schließlich versetzte ihn erfahrungsgemäß alles, was hüpfte, in Entzücken. Doch die glucksenden Lachsalven aus dem Mund des kleinen Wandersmanns blieben aus – zu weit entfernt waren die Beuteltiere offensichtlich von den Äuglein, die viel besser nach der unmittelbar am Pulli baumelnden Schnullerkette schauen konnten, als meterweit abseits des Weges australische Fauna zwischen Sträuchern auszumachen. Als wir die Mimosa Rocks direkt am Wasser erreicht hatten und anschließend den Wanderweg in umgekehrter Richtung liefen, wurde es allerdings dank einsetzender Dämmerung auch für erwachsene Augen nicht einfacher. Und waren wir noch mit den letzten Überbleibseln des Tageslichts zurück zum Auto gelangt, geschah die Fahrt auf den holprigen Wegen des kleinen Nationalparks bereits im Dunkeln. Marcus orientierte sich jedoch perfekt, und schon bald hatte die Straße uns wieder. Die Neugier führte uns noch ein Stück weiter weg von Bermagui, nach Tathra. Vielleicht spielte auch Intuition eine Rolle bei der spontanen Entscheidung, aus dem Park kommend nicht rechts, sondern links abzubiegen und der Küste in südlicher Richtung zu folgen – denn in Tathra landeten wir sozusagen direkt in den Armen eines der besten Pizzabäcker weit und breit. Wie viele Preise das kleine Restaurant schon eingeheimst hatte, bekamen wir nur am Rande mit, konzentrierten wir uns (inzwischen wieder einmal reichlich hungrig) doch erst einmal nur auf die Speisekarte. Herrlich, die kreativen Ideen zum Belegen des Klassikers italienischer Küche... etwas schade nur, dass Joost sein Abendessen gern zur selben Zeit einnehmen wollte wie wir. Doch das Organisieren paralleler Mahlzeiten waren wir ja gewohnt, und so piekste ich mit der Gabel in der freien Hand nach und nach die liebevoll vorgeschnittenen Stückchen meiner *pumpkin and ricotta pizza* auf. Selig kauend lobten wir die Gastronomie der Sapphire Coast für das, was sie Etablissements wie der „Asian Cuisine" entgegenzusetzen hatte. Für Joost gab's die Pizza dann irgendwann am nächsten Morgen...

29. Mai: *Leaving the Coast – and Learning to Deal with Acute Baby Food Shortage*
Den Abschnitt der schmalen Küstenstraße zwischen Nationalpark und Tathra sahen wir an diesem Morgen noch einmal im Hellen, ehe wir ins Landesinnere abbogen und uns auf dem Snowy Mountains Highway Meile um Meile Nimmitabel näherten. So ein putziger Ortsname – und er kommt einem trotz seiner Ungewöhnlichkeit irgendwie merkwürdig bekannt vor...? Genau, da war doch was im ersten Buchteil... Moment – „Acute Baby Food Shortage", na klar: In Nimmitabel war der „freundlichste Supermarkt" ansässig, für den es sich jedoch bei aller Nettigkeit nicht (mehr) lohnte, Babynahrung im Sortiment zu führen! Diese Episode unserer Tagesreise kennen Sie also schon, darum kommen Sie doch (nach Kaffee und herzhaftem Gebäck in der ebenfalls schon erwähnten Bäckerei am Ort) direkt mit nach Cooma. Nicht, dass wir Sie dort zu touristischen *must-sees or -dos* führen könnten – doch die relative Nähe zu verschiedenen Skipisten in der Umgebung sei der Vollständigkeit halber erwähnt (schließlich ging es auch zu unserer Reisezeit auf den Winter zu), und wer einen Sinn für Viehauktionen hat, dem sei das Städtchen als regionales Zentrum ebendieser ans Herz gelegt. Für uns war verständlicherweise die *shopping mall* mit ihrem großen Supermarkt die Hauptattraktion. In den altmodischen *tea rooms* auf der anderen Straßenseite erwärmte die Bedienung Joosts verspätetes Mittagessen, und wir schauten uns teetrinkend die anderen Besucher der leicht zerschlissenen Mischung aus Imbissstube und Café an. Schülerinnen in ihren Uniformen trafen sich nach dem Unterricht auf einen Kakao, ältere Leute mit Einkaufstaschen am Arm schauten grüßend herein, man kannte sich.

Die Sonne versank hinter den Hügeln des Australian Capital Territory und pinselte noch schnell ein paar hellrosa Flecken auf die Unterseiten der Wolken, ehe sie uns im Dunkeln die letzten Meilen auf dem Monaro Highway nördlich fahren ließ. Die Hauptstadt warf ihre Schatten in Form zunehmender Hinweisschilderfrequenz voraus, doch wir verließen kurz vor Canberra den vorgezeichneten Weg und folgten der Ausschilderung ins zwölf Kilometer südwestlich gelegene Queanbeyan. Man könnte nun glauben, dass wir als Motto des Tages „auffällige Ortsnamen" ausgerufen hätten und „Canberra" in diesem

Zusammenhang einfach zu gewöhnlich klang – doch uns trieben andere Überlegungen dazu, Australiens Regierungssitz an jenem Abend buchstäblich links liegen zu lassen. Den Denkanstoß gab unser Reiseführer, der „inexpensive motel accomodation" in Queanbeyan versprach und auch gleich einen Vorschlag lieferte für den Fall, dass man in Canberra keine Unterkunft mehr finden sollte. Aha, dachten wir, in Canberra traten sich also wahrscheinlich die auswärtigen Gäste bei der Zimmersuche gegenseitig auf die Füße und mussten im Fall des Erfolges auch noch einen ansehnlichen Preis für ihr Nachtlager zahlen. Derart vorgewarnt konnten wir es ja entspannter angehen lassen – zumal meine Gedanken gerade wieder einmal auf die andere Seite der Tasmansee drifteten und Erinnerungen an Besuche in der neuseeländischen Hauptstadt mitbrachten. Wellington war mehr als nur einen Tagesausflug wert – egal ob man auf der Suche nach Politprominenz durchs Regierungsviertel flanierte, sich im Nationalmuseum Te Papa virtuell als Kapitän eines Einwandererschiffes oder Koch am Erdofen versuchte, auf den Spuren der Schriftstellerin Katherine Mansfield wandelte oder sich mit einer der großzügig portionierten neuseeländischen Eiswaffeln irgendwo ans Wasser setzte und die Fähre langsam gen Südinsel schippern sah. Es war keine besondere Herausforderung, einige unterhaltsame Tage in Wellington zu verbringen – anders sah es aus mit den Nächten dazwischen. Nachdem ich in Hostel 1 mein Reisetagebuch samt Schreibhand nur unter einem satt schmatzenden Geräusch vom klebrigen Tisch im Aufenthaltsraum hatte entfernen können, Hostel 2 sich als ebenso riesiger wie anonymer Komplex präsentiert hatte und man mir im ansonsten eigentlich ganz heimeligen Hostel 3 nur nach langer Diskussion die reservierte Übernachtung für eine letztlich doch nicht mitgereiste französische Bekannte nicht in Rechnung gestellt hatte, stellte ich die Suche nach einer netten Bleibe für Rucksacktouristen in *Windy Wellington* ein und nächtigte fortan außerhalb der Hauptstadt. An der Kapiti Coast im Örtchen Paekakariki lag auf einer Anhöhe der kleine, familiäre „Paekakariki Backpackers" – einmal dort gewesen, kam ich immer wieder. Jedes Mal gab es zur Begrüßung Tee auf der Terrasse serviert, und während man von seinem Gartenstuhl aus so aufs Meer und später zu passender Stunde auf den Sonnenuntergang schaute, wähnte man sich jeglicher Unannehmlichkeit so fern wie an kaum einem anderen Ort. Am nächsten Morgen fuhr alle halbe Stunde ein Zug nach Wellington, und wenn man dort hinreichend gebummelt, besichtigt und sich amüsiert hatte, ließ man sich abends erneut zwischen den Pendlern in einen der Sitze fallen und in die Ruhe von „Paekak" zurückfahren. Mit etwas Glück hatte im Winter schon einer der wenigen anderen Hostelgäste den Holzofen angeworfen, überließ einem seine ausgelesene Zeitung und trank eine Tasse Tee mit.

Queanbeyan hatte nun weder Sonnenuntergänge noch Backpacker-Hostels auf Hügeln zu bieten, doch ein nettes Motel im Ortskern war schnell gefunden und bot eigentlich alles, was wir an diesem Abend noch wollten – außer einem Abendessen, doch auch danach mussten wir nicht lange suchen: An der Hauptstraße bereitete ein thailändisches Restaurant aromatischen Reis und duftende Curry-Varianten zu, die sich offenbar in der Stadt allgemeiner Beliebtheit erfreuten. An fast allen Tischen saßen bei unserer Ankunft bereits gut gelaunte Gäste, und vorne neben der Kasse warteten mehrere Leute geduldig auf ihre *takeaway*-Bestellung. Joost, bereits gefüttert, begeisterte sich erstmals ausgiebig für Marcus' Handy, so dass wir nur minimal abgelenkt in Safranreis und würzigen Gemüsecurrys schwelgten...

30. Mai: *Today's Lesson: Don't Look for Life in Canberra on Weekends*
Frisch war's an diesem Samstag Vormittag im ACT. Das fanden auch die beiden Damen in der *Queanbeyan tourist information*. Doch weder die ersten Vorboten des Winters noch die Tatsache, dass sie am Wochenende Dienst zu tun hatten, brachten die professionellen Besucherbetreuerinnen um ihre gute Laune. Sie erklärten uns genau, wann hier wo welche Busse nach Canberra und zurück fuhren, und statteten uns mit reichlich Prospektmaterial zur australischen Hauptstadt vom Reißbrett aus. Jahrtausende lang war die Gegend um den heutigen Regierungssitz vom einheimischen Stamm der Ngunnawal bewohnt gewesen, ehe die ersten europäischen Siedler sich ab ungefähr 1820 ebenfalls dort nieder ließen. Sie hatten Canberra in der Zeit bis zur Gründung des australischen Staates 1901 nun keineswegs in eine pulsierende Metropole verwandelt – und doch schaute man auf der Suche nach einer Hauptstadt

für die neugeborene Nation schon bald auf die kleine Siedlung östlich der wohlklingenden Brindabella Ranges. Sydney und Melbourne hielten sich zwar jeweils für viel geeigneter, erste Stadt Australiens zu werden (und waren es wahrscheinlich auch, denn dort hatte sich zu Beginn des zwanzigsten Jahrhunderts wirklich schon städtisches Leben samt zugehöriger Infrastruktur entwickelt) – das Problem war nur, dass sie eben beide dieser Meinung waren und von selbiger auch nicht abrückten. So übte man sich im neu gegründeten föderalistischen Staat denn auch gleich in Diplomatie und Kompromisssuche, nahm die Landkarte zur Hand und platzierte nach sorgfältigem Abwägen im Jahre 1908 die schicksalsträchtige Stecknadel auf quasi freier Strecke zwischen den beiden Streithähnen. In Canberra. Die Hauptstadt war gefunden – nun musste man sie nur noch bauen. Besagtes Reißbrett kam zum Einsatz, und hinter ihm stand federführend der amerikanische Architekt Walter Burley Griffin. Sein Entwurf hatte den ausgeschriebenen Wettbewerb gewonnen, und nachdem der Unzufriedenheit des damaligen Innenministers Genüge getan und Griffins Zeichnungen durch Elemente aus den beiden nächstplatzierten Arbeiten ergänzt worden waren, entstand das Canberra der Neuzeit. Und es sollte niemand sagen, der Walter aus den Staaten habe sich dabei keine ganz besondere Mühe gegeben. Die schachbrettförmige Anordnung von Straßen, die man aus zahlreichen amerikanischen Städten kennt (dann am besten noch durchnummeriert, so dass bei einem derartigen Überschuss an Systematik Menschen mit mathematisch nur bedingt verdrahteten Synapsen selbst in gerade mal mittelgroßen Städten wie Boulder, Colorado, auch nach einwöchigem Aufenthalt immer noch an jeder zweiten Straßenkreuzung verwirrt den bereits in alle Richtungen zerknickten Stadtplan hervorwühlen – da kommt man als Sprachlehrer bei der Betreuung eines Schüleraustausches an so etwas wie natürliche Grenzen), war für die noch Neuere als nur Neue Welt nicht genug – nein, Griffin legte Canberra auf einem ausgeklügelten System von Achsen an. Sie umfassten (und umfassen bis heute) Land und Wasser, Straßen und Gebäude. Der Molonglo River wurde hier ebenso einbezogen wie der eigens angelegte Lake Burley Griffin, und selbstverständlich findet man auch das Parlament in exponierter Lage gemäß dem Ergebnis ehrgeiziger Experimente mit dem Geodreieck.

A propos Dreieck – die drei zentralen Achsen ergeben auf dem Stadtplan das sogenannte *national triangle*, auf dessen Fläche man vom Obersten Gerichtshof bis zur Nationalgalerie allerhand staatstragende Gebäude findet. Praktisch.* – Dachten wir und stiegen erst einmal staatstragend sinnvoll in der Nähe der Innenstadt aus dem Bus. Die Fußgängerzone lag gleich um die Ecke, und sie war – nun, eine Fußgängerzone, das gewiss. Es waren auch Menschen dort. Schon. Und trotzdem schien irgend etwas nicht zu stimmen. Fußgängerzone an einem Sonnabend – das hieß unseren Erfahrungen nach im Extremfall (Adventswochenenden mit Geschenkejägern und Glühweinjunkies) unfreiwilliger Körperkontakt mit Mitbürgern dank Gedränge ohne Durchkommen, im Idealfall jedoch ein angenehm trubeliges Treffen der Städter und Umländler. Wahlweise mit Jongleur (oder zumindest bunten Werbeluftballons an Buggygriffen zur Kinderbelustigung), Straßenmusikern oder wenigstens Infoständen von Umwelt- oder Bibelaktivisten. Der Idealfall, *all of the above*, komplett mit Cafétischen an jeder Ecke und deren neckischen Sonnenschirmchen, hätte ja gar nicht sein müssen – doch ein bisschen mehr Leben als das auf der hauptstädtischen Flaniermeile vorhandene hätte uns schon erfreut. In der Sonne räkelte sich immerhin auf einem Stuhl ein Schaf mit Ringelhörnern. Es kratzte sich mit einem Hinterhuf am Kinn und schien sich pudelwohl zu fühlen. Hätte sich noch Gesellschaft eingefunden auf den leuchtend blau lackierten Sitzbänken gegenüber, der tierische Hauptdarsteller dieser Skulptur wäre wohl in freudigen Bocksprüngen aufgebrochen, um Caffè Latte und Sandwiches für alle zu besorgen. Wäre das geschehen, hätten wir uns umgehend an die Fersen des wolligen Hauptstädters geheftet – in der Hoffnung, von seiner Ortskenntnis zu profitieren. Unsere eigenen Café-Detektoren nämlich versagten kläglich angesichts der Blutleere Canberras am Wochenende. Joost hatten wir dank Mikrowelle im *parent room* der großen *shopping mall* mit Gemüse-Geflügelbrei versorgt, doch unsere Suche nach einem netten Plätzchen für die Mittagspause blieb erfolglos. Längst hatten wir die fußgängerarme Zone hinter uns gelassen und waren an mehreren geschlossenen Restaurants vorbeigeschlichen, als wir beschlossen aufzugeben. Die Bilder einer dampfenden Tasse Milchkaffee in Begleitung eines mediterran belegten *panini sandwich* tapfer verdrängend,

kauften wir Kebabs und verspeisten sie in Bahnhofsgaststättenatmo-
sphäre an einem kleinen Tisch neben der Theke der Imbissstube. All
die Abgeordneten aus all den Ecken und Winkeln des roten Kontinents
mochten ja über ihre sitzungsfreien Tage nach Hause geflogen sein und
dort nun die Innenstädte von Perth, Darwin, Adelaide oder Brisbane
bevölkern – aber es musste doch auch Menschen geben, die in Canberra lebten? Deren einziger Hausschlüssel in eine Tür der Hauptstadt
passte? Wo waren diese Leute?

Nicht im Canberra Museum and Gallery. Zumindest nicht in signi-
fikanter Zahl. Dorthin waren wir vor dem einsetzenden Nieselregen
geflüchtet und fanden Interessantes zur Geschichte der Stadt, ihren
Menschen und dem, was ihre Identität ausmachte. Wenn wir sie schon
nicht trafen, konnten wir uns hier immerhin ein exponatgestütztes Bild
von den Hauptstädtern machen. Besonders unterhaltsame Vertreter der
Canberrans schienen die Mitarbeiter des Museums selbst zu sein – ihre
privaten Besitztümer nämlich waren Thema einer Sonderausstellung
der Sammelleidenschaften. Jemand hatte seine Buddha-Statuen samt
weiteren Objekten buddhistischer und hinduistischer Kunst zur Verfügung gestellt, in direkter Nachbarschaft waren Kopfbedeckungen mit
manch skurriler Vergangenheit aufgereiht, und *bilums*, traditionelle
Taschen aus Papua Neuguinea, schienen förmlich darauf zu warten,
von ihren Besitzern zu einem Einkauf auf dem Wochenmarkt abgeholt
zu werden. Eine bunte Sammlung von Partygläsern passte thematisch
hervorragend zu den Limonadenflaschen, die ein Museumsangestellter
über die Jahre gehortet hatte. Welch eine charmante Idee, mit diesen
staff collections einen winzigen Einblick zu geben in die privaten Welten
der Kollegen, die mit ihrem Faible fürs Aufspüren und Archivieren
dem Anschein nach genau im richtigen Beruf gelandet waren.

Am Ende des Nachmittags gaben wir unserem Spürsinn noch
eine Chance – und siehe, er führte uns zurück zur *mall* und dort in
der oberen Etage in ein französisch angehauchtes Café. Es sollte bald
schließen, doch wir genossen den Blick aus dem Fenster bei Kaffee
und Kuchen nach Kräften, während um uns herum schon die nassen
Putztücher über Tische und Böden gewirbelt wurden.

Abends im Motel war es da doch irgendwie gemütlicher. In der
Mikrowelle hatten wir nicht nur Milch für Joost, sondern auch unsere

am Vorabend mitgenommenen Reste der thailändischen Köstlichkeiten gewärmt. Brot dazu, anschließend einen Tee oder zwei, und während draußen im Dunkeln die nächtliche Herbstkälte ans Fenster klopfte, hatten wir eine Heizung, ätsch. Die war zwar überproportional groß für die Wärme, die sie tatsächlich produzierte, doch das schadete weder unserem Wohlbefinden noch dem des kleinen Rakkers, der im Systemschlafsack vielleicht gerade in seinen Träumen die Eindrücke des Tages Revue passieren ließ...

* Informationen zur Geschichte Canberras und des ACT findet man unter anderem unter www.canberrahistory.org.au.

31. Mai: *Touring the Capital*

Canberra im Samstagsschlummer hatten wir nun kennengelernt und ahnten, was das für die Sonntage in der Hauptstadt bedeuten könnte. So fuhren wir an jenem Morgen mit entsprechend bescheidenen Erwartungen ausgestattet erneut den Highway vom Vortag entlang, diesmal im eigenen Auto. Der Mt Ainslie war unser erstes Ziel. Von diesem stadtnahen Hügel aus hatte man einen guten Rundum-Blick und konnte sich quasi ein Luftbild von Canberras städtebaulichen Besonderheiten machen. Die ANZAC Parade lag mehr oder minder zu unseren Füßen und bildete eine schnurgerade Linie über das Old Parliament House hin zum aktuellen Parlamentsgebäude Australiens. Ließ man den Blick nach links schweifen, rückte der Flughafen ins Visier – dort würden heute im Laufe des Tages sicherlich all die Volksvertreter eintreffen, deren Abwesenheit momentan noch für hochgeklappte Bürgersteige am Orte ihres politischen Wirkens sorgte. Einige Hochhäuser zur Rechten verbreiteten ausschnittweise Großstadtflair, ansonsten jedoch dominierten Bäume und Grünflächen, das blaue Band des Lake Burley Griffin sowie die Brindabella Ranges im Hintergrund unseren Eindruck aus luftiger Höhe.

Nach der kurvigen Abfahrt den Aussichtshügel hinab ging es bald in Canberra-typisch schnörkelloser Form weiter – die geometrieverliebte ANZAC Parade entlang. Man hätte die elf aufwändigen Denkmäler auf beiden Seiten der Straße auch erwandern und so aus der Nähe studieren können, doch hätte dieser Spaziergang laut Infobroschüre eine Stunde und zwanzig Minuten gedauert. Unsere Wunschliste an Sehenswürdigkeiten für den Tag umfasste noch einige andere Punkte, also entschieden wir uns für eine Autofahrt die linke Fahrspur hoch und die rechte (in Parademanier durch eine breite Mittelfläche von ihrer Partnerin getrennte) Spur wieder hinunter. So konnten wir natürlich nur flüchtige Impressionen von den Attraktionen dieser Geschichtsmeile erhaschen – Einzelheiten mussten wir unserem Flyer „ANZAC Parade Walk" entnehmen. Das Australian Army National Memorial bildete den Auftakt des Reigens der militärischen Gedenkstätten, gefolgt von Erinnerungen speziell an die Kriege in Korea und Vietnam sowie an den Einsatz australischer Soldaten im Ersten und Zweiten Weltkrieg. Das New Zealand Memorial kam vergleichsweise unkriegerisch daher und würdigte mehr die generelle enge Zusammenarbeit der ozeanischen Nachbarn denn ihre soldatische Verbundenheit im Australian and New Zealand Army Corps (ANZAC). Luftwaffe und Marine hatten ihre jeweiligen Denkmäler, und auch der Einsatz australischer Krankenschwestern in Kriegsgebieten wurde eigens hervorgehoben. Den Abschluss der Parade bildete das Kemal Ataturk Memorial. Was zunächst ungewöhnlich schien (ein Denkmal mit türkischem Thema im fernen Australien?) hatte einen klaren, den Australiern (ebenso wie ihren neuseeländischen Nachbarn) sehr wichtigen geschichtlichen Bezug: Im türkischen Gallipoli waren am 25. April 1915 australische und neuseeländische Truppen gelandet, deren Soldaten im Verlauf der kriegerischen Auseinandersetzungen des Ersten Weltkriegs zu Tausenden getötet wurden. Die traumatische Erfahrung dieses Verlustes beschäftigt beide Nationen bis heute, und am 25. April eines jeden Jahres wird im Rahmen des „ANZAC Day" der Gefallenen gedacht. Das Kemal Ataturk Memorial wurde den Kriegstoten auf ozeanischer ebenso wie türkischer Seite und darüber hinaus dem späteren Staatsgründer gewidmet.

Irgendwann lässt man seine Sturm- und Drangzeit ebenso hinter sich wie die alles in Frage stellenden Umtriebigkeiten der Midlife Crisis – und wird, wenn's gut läuft in relativer Würde, fünfzig. In der Stadt, in der ich aufwuchs, stellt man zu einem solchen Anlass dem Geburtstagskind eine Strohpuppe vor die Haustür. Je nach Geschlecht des Jubilars heißt sie „Abraham" oder „Sara" (Bibelfeste erkennen die Anspielung) und wird so verkleidet und geschmückt, dass man Aussehen, Eigenschaften oder Hobbies des Beschenkten wiedererkennen kann. Gern singt dann die Nachbarschaft (die oft für die tatkräftige Umsetzung dieses eigentlich holländischen Brauches verantwortlich zeichnet) noch ein paar selbst gedichtete Lieder mit mehr oder minder ausgeprägtem Enthüllungscharakter – vorzugsweise in aller Frühe, dafür aber mit Inbrunst. Wenn schon um vier Uhr morgens aufstehen, dann soll es sich lohnen. Als Canberra fünfzig wurde, kamen statt der Nachbarn die Briten – jedoch ebenfalls mit Musik. Diese stellten sie in Form des National Carillon auf Aspen Island im Lake Burley Griffin ab und überließen es fortan den australischen Hauptstädtern, sich mit 55 in England gegossenen Bronzeglocken zu vergnügen. Was diese in den bald weiteren fünfzig Jahren bis heute taten und tun: Einheimische ebenso wie Gastmusiker geben jeden Mittwoch und Sonntag zur Mittagszeit Konzerte, die aus einem fünfzig Meter hohen Turm heraus die Ohren der umstehenden Zuhörer draußen am See erreichen. Das überdimensionale Glockenspiel (die kleinste Glocke wiegt sieben Kilo, die größte mit sechs Tonnen gleich mehrere Kleinwagen) wird dabei über eine Klaviatur zum Klingen gebracht. Als wir am Ufer des Lake Burley Griffin eintrafen, hatte Carillonistin Susan Antcliff bereits mit ihrer „Autumn Elegy" begonnen – dass sie es war und dass ihr heutiges Programm jenen Namen trug, sagte uns ein Informationszettel, der zum Mitnehmen auslag und Titel sowie Komponisten der einzelnen Stücke nannte. Der goldene Sonnenschein drohte gerade in Richtung Regenschauer umzuschwenken, und so passte die getragene musikalische Untermalung der Szene zu Wetter und Jahreszeit. Etwas weniger Melancholie im Gesamteindruck wäre mir ganz lieb gewesen, doch Baby Joost schienen die Kling-Glöckchen trotz mitschwingender Schwermut Freude zu bereiten. Er würde wohl auch heute, zwei Jahre nach seinem (wie unserem) ersten und bislang einzigen Carillon-Konzert, gerne wieder zuhören – locken doch für den Mai 2011 Programme wie „Twice the Fun", „For Australia from Australia", „A Winter Welcome" oder „Songs on the Wind". Letzteres wird laut Website wieder dargeboten von Susan Antcliff, die wir nach getaner Arbeit an jenem Sonntag noch den Glockenturm verlassen sahen. Joost, der inzwischen Worte wie „Kirchenglocken" und „Lieblingslied" treffsicher einsetzt, würde sie heute vielleicht sogar um eine Zugabe bitten.

Ähnliches versuchte er bereits im vergangenen Jahr am schottischen Loch Ness, nachdem dort ein Dudelsackspieler eine Kostprobe seines Könnens gegeben hatte und sich anschließend eine Pause gönnte. Joost stapfte zu dem Herrn im Karo-Rock mit Pfeifenbeutel, sagte „Mann noch mal Musik!" und setzte sich erwartungsfroh ihm gegenüber auf ein steinernes Mäuerchen. Leider ließ das nächste Lied auf sich warten (hatte der schottische Musiker den kleinen Fan überhaupt wahrgenommen, so war dessen Botschaft sicher spätestens im beidseitigen Mangel an Fremdsprachenkenntnissen stecken geblieben) – Joost stand irgendwann auf und stiefelte enttäuscht zu uns zurück. Nach einer Weile jedoch erklang eine neue Melodie der Highlands, und die Welt des eifrigen Zuhörers war wieder in Ordnung: „Da - noch mal Musik!!" Vielleicht warten wir noch ein wenig, bis Joost seine Kommunikationsabsichten auch im Englischen umsetzen kann – ob Susan Antcliff dann wohl dem Blick aus diesen blauen Augen nachgeben und die Stufen zu ihrem Instrument noch einmal hinaufklettern würde...?*

Unser *Lonely Planet* sprach unter der Rubrik „Eating" von den „trendy enclaves of Manuka and Kingston" – klang vielversprechend, obgleich es „trendy" für uns ja nun überhaupt nicht sein musste. War es dann letztlich auch nicht – zumindest nicht im Stadtteil Kingston, oder zumindest nicht speziell in den Straßen, die wir auf der Suche nach einem lohnenswerten Ziel für das Mittagessen durchstreiften. Wir landeten schließlich in einer belgischen Kneipe, trotz ihrer Größe nicht ungemütlich, doch zugleich auch auf eine Art fremd und ein wenig unwirklich in ihrer australischen Umgebung. Aber dieses Gefühl, dass hier irgendetwas nicht ins organische Gesamtgefüge „Australien" passte, hatten wir in Canberra bislang schon mehrmals verspürt, so dass uns die seltsame Atmosphäre zwischen gegarten Muscheln und belgischen Biersorten nun nicht sonderlich bekümmerte. Hinsichtlich des Essens selbst notierte ich in meinem Reisetagebuch nur lapidar: „not a highlight..."

Doch immerhin waren wir nun eingestimmt auf einen Abstecher in den Stadtteil Yarralumla auf der anderen Seite des Capital Hill. Dicht an dicht grenzten dort rund achtzig Nationen aneinander – in Form von Botschaften und *high commissions*. Die Gegend war wie ausgestorben, denn natürlich tummelte sich in den Vertretungen der

Canberra

Länder an einem Sonntag weder Personal noch Publikum. Hier gab es doch sicher an jeder Ecke Überwachungskameras, vielleicht dazu noch versteckte Mitarbeiter von Sicherheitsdiensten...? Ob wir verdächtig waren, wie wir so mit unserem Auto die Straßen entlang schlichen, hier und dort hielten und schauten? Konnte man glauben, wir suchten etwas, das man Besuchern in dieser Ansammlung von Wirkungsstätten ranghoher Diplomaten unbedingt vorenthalten wollte? Ein wenig mulmig war uns tatsächlich zumute, wenngleich wir mit Baby an Bord und die Nase wiederholt im einschlägigen Reiseführer steckend eigentlich über jeden Verdacht erhaben gewesen sein sollten. Doch ganz gleich, ob wir nun Aufsehen erregend waren oder nicht – für die meisten Bauten in Canberras Botschafterviertel galt eher Letzteres. Immerhin gab es das eine oder andere Dach im Pagodenstil, und Südafrika hatte seine Vertretung dem nachempfunden, was grob meiner Vorstellung vom Anwesen eines wohlhabenden Farmers am Kap der guten Hoffnung entsprach. Deutschland hatte einen vergleichsweise uncharmanten Klotz gebaut und versucht, mangelnde architektonische Finesse durch Einbeziehung der Nationalfarben in die Außengestaltung zu kaschieren. Die neuseeländische Botschaft war ähnlich hässlich, nur grasten hier Wellblechkühe vor dem Gebäude, von dem sie wahrscheinlich ablenken sollten – das musste eine Hommage explizit an die Region des Waikato sein, Neuseelands *dairy country*, in dem ausnahmsweise mal keine Schafe die viehwirtschaftliche Hauptrolle spielten. Vielleicht kam der neuseeländische Botschafter aus Hamilton. Oder aus Te Awamutu. Oder die milchverarbeitende Industrie hatte Wind von der wenig repräsentativen Vertretung ihres Heimatlands im Nachbarstaat bekommen und aus Mitleid die welligen Wiederkäuer gestiftet. Ein Schmuckstück war dann jedoch die Botschaft Papua Neuguineas. Auf den spitzwinkligen Giebel ihres Daches waren rautenförmige Masken gemalt – laut *Lonely Planet* einem „spirit house" aus der Region um den Fluss Sepik nachempfunden.

Die wohl interessanteste Botschaft (leider auch aktuell unbesetzt – dabei wäre sie ansonsten für Besucher zugänglich gewesen wie keine andere ihrer Schwestern) fanden wir jedoch, nachdem wir unser Auto in der Nähe des Old Parliament House abgestellt hatten. Auf einer Rasenfläche gegenüber dem schwanenweißen Parlamentsgebäude stand ein Quader mit Tür und Fenstern, allesamt blickundurchlässig verschlossen, daneben ein unbewohntes Igluzelt mit Vorbau, und ein paar Meter entfernt ein Schild mit der Aufschrift „Welcome to the Aboriginal Tent Embassy". Eine Botschaft australischer Bürger im eigenen Land – wie entfremdet, wie heimatlos musste man sich fühlen, um eine Vertretung vor dem Regierungsgebäude des eigenen Staates zu errichten, als sei man hier nicht selbst zu Hause, als gehöre man nicht dazu? Zu viel der Entrechtung und der Fremdbestimmung, zu wenig an Respekt für ihre Kultur und an Raum zur Durchsetzung ihrer Interessen war es den Ureinwohnern Australiens geworden, die am 26. Januar 1972 einen großen Sonnenschirm in die Rasenfläche vor dem Parlament rammten und die Stätte zur offiziellen Vertretung ihres Volkes erklärten. Sie forderten Landrechte und unterstrichen dabei die große Bedeutung ihrer spirituellen Verbundenheit mit der roten Erde Australiens, die sich weiße Eroberer und Siedler nach und nach angeeignet hatten. Nicht zufällig hatten sie das Datum des „Australia Day" für ihre Ankunft in Canberra gewählt, des Tags der Ankunft ihrer Unterdrücker vor über

200 Jahren (und nicht umsonst war und ist dieser Nationalfeiertag gerade unter Aborigines auch als „Invasion Day" bekannt). Doch es war mehr als das Thema *land rights*, das den Protestierenden Anlass zum Aufbegehren gab – sie prangerten ihre Ungleichbehandlung in Bereichen wie Bildung und Gesundheitsförderung an und forderten einen Ausgleich für erlittene Benachteiligungen.

Um den Strandschirm herum schlugen schon bald Unterstützer der Sache dieser ursprünglich vier jungen Männer ihre Zelte auf, und weitere Aktivisten folgten in Scharen. Australische Politiker sahen sich zur Stellungnahme gezwungen, und ihre Reaktionen reichten von herablassenden Beleidigungen bis hin zur Erklärung, man werde sich jeglichem Angriff auf die *tent embassy* in den Weg stellen – zur Not mit körperlichem Einsatz. Angriffe auf die Botschaft sollte es reichlich geben, und in der Tat nicht nur verbaler Art: Als im Juli die Spannungen zwischen den Protestierenden und der Regierung einen Höhepunkt erreicht hatten, marschierte eine Einheit von 150 australischen Polizisten auf und demontierte gewaltsam die Vertretung der Ureinwohner. Diese ließen sich durch die Festnahmen und das Niederreißen ihrer Zelte nicht beirren und bauten die Zeltbotschaft wieder auf – um sie von einer auf 360 Polizisten aufgestockten Demonstration der Staatsgewalt erneut dem Erdboden gleich gemacht zu sehen. Friedlich, ja geduldig folgte der nächste Wiederaufbau – und kurz darauf der von den Aktivisten selbst vorgenommene Abbau. Doch dies sollte nicht der ultimative Rückzug sein, bedeutete nicht Resignation und Aufgabe – nein, die *tent embassy* kam zurück, und mit ihr die Stimme der Erbauer samt ihrer Forderungen. Die australische Bevölkerung hatte 1972 die Polizeieinsätze vor ihren Fernsehern mitverfolgt, und viele hatten mit Abscheu, Entsetzen und Zorn reagiert. Allen Anfeindungen und weiteren Unterbrechungen zum Trotz blieb die Zeltbotschaft der australischen Gesellschaft erhalten und dient bis heute als symbolträchtiges Sprachrohr der Ureinwohner.

Bald vierzig Jahre waren seit der Geburtsstunde der *Aboriginal embassy* vergangen, als wir nun vor ihr standen. Es war manches geschehen und bewegt worden, doch obsolet war diese Einrichtung in den Jahrzehnten ihres Bestehens offensichtlich nicht geworden. Die Forderung nach „Aboriginal Sovereignty" lehnte in großen Lettern auf ein

Brett geschrieben an der Gebäudewand, und ein Schild auf dem Rasen verlangte: „Respect Our! Land". Die Schmalseiten des bemalten und beschrifteten kleinen Hauses (falls man die vier Wände mit Flachdach überhaupt so bezeichnen konnte – sie erinnerten an einen geschrumpften Wohncontainer und beherbergten vermutlich nur einen einzigen Raum) waren in der oberen Hälfte schwarz, in der unteren rot angestrichen. In der Mitte prangte ein gelb ausgemalter Kreis. Dies war die Flagge der Aborigines – schwarz für die Vergangenheit, Gegenwart und Zukunft des uraustralischen Volkes, rot für die Erde des Kontinents und die Verbundenheit der Aborigines mit ihr, und der gelbe Kreis als Darstellung der lebensgebenden und Erneuerung versprechenden Sonne. Auch eine große Blechtonne war mit der Flagge als Symbol der Forderung nach Souveränität bemalt. Auf ihr stand ein Plastikeimer, der vielleicht einmal eine Partyportion Krautsalat beinhaltet hatte. Jemand hatte mit einem wasserfesten Filzstift in schwarz darauf geschrieben: „Thank you for contributions." Welche Art von Beiträgen hier gemeint war, blieb offen – gleich neben der Tonne stand jedoch ein Schreibtisch mit Stuhl davor. War die Botschaft besetzt, würde man sich sicher direkt um das kümmern, was Besucher beizutragen hatten. Wir vermuteten, dass finanzielle Unterstützung wohl ebenso willkommen war wie Kommentare und Anregungen. Post an die *tent embassy* konnte sogar auf offiziellem Wege zugestellt werden, denn eine weitere Blechtonne trug einen Aufsatz mit der Aufschrift „Letters". Die Adresse der Vertretung der Aborigines lässt sich, so stellten wir später fest, im Internet nachsehen – doch vermutlich wusste jeder Postbote der Stadt auch Briefe korrekt zuzustellen, die nur eine vage Beschreibung der Position des Empfängerbriefkastens aufwiesen. Bestimmt reichte die Angabe *Aboriginal tent embassy*, damit der zuständige *postie* auf seiner Runde die Korrespondenz in die schwarze Tonne beim weißen Prachtbau warf. Wie oft und wie regelmäßig wohl jemand vorbei kam, um den Briefkasten zu leeren? Und um vielleicht dann auch die Botschaft für ein paar Stunden zu öffnen und als Ansprechpartner zur Verfügung zu stehen? Die Zeltstadt im hinteren Bereich der Rasenfläche ließ annehmen, dass Menschen sie nutzten. Manche Zelte waren in besserem Zustand als andere, doch man konnte sich vorstellen, wie sie alle bei Bedarf schnell wieder in Gebrauch genommen werden konnten und die etwas verstreuten Sitzgelegenheiten auf dem Platz um Tische oder einen Grill gruppiert wurden. Schade, dass heute überhaupt niemand da war.**

Am Zeltplatz vorbei gelangte man zum Questacon, dem Nationalmuseum für Wissenschaft und Technik. Albert Einstein schaute mit gutmütigem bis leicht wirrem Blick auf potentielle Besucher herab, vor sich eine Tafel mit seiner so schlicht anmutenden Formel E=mc, letzteres zum Quadrat. Im Inneren des Gebäudes hätte man sicher auch minder begabten Ex-Physikschülern wie mir diesen Bestandteil der Relativitätstheorie anschaulich erklären können, doch war es nach fünf Uhr und somit das Museum bereits geschlossen. Neugierig stöberte ich später einmal nach Bildern des Questacon im Internet – viele von ihnen waren fröhlich bunt und zeigten Kinder in Aktion. Offensichtlich arbeitete man hier nach dem „Hands on"-Prinzip, mit Wissensvermittlung durch Anfassen, Ausprobieren und Mitmachen, durch Begreifen im Sinne des Wortes. Auf den Fotos waren viele Kleinkinder zu sehen, die sich bereits in den Exponaten des modernen Museums vergnügten – für unseren kleinen Krabbler wäre vielleicht auch schon die eine oder andere unterhaltsame Ecke dabei gewesen? Zumindest hätte es vom Tragegurt aus immer eine Menge zu schauen gegeben!

Wir setzten unsere Spazierrunde fort über den Commonwealth Place und den Reconciliation Place. Sowohl der Zugehörigkeit zum Staatenbund der ehemaligen britischen Kolonien als auch der in jüngerer Zeit vorangetriebenen Versöhnung mit den Aborigines trug man hier in der Hauptstadt Rechnung und regte Besucher durch Informationen ebenso wie ausgestellte Kunstwerke zum Nachdenken an. Es begann leicht zu regnen, als wir schließlich am Old Parliament House vorbei auf einer der Achsen Canberras zum heutigen Parliament House liefen. Der flache, weitläufige Bau war beleuchtet, und über ihm flatterte die zweite australische Flagge (die blaue mit den Sternen und dem britischen Union Jack oben links in der Ecke – letzterer bewegt die Australier immer wieder dazu, die bislang relativ folgenlose Diskussion um die Gestaltung einer neuen, „australischeren" Flagge aufzunehmen) im Abendwind. Sie war an einer Metallstruktur befestigt, die an eine auf dem Kopf stehende Wäschespinne erinnerte – blieb zu hoffen, dass unter dem Dach des Hauses nicht allzu viel schmutzige Wäsche gewaschen wurde. Auch im Herzstück der australischen Politik waren die Türen um fünf Uhr nachmittags verschlossen worden, doch konnten wir uns am Eingang des Gebäudes immerhin schon einmal Informationen für Besucher durchlesen – unter anderem galt der „minimum dress code" von „shirts, shorts and footwear". Sollte machbar sein. Auf Joost würden wir ein Auge haben, dass er sich weder Koalaschühchen noch Babysöckchen auszog.

Zurück in Queanbeyan schwenkten wir zum Abendessen von thailändischer Küche um zu einheimischen Köstlichkeiten: Es gab Burger vom *takeaway* an der Hauptstraße. Wer nun den ernährungsberaterischen Zeigefinger schwenkt oder süffisant grinst („Na, wohl doch alles ziemlich amerikanisiert da unten, was?"), dem sei zunächst zur Beruhigung gesagt, dass uns selbst der wiederholte Verzehr dieser Speise nicht geschadet hat (Blutwerte und Gewicht sind nachweislich in bester Ordnung). Und zum anderen ist der australische Burger nicht irgendeiner seiner Spezies (und schon gar kein Vertreter der Unterart, die man in den sogenannten Restaurants einschlägiger FastFood-Ketten serviert bekommt). Imbissbuden ebenso wie Pubs, Cafés und ja, auch Restaurants im Land bemühen sich nach Kräften, zwischen die Brötchenhälften die traditionellen Zutaten (Plattfrikadelle, Tomaten, Salat) in frischer, schmackhafter Qualität zu bringen und legen dann buchstäblich noch „einen drauf" – nein, vier drauf: ein Spiegelei, ein paar Streifen krossen *bacon*, eine Scheibe Ananas und ein, zwei Scheiben eingelegte Rote Bete. Klingt komisch? Mag sein. Ist aber vor allen Dingen lecker. Finden wir zumindest und konnten somit auch nicht widerstehen, als wir ein Jahr später im schottischen Aviemore den *Australian Burger* auf der Speisekarte eines Gasthauses fanden. Einige Stunden zuvor hatten wir Kaffee und Kuchen auf neuseeländische Art genossen, denn eine ambitionierte Frau aus Akaroa und ihr Team betreiben dort im Cairngorms National Park ein mehrfach preisgekröntes Café. Kulinarische Leuchttürme der Antipoden gleich in unserer unmittelbaren europäischen Nachbarschaft – wir waren selig...

* Weitere Informationen inklusive Fotos und aktueller Programme des National Carillon finden sich unter www.nationalcapital.gov.au.
** Diese und weitere Informationen zur Aboriginal Tent Embassy finden sich unter www.indigenousaustralia.info.

1. Juni: „Sorry, sorry, sorry."

Zum Frühstück im Motel an jenem Montagmorgen (der Beginn einer neuen Woche – würde er Canberra aus seinem wochenendlichen Dornröschenschlaf wachküssen?) gab es leider keinen *flat white coffee*, auch keine frischen *scones* mit Datteln und Äpfeln oder fluffige Blaubeermuffins nach Art unseres schottischen Lieblingscafés (das wir damals noch gar nicht kannten) oder einer australischen Entsprechung. Schmecken ließen wir uns die Marmeladenbrote, Saft und Tee aus unserer Selbstverpflegung trotzdem und brachen anschließend auf zum National Museum of Australia. Dies war natürlich ein denkbar ungünstiger Ort, um festzustellen, ob der erste Werktag der Woche wohl das hauptstädtische Leben in Schwung gebracht hatte – doch davon abgesehen ein sehr lohnenswertes Ziel, das wir uns vor unserer Abreise aus Canberra nicht entgehen lassen wollten. Wie von einem Nationalmuseum zu erwarten, hatte auch das australische weit mehr Abteilungen und Ausstellungen, als wir (gerade in Babybegleitung) in der Lage waren zu besuchen und in Ruhe anzusehen. Selbstverständlich konnte man sich ausführlich über die Geschichte Australiens informieren – was geschah alles zur Zeit der Kolonialisierung, wo versuchten die Goldgräber ihr Glück, und wie überhaupt entwickelten sich Leben und Kultur der Ureinwohner? Oder wie wäre es mit einem Einblick in die Landwirtschaft des roten Kontinents, oder in Aspekte des Umweltschutzes hierzulande? Vielleicht noch Wissenswertes über Sport und Kunst, Fahrzeuge und Haushaltsgeräte? Alles da – und noch viel mehr. Sorgfältig zusammengetragene, erläuterte und in größere Zusammenhänge gesetzte Ausstellungsstücke erzählten hier ihre australischen Geschichten. In meiner bleibenden Erinnerung an diese Geschichtenerzähler sind vor allem ein paar besonders kleine, besonders betagte Exemplare haften geblieben. Wir stolperten mehr oder weniger über sie, als wir uns eigentlich auf dem Weg in das nächsttiefere Stockwerk des Museums befanden. Ich hätte nicht angehalten vor dem, was im Vorbeigehen aussah wie (für mich unspannende) Münzsammlungen in Glaskästen – Marcus jedoch schaute genauer hin und entdeckte das Geheimnis der kleinen, runden Scheiben. Es waren tatsächlich Münzen – und doch waren sie es nicht. Nicht mehr. Denn britische Strafgefangene hatten sie vor ihrer Entsendung nach

Australien in ganz persönliche Abschiedsgeschenke für ihre Familien verwandelt. Vorder- und Rückseite einer Münze (häufig im schlichten Wert von nur einem Penny) wurden hierfür mit den bescheidenen Werkzeugen, die in Gefangenschaft zur Verfügung standen, zunächst sorgfältig glatt geschmirgelt und anschließend beschriftet. Nicht selten wurden Ornamente zur Verzierung hinzugefügt, und so hinterließen die Sträflinge ihren Lieben in mühevollster Kleinarbeit Botschaften der Verbundenheit und des Bedauerns, nun bald so weit von ihnen entfernt und der Freiheit beraubt leben zu müssen. Namen und Angaben wie das Alter des Gefangenen oder die Dauer seiner Haftstrafe wurden ergänzt und sollten Verwandten ein bleibendes Andenken sein an den geliebten Menschen, den sie vielleicht niemals wiedersehen würden. *Convict tokens* wurden diese Erinnerungsstücke genannt – doch die erweiterte Bezeichnung *convict love tokens* beschreibt viel treffender, was diese kleinen Metallscheiben denen bedeuteten, die sie herstellten (oder herstellen ließen, denn auch professionelle Handwerker besuchten damals die Gefängnisse und nahmen Aufträge für *tokens* entgegen) und empfingen. Thomas Lock gravierte ein Herz an den unteren Rand der Münze, die er bei seiner Familie zurückließ, als er sich im Alter von 22 Jahren auf große, unfreiwillige Fahrt über den Ozean begab – ein Symbol der Liebe, wie das *token* selbst es war. Strafgefangene müssen Stunden zugebracht haben mit dem Einstanzen nadelspitzenfeiner Punkte in das Münzmetall, dem mühsamen Bilden von Inschriften, um den Angehörigen etwas zurückzulassen, das ihr Schicksal und ihre wichtigsten Gedanken vor der Reise nach Australien nicht vergessen ließ. Die vielen Einstiche auf den *tokens*, so sorgfältig und gezielt gesetzt, erinnerten mich unwillkürlich an den Basteltisch früher im Kindergarten. Wie oft hatten wir damals dort gesessen und auf Filzunterlagen Formen aus Papier ausgestanzt – mit einer Technik, die ich später nirgends je wieder angetroffen habe: dem Prickeln. Doch damit, dass auch wir Fünfjährigen gegen Ende der siebziger Jahre des vergangenen Jahrhunderts kleine Punkte aneinanderreihten, um am Ende eine schön aussehende Kleinigkeit herzustellen, sind die Gemeinsamkeiten wohl auch schon erschöpft. Die Prickelnadel glitt butterweich durchs Bastelpapier, und mittags konnte man Mama und Papa das Produkt seiner Bemühungen per-

Auf dem Dach des Parliament House

sönlich überreichen. Und die einzige Trennung, die dann in Aussicht stand, war ein weiterer Kindergartenvormittag. Mit mehr Prikkeln, Spielen, Singen und Toben.

Regelrecht festgelesen hatte ich mich an anderer Stelle im Museum in einer Galerie, die sich ausgewählten Personen und ihren Reisen nach oder von Australien aus widmete – Wirren der Weltkriege, sportlicher Ehrgeiz und natürlich die Liebe hatten die Männer und Frauen umgetrieben, in deren Lebensgeschichten wir Besucher eintauchen durften. Gern wäre ich noch ein Weilchen dort geblieben, doch strampelte es plötzlich heftig und unter Geschrei in dem Babygurt vor meinem Bauch. In der Hoffnung, den Zeitpunkt des eingeforderten Mittagessens vielleicht ein ganz klein wenig hinauszögern zu können, versuchte ich erfolglos die gängigen Beruhigungstaktiken – bis sich von der Seite eine Hand näherte und ein sanftes „There, there" erklang. Joost verstummte und schaute interessiert in die Augen einer Dame leicht fortgeschrittenen Alters, die wie selbstverständlich mit ihm sprach, als würden die beiden sich schon lange kennen. Schließlich wandte sie sich mir zu und sagte: „Grandmother's touch, you know. I've got several grandchildren of my own." Mit einem Lächeln verabschiedete sie sich, und ich fügte meiner Definition von „Güte" in Gedanken ein einprägsames Beispiel hinzu.

Das leise Bedauern ob der Fülle von Dingen, die wir im Museum an jenem Tag nicht hatten erkunden können, verflog in freudiger Erwartung der *guided tour*, zu der wir uns im Parliament House eingefunden hatten. Die Gefahr, jemand könnte an der Einhaltung des *minimum dress code* scheitern, hatte sich dank der kühlen Temperaturen minimiert, und so hatte sich eine hinreichend bekleidete Gruppe zur kostenlosen Führung im Foyer des Gebäudes eingefunden. Edel, doch nicht protzig (abgesehen vielleicht von ein paar Säulen zu viel zwischen poliertem Steinfußboden und Decke) präsentierte sich die Eingangshalle in den Farben weiß, grau und braun, luftig nach oben hin mit Blick auf eine Galerie im ersten Stock. Dort befand sich auch die erste Station der Führung, wie unsere resolute Lotsin erklärte. Sie wies Joost und mir den Weg zum Fahrstuhl, und als wir wieder zur Gruppe stießen, hatte sie mit ihren Ausführungen bereits begonnen. Leicht befremdet, dass sie nicht kurz auf das Baby gewartet hatte, an dem noch eine durchaus politisch interessierte Mutter hing, versuchte ich ihren gedanklichen Faden aufzunehmen. Ich wähnte mich gerade erfolgreich, als sie unterbrach und mich darauf hinwies, dass ich dort, wo ich stand, mit dem Kinderwagen nicht bleiben könne. Sicherheitsbestimmungen, Fluchtweg unangebracht ruppig bedeutete sie mir, den Kinderwagen nebst meiner Person aus ihrer aktuellen Position zu entfernen. Wohin mit uns stattdessen erfuhr ich nur vage angedeutet, wählte aber wohl einen Ort, der keinen weiteren Anlass zu Beschwerden gab. Während die Dame uns nun herumführte und mit Wissenswertem zum Gebäude und seinen Funktionen versorgte, hatte schon eine milde Form der Antipathie von mir Besitz ergriffen. Bedauerlicherweise war diese noch steigerungsfähig – und zwar, als wir die Schaukästen erreicht hatten, in denen die Entschuldigung der australischen Regierung an die Aborigines für ihnen widerfahrenes Unrecht dokumentiert war. Frau Fremdenführerin erläuterte die Umstände und Hintergründe und wollte dabei entweder besonders locker-flockig in der Präsentation wirken oder war tatsächlich der Meinung, ein solcher Aufwand, wie er betrieben worden war, sei um die Sache nicht nötig gewesen. Wie dem auch sei (wobei ersteres als Beweggrund zur Not noch im Ansatz verzeihlich wäre) – hätte Premierminister Kevin Rudd gehört, wie man hier im Namen seines Hauses sprach, wäre es möglicherweise unverzüglich zu einer vakanten Stelle bei den *guides* gekommen. Und die um Verzeihung ersuchten Mitbürger hätten wahrscheinlich um Fassung gerungen, wären sie Zeugen des Vortrags unserer Führerin geworden. Diese nämlich beeilte sich, die Ereignisse aus dem Jahr 2008 fast staccatoartig abzuhandeln und ihre Kurzzusammenfassung im Telegrammstil mehrfach mit Bemerkungen wie „So the Australian government said sorry, sorry, sorry" oder „You know, sorry, sorry, sorry" zu spicken. Zwischen ihren Zeilen hörte ich: „Das große Entschuldigen war ziemlich übertrieben im letzten Jahr – so ausgiebig hätt's nicht sein müssen." Bis heute hoffe ich im Stillen, mich vielleicht getäuscht zu haben, Worte oder Formulierungsweisen nicht richtig gedeutet zu haben – doch ich glaube nicht wirklich daran. Stattdessen schüttelt es mich noch jetzt beim Gedanken an die unterschwellige Botschaft dieses hingeworfenen „sorry, sorry, sorry" – dabei war die so überfällige Entschuldigung erst der Anfang dessen, was die Zukunft des Landes fortan bestimmen sollte. Die Ansprache des Premierministers war in gedruckter Version ausgestellt, und so konnten wir nachlesen, welche Pläne und Ziele die Regierung für alle Australier verfolgte. Von neuen Lösungen für andauernde Probleme war die Rede, von Chancengleichheit, gegenseitigem Respekt und Verantwortung füreinander. Die Kluft zwischen Aborigines und den Nachfahren der weißen Einwanderer sollte überwunden werden, und zwar ganz konkret in Bereichen wie Lebenserwartung, Bildung und Erwerbsmöglichkeiten. Wörtlich hieß es an einer Stelle: „We the Parliament of Australia respectfully request that this apology be received in the spirit in which it is offered as part of the healing of the nation!" Um den tiefen Wunden wirklich Gelegenheit zum Heilen zu geben, brauchte es definitiv schon einmal andere Botschafter als die Dame, mit der wir es an jenem Tag in der Hauptstadt zu tun hatten. Dies war nicht der Nährboden für eines der erklärten Ziele, „righting the wrongs of the past". Vertreter der Aborigines hatten ein Antwortschreiben an ihre Regierung verfasst, in dem Dank und Hoffnung zum Ausdruck kamen. Sie überreichten zugleich ein symbolträchtiges Geschenk: eine gläserne Nachbildung eines Coolamon, ihrer traditionellen Kindertrage. Ziel für die Zukunft sei es, so hieß es im Brief, allen Kindern Australiens gemeinsam all das zukommen zu lassen, was sie brauchten, um sich vollends entfalten zu können. Die Aborigines setzten Hoffnung in die neue Beziehung, die die Regierung zu ihnen aufbauen wolle, und beschrieben sie als „fragile yet strong". So war sie hoffentlich, diese Verbindung – stark genug, um Fehltritte wie den sich uns offenbarten zu verkraften und auf all die zu bauen, deren Sensibilität, Problembewusstsein, Empathie und Tatkraft für ein gerechtes, geheiltes Australien sorgen konnten.

Im Anschluss an die Führung machten wir noch einen Ausflug auf das Dach des Gebäudes und schauten in die Ferne und den Capital Hill hinunter (Joost bekleidet mit warmer Mütze und Jacke, den Fußsack des Kinderwagens bis unter die Arme gezogen, denn dort oben wehte ein kräftiger, kühler Wind). Zurückgekehrt ins Warme nahmen wir sogar noch für eine Weile Platz auf den Besucherrängen des gerade in Sitzung befindlichen Parlaments. Und da unten war er, der Premier persönlich, Kevin Rudd! Nun erlebten wir also den aktuell wichtigsten australischen Politiker quasi aus nächster Nähe inmitten seiner Parlamentarier! Als er sich erhob, um zu reden, sahen wir zwar nur die hintere Seite des Herrn im grauen Anzug – doch das tat dem Gefühl keinen Abbruch, einen Hauch der großen Politik Australiens um die Nase geweht zu bekommen.

Zu Anfang des Tages hatten wir noch die Überlegung gehegt, Canberra in einigen Stunden gen Westen zu verlassen – diese Möglichkeit mussten wir verwerfen, denn über unseren Besuch bei den australischen Volksvertretern war es früher Abend geworden. Heute würden wir nirgendwo mehr hinfahren – allerhöchstens noch einmal zurück nach Queanbeyan. Dort hatten wir aus unserem Motel am Morgen bereits ausgecheckt und fragten nun einfach ein paar Straßen weiter im „Rainbow Motel" nach einem Zimmer. Es war noch eins frei, wir bekamen ein Kännchen Milch für unseren Tee mit auf den Weg und zogen ein. Die Herberge warb mit besonders preiswerter Unterbringung, dafür war die Ausstattung insgesamt ein wenig älter, abgenutzter und weniger geschmackvoll als andernorts. Auch das Platzangebot war eher eingeschränkt, doch für eine Nacht hatten wir alles, was wir brauchten.

2. Juni: *Westward Bound on the Gravel Road*

Von Queanbeyan aus führte eine erstklassig ausgebaute Strecke nach Tumut – ein Highway, sagte der Straßenatlas, *sealed* (geteert) zudem, die höchste Stufe australischen Fahrkomforts. Nach Highways kamen in der Hierarchie laut Legende unserer Karte die *major roads*, und ein dünner roter Strich in der Landschaft schließlich kennzeichnete Australiens *minor roads*. Auf einer solchen gelangte man ebenfalls nach Tumut, und zwar auf direktem Weg, ohne einen riesigen Bogen am ACT vorbei zurück nach Cooma und um die Brindabella Ranges herum zu fahren. Zugegeben, es ging um einiges langsamer voran als auf einem Highway – doch wir bereuten unsere Entscheidung für die enge, kurvige, hügelige und zumeist ungeteerte Straße nicht. Vorbei an einem der Staudämme zur Sicherung der Wasserversorgung in Canberra, dem Cotter Dam, führte unser Weg über die Ranges und durch den Kosciusko National Park an unser Tagesziel – das zunächst noch gar nicht als solches feststand. Tumut bot sich erst einmal an als geeigneter Ort für die Mittagspause, auch wenn der *Lonely Planet* die selbst aufgeworfene Frage „Is Tumut a small big town or a big small town?" nur ausweichend mit „It's hard to say" beantworten mochte. In unseren Worten war es ein Städtchen, dessen Hauptverkehrsader Fitzroy Street (gleichzeitig der aus Cooma kommende Highway 18) wir unter dunklen Regenwolken entlang stapften. Im hinteren Teil eines Gebäudes, das sich in direkter Nachbarschaft zu den öffentlichen Toiletten befand, entdeckten wir auf den zweiten Blick etwas, das aussah, als könnte man dort etwas zu Essen und ein heißes Getränk bekommen – ganz sicher waren wir uns allerdings nicht. Hoffnungsvoll beschlossen wir nachzuschauen und näherten uns der Eingangstür. Sie ließ sich öffnen und uns eintreten in die Kuscheloase jenes ansonsten ungemütlich regnerischen Dienstags – den „Chit Chat Coffee Shop". Er lud seine Gäste ein, an einem der Handvoll Tische Platz zu nehmen und sich bei *toasted panini sandwiches* und einem Tee wie im Wohnzimmer der Großeltern zu fühlen. Auf einer Version von Omas altem Küchen(buffet)schrank standen liebevoll gestaltete Gläser und Tüten mit hausgemachter Marmelade und selbstgebackenen Keksen zum Verkauf. Dekorative Deckchen ließen immer mehr daran glauben, dass irgendeine Omi hier tatsächlich ihre Finger im Spiel (und offenbar ein Händchen für gelungene Gemütlichkeit) hatte – vielleicht sogar eine der Damen, die am Nachbartisch ein Kaffeekränzchen hielten und damit den Namen des Cafés zum Programm machten? So würde ich mich auch gern in ein paar Jahrzehnten mit Freundinnen zum Schwätzchen in der Stadt treffen. Doch aktuell galt es erst einmal, an die Jugend zu denken – konkret an Joost und seinen Brei. Eine sympathische junge Frau kümmerte sich um uns und war sorgsam bedacht, Joosts Gemüsegläschen möglichst genau auf die richtige Temperatur zu erwärmen. Vielleicht war es ihre Omi, deren Inspiration oder gleich tatkräftige Mithilfe dem „Chit Chat" seinen Charme verliehen hatte…?

Die Schotterstraßen ließen wir für diesen Tag hinter uns und erreichten auf dem Highway 18 nach nur wenigen Kilometern Adelong. Dort hätten wir gern eine kleine Wanderung durch die Ruinen einer ehemaligen Goldmine gemacht. Allerdings verriet ein gleichmäßiges Schnorcheln aus Richtung Rückbank, dass Joost sich unlängst für ein Nickerchen entschieden hatte. Er wollte sicher gerade nicht von seinen wanderlustigen Eltern in den Tragegurt gesteckt und dadurch mit allergrößter Wahrscheinlichkeit geweckt werden – so liefen Marcus und ich abwechselnd die Treppen zum felsigen Flusstal herunter und schauten uns die Überreste der Mine und den schmucken kleinen Wasserfall wenigstens aus der Ferne an, während der jeweils andere im Auto bei Joost blieb. Adelong selbst bestand aus wenigen Häusern und noch weniger Straßen – eine Unterkunft für die Nacht schien es hier nicht für uns zu geben. Die nächste größere Stadt hieß Wagga Wagga und war bestimmt noch achtzig Kilometer weit entfernt. Außerdem machte das Regenwetter wenig Lust auf eine längere Autofahrt, bei der man eh kaum die Hand vor Augen geschweige denn die Landschaft rechts und links der Straße gesehen hätte. So fuhren wir zurück nach Tumut und begannen mit der Zimmersuche – im Glauben, das sei schnell erledigt. Doch wie bereits erwähnt wurde, hatten wir unsere Rechnung ohne die Wartungsarbeiten an der ortsansässigen Papierfabrik gemacht, zu deren Zweck viele auswärtige Fachkräfte angereist und uns bei der Buchung zuvorgekommen waren. Aber dank der hilfsbereiten Barkeeperin im Pub fanden wir mit einiger Verzögerung dann ja doch ein Motelzimmer, ein besonders geräumiges und gut ausgestattetes noch dazu. Ein wenig erschöpft, zugleich aber beschwingt durch den so erfreulichen Ausgang unserer kleinen Odyssee durch Tumut, erledigten wir „das bisschen Haushalt" der Individualtouristen:

Wäsche einfüllen und anstellen im Waschsalon, in der Zwischenzeit einkaufen gehen, dann Wäsche in den Trockner umladen. Im Motel bekam Joost wenig später eine Abendportion Milchbrei samt Matschbanane und zudem Gelegenheit, ein brandneues Spielzeug auszuprobieren. Im Supermarkt nämlich hatten wir an einem Plastikeimer nicht vorbeigehen können, dessen Deckel abnehmbar und mit Aussparungen in verschiedenen Formen versehen war. Durch diese passten bunte Klötzchen derselben geometrischen Grundflächen: Sterne, Kreise, Dreiecke… damit sollte sich doch einiges anstellen lassen, dachten wir. Dem war auch so – Joost hatte fortan immer mindestens zwei dieser farbigen Plastikklötze zum Spielen im Auto und fand sie höchst unterhaltsam. Um seine kleinen Begleiter durch die passenden Öffnungen in den Eimer zu stecken, war er damals wahrscheinlich noch etwas jung – doch wir gingen davon aus, vorausschauend bereits ein Spielzeug „auf Wachstum ausgerichtet" gekauft zu haben. In der Tat gefiel unserem Sohn sein Souvenir aus Australien auch Wochen und Monate später noch, und er beförderte die Klötze auch tatsächlich in den roten Eimer – jedoch quasi ausschließlich durch Abnehmen des Deckels und möglichst beidhändiges Hineinwerfen. Elterliche Demonstrationen des eigentlichen Spielziels ließ er zwar geschehen, scherte sich aber keinen Deut darum. Das ließ von "motorisch ungeschickt" über „mathematisch-geometrisch minder talentiert" bis hin zu „eigentlich ziemlich clever" manche Interpretation zu. Ich konnte mich über diese kleinkindliche Problemlösestrategie mächtig amüsieren (und muss jetzt noch grinsen beim Gedanken an die kleinen Hände, die zielstrebig den gelben, durchlöcherten Deckel vom Eimer hoben) und beschloss, dass das pfiffig war. Mit allem anderen sollten sich gegebenenfalls später Joosts Sport- oder Mathelehrer herumärgern… Bleibt noch zu erwähnen, dass der Klötzcheneimer auf der Rückreise optimal geeignet war zum Transport zahlreicher zerbrechlicher Mitbringsel aus Bermagui. Einzeln in Papiertücher gewickelt, anschließend im Eimer verstaut und schließlich von Wäschestücken gepolstert (hinsichtlich der Beförderung von fragilem Strandgut auf Interkontinentalflügen hatte ich meine Techniken über die Jahre durchaus verfeinert…) flogen unsere Muscheln im aufgegebenen Wanderrucksack nach Hause und kamen allesamt heil an. Die kleinen blauen Quader und ihre Kollegen ließen sich prima in irgendwelche Rucksackecken stopfen oder blieben gleich in Reichweite – griffbereit im Handgepäck, zur Kinderbelustigung über den Wolken und anderswo.

Als Marcus das Motelzimmer mit Taschen voller sauberer, trockener Wäsche betrat, waren der kleine Racker im Bett (einen roten Plastikzylinder hatte er zuvor nur widerwillig aus der Hand gegeben) und das Abendbrot auf dem Tisch. Tolles Timing – und nach dem Essen Zeit für einen Fernsehabend. Das Programm der zu empfangenden Sender war nicht übermäßig aufregend, doch trotzdem schauten wir ein wenig in diesen oder jenen Kanal hinein – wann schließlich würden wir während dieser Reise wohl wieder einen Fernseher zur Verfügung haben, der zudem nicht im selben Zimmer war wie unser schlafendes Baby? Unsere Bücher würden heute Abend zugunsten von Studien in aktueller Landeskunde zurückstehen müssen...

3. Juni: *Water (from above) and Wine (down below)*

Das war nun aber wirklich eine Stadt. Unschwer zu erkennen für uns beim Kurven durch die Straßen, und auch im Reiseführer klar kategorisiert – sogar als „the state's largest inland city": Wagga Wagga. In der Sprache der dort beheimateten Wiradjuri bedeutete das „place of many crows", alternativ jedoch auch „dancing like a drunken man"* (lautmalerisch irgendwie besonders überzeugend). Krähen fanden wir keine, angetüdelt abhottende Herren ebenso wenig, dafür aber auch nicht das Restaurant unserer Wahl aus der Liste im Reiseführer (der eben doch aus dem Vorjahr stammte – und manche Information ist nun mal heute gedruckt und morgen hinfällig). In der Innenstadt gab es jedoch ein Einkaufszentrum, das uns den Mittagssnack und einen *parent room* bescherte. Als wir unseren Mietwagen auf dem großen Parkplatz abgestellt hatten, waren wir bereits im Eilschritt durch den Regen in die trockenen Geschäftsstraßen gespurtet – auf dem Rückweg zum Auto sah die Wetterlage nicht viel anders aus. Sollten wir nun für heute hier bleiben? Wagga Wagga schien nicht uninteressant zu sein, und der *Lonely Planet* versprach „a pretty city with fine buildings, wide tree-lined streets and lovely riverside gardens". Die Spaziergänge, auf denen man all dies ausgiebig hätte genießen können, sahen wir allerdings bei der konstanten Bewässerung von oben vor unserem geistigen Auge nicht in die Tat umgesetzt werden und beschlossen, erst einmal weiter zu fahren. Vielleicht würde das Wetter sich bessern, der Tag war ja noch jung, und dann könnten wir irgendwo später die Tagesetappe für beendet erklären.

Nun ja. Das Wetter blieb im Wesentlichen, wie es war, und erst gegen Abend lohnte es sich wieder, die Kamera herauszuholen und Bilder zu machen von sonnenerhellten Wolkenfetzen am vorsichtig aufklarenden Himmel. Wir befanden uns nun mitten in einer Region mit dem klangvollen Namen The Riverina. Flüsse, *rivers*, waren es denn auch, die einen wesentlichen Anteil daran hatten, dass dieses Gebiet besonders fruchtbar war – und die Bewässerungssysteme funktionierten so gut, dass sogar der Anbau von Reis gelang! Um die Stadt Griffith herum reihten sich Weingüter aneinander, und wir glaubten gerne, dass dies hier das größte Weinanbaugebiet des Bundesstaates New South Wales war. Als wir in Griffith unser Gepäck in das gebuchte Motelzimmer (genau – eines von denen mit *spa pool* im Bad!) gebracht hatten, war es spät und dementsprechend dunkel geworden. Großartige Unternehmungen würden wir nicht mehr starten können, doch ein Spaziergang entlang der Hauptstraße brachte uns wenigstens noch einmal an die frische Luft. Wir kauften Kebabs bei einem Gastwirt aus Pakistan, der sich mit uns buchstäblich über Gott und die Welt unterhielt, während er nach unseren Wünschen Salat, Fleisch und Saucen in dünne Fladenbrote rollte. Wäre es nicht Zeit geworden, den Junior und seinen Schlafsack zusammenzuführen, hätten wir gern die duftenden Spezialitäten vor Ort gegessen und dabei die angeregte Unterhaltung weitergeführt – so jedoch kehrten wir mit dem in einer Tüte eingepackten Abendessen ins Motel zurück und spekulierten, was der seit Jahren in Australien ansässige Einwanderer wohl alles aus seinem Lebenslauf erzählen könnte. Manche Gespräche enden einfach zu früh.

* *Lonely Planet*, Seite 276.

4. Juni: *Now It's Really Getting More and More „Outbacky"!*

Ganz zu Anfang unserer Rundreise hatten wir uns einige Male Gedanken darüber gemacht, wie weit ins Outback uns dieser Urlaub wohl führen sollte. Marcus wusste von Opalminen in White Cliffs. Der kleine Ort war wie eine Mondlandschaft von Kratern umgeben, die die Opalgräber im Laufe der Jahrzehnte zurückgelassen hatten. Ein Foto im Reiseführer dokumentierte eindrucksvoll, wie sich eine sandige Straße durch das Abbaugebiet und seine großen Buddellöcher zog. Der Rand eines jeden Trichters traf fast unmittelbar auf den des Nachbarlochs (so sah es zumindest aus der Vogelperspektive aus) – ungefähr wie an der Nordseeküste die muscheldekorierten Strandkorb-Burgen an einem Hochsommer-Ferientag. Während man in Schillig oder Benseriel allerdings auch an heißen Tagen auf Erfrischung durch die Meeresbrise zählen konnte, hatten die Bewohner von White Cliffs in den Sommermonaten mit zentralaustralisch hohen Temperaturen zu kämpfen – und das Meer war weit. Nah jedoch lag die Lösung des Hitzeproblems: Wer nach Opalen graben konnte, dem sollte es doch auch gelingen, Löcher mit anderer Zielsetzung zu buddeln und sich Behausungen im Erdreich anzulegen – oder? Gesagt, getan, versucht, geschafft: Die sogenannten *dugouts* entstanden, und in der größten ausgehöhlten Wohnanlage konnte man sich heutzutage sogar als Gast einmieten.* Das Motel unter Tage warb mit Gästezimmern der Variante trocken, gut belüftet und von einer konstanten Raumtemperatur um die 22°C ohne Mitwirkung technischer Hilfsmittel wie Klimaanlage oder Heizung. Es gab auch einzelne Zimmer über der Erde sowie solche, von denen eine Tür oder ein Fenster nach draußen führten – für diejenigen unter den Übernachtungsgästen, denen es anders doch nicht ganz geheuer war. Auch der Pool war nicht unterirdisch, sondern auf Höhe der Erdkrume eingelassen worden.

Opale, Wohnen unter der Erde – mein Interesse war geweckt. Das musste ein ziemlich einzigartiger Fleck auf diesem Globus sein. Als ich ihn auf der Karte von New South Wales lokalisiert hatte, blieb mein Blick ein ganzes Stück südwestlich von White Cliffs an einem weiteren Ortsnamen hängen: Broken Hill. Intuitiv wusste ich, diese beiden Worte wollten mir etwas sagen. Nur was? Warum war ich annähernd überzeugt davon, dass hier ein verheißungsvolles Reiseziel lockte – obgleich ich keinerlei Gründe dafür nennen konnte? Ich blätterte mich durch die entsprechenden Seiten im Reiseführer auf der Suche nach einer Antwort – „dramatic scenery", „inspiring place"... viele Künstler und Galerien... das passte in eine nebulöse Erinnerung, der ich nun auf der Spur war, ließ mich aber über ihre konkrete Natur weiter völlig im Unklaren. Erst Wochen später ging mir der berühmte Kronleuchter in Sachen Broken Hill auf: Es war der Ort, an den Ant am Ende eines Urlaubs mit seinem Vater reiste, obwohl die eigentlich geplante Route seine baldige Heimkehr auf ganz anderem Wege vorsah. Als sein Vater Tony ihn nämlich fragte, welche Strecke er am liebsten zum Flughafen nach Melbourne fahren würde, schlug Ant halb im Ernst (denn er wollte wirklich viel lieber nach Broken Hill) und halb zum Spaß (um seinem Vater Contra zu geben, bei dem er eigentlich sicher war, dass er nicht einwilligen würde) eine Weiterfahrt in die entgegengesetzte Richtung vor. Zu Ants großer Überraschung erklärte Tony sich einverstanden – er, der selbst eine Familientradition erfolgreicher Juristen fortsetzte und seinen Sohn in dritter Generation eine teure Privatschule besuchen ließ, folgte nun bereitwillig Ants Vorschlag, einen Abstecher zur Künstlerkolonie im Outback zu machen. Das nämlich war Ants Passion: die Kunst. Er malte und zeichnete leidenschaftlich gern und wünschte sich nichts sehnlicher, als statt der konservativen Kaderschmiede eine Schule für Bildende Künste in Sydney besuchen zu dürfen. Doch Tony würde es gewiss nie akzeptieren, ließe Ant sich bei Ausbildung und Berufswahl von seiner künstlerischen Ader leiten – man wurde Jurist in seiner Familie, war ein hervorragender Schüler und ein exzellenter Sportler obendrein. Ant indes war nichts von alldem und hätte schwören können, dass sein Vater das nicht einmal ahnte. Weder kannte noch verstand er seinen Sohn besonders gut, davon war Ant überzeugt. Bis zum Ende jener Ferien, in denen die beiden zusammen Broken Hill besuchen sollten... All dies gehört zur Handlung der Kurzgeschichte „Land/scape" von Nadia Wheatley und ist nur eine der Dimensionen dieser „long Australian short story".** Ich hatte sie vor einiger Zeit mit Elftklässlern gelesen, und als ich später im heimischen Arbeitszimmer das entsprechende Textbuch aus dem Regal zog und aufschlug, fand ich problemlos die Zeilen, deren Essenz mir im Gedächtnis geblieben war: „Ant had read about it in an art magazine: lots of painters lived there. Just from photographs Ant knew why: it was the colours of the landscape."***

Leider zeigte sich im Verlauf unserer Expedition gen Westen schon bald, dass ich diese Farben der Landschaft um Broken Hill ebenso wenig zu Gesicht bekommen sollte wie White Cliffs, seine Opalfelder und Erdwohnungen. Zu weit wären die Strecken gewesen, die wir im Auto hätten zurücklegen müssen – an sich schon ein ambitionierter Plan für die uns zur Verfügung stehende Zeit, und mit Joost an Bord schlichtweg nicht

Lunch in Lake Cargelligo

zu verantworten. Schade... aber dann vielleicht beim nächsten Mal...!

Obschon wir nun nicht so weit ins Outback vorstoßen konnten, wie wir es uns gewünscht hätten, sollten wir keine Gelegenheit für allzu viel Wehmut haben: Auf der Fahrt von Griffith nach Condobolin wurde es zu unserer abenteuerlustigen Freude mehr und mehr „outbacky". Das Adjektiv hatten wir spontan erfunden (stellen es, falls gewünscht, aber gern der deutschen sowie der englischen Sprachgemeinschaft zur freien Verfügung), und es beschrieb all das, was nach unseren Vorstellungen (Maike) oder Erfahrungen (Marcus) Natur und Wesen des Outbacks ausmachte. Dazu gehörten Weite (auch die des Himmels) und Menschenleere, natürlich die rote Erde, gelegentliche karge Büsche und Sträucher – und so manche Überraschung, Einzigartigkeit oder auch Skurrilität, die einen dort draußen erwarteten – zumal, wenn man das Leben im herausfordernden Herzen Australiens im Grunde gar nicht kannte.

Von Griffith bis nach Hillston war die Straße noch geteert. Die Sonne verschanzte sich an jenem Vormittag beharrlich hinter einem wolkenverhangenen Himmel, so dass die Fahrt durch die Einöde streckenweise etwas leicht Unheimliches an sich hatte. In dieser Atmosphäre überraschte uns der ansonsten wenig spektakuläre Anblick eines Schulbus-Haltestellenschildes. Gelb und einsam stand es am Fahrbahnrand und zeugte davon, dass in relativer Nähe wider Erwarten noch Menschen aus mindestens zwei Generationen leben mussten. Hillston, der westlichste Punkt unserer Reise, war dem *Lonely Planet* keine Erwähnung im Ortsregister wert und schien uns bei der Durchfahrt auch wirklich nur ein sehr kleines Städtchen ohne – auf den ersten Blick – viel Anziehungskraft zu sein. Später erfuhren wir aus dem Internet, dass es hier immerhin zwei Schulen gab, eine davon sogar weiterführend bis zum höchsten Schulabschluss nach Klasse 12. Ein angelegter See und der Lachlan River boten Raum für naturnahe Freizeitaktivitäten. Wir sahen aus dem Auto heraus allerdings keines der beiden Gewässer in natura, und bis zum Lake Cargelligo und der gleichnamigen Ortschaft an seinem Ufer waren es noch knappe einhundert Kilometer – die meisten davon auf unbefestigter Straße. So fuhren wir weiter auf der rostroten Erde einer *dirt road* und wichen dabei mancher Pfütze ansehnlichen Umfangs aus (mancher auch nicht, was unseren ursprünglich blütenweißen Mietwagen zusehends in ein rötlich-braun gesprenkeltes Geländefahrzeug ohne den zugehörigen Allradantrieb verwandelte). Känguruspuren waren im Sand neben der Straße zu erkennen, die sich über ein Zwischenstadium der Schotterpiste schließlich kurz vor der Ortseinfahrt wieder in einen asphaltierten Untergrund verwandelte. Mittlerweile hatte die Sonne das dichte Grau verdrängt und Platz geschaffen für blauen Himmel hinter weißen Haufenwolkengebilden. Lake Cargelligos Hauptgeschäftsstraße führte direkt zum See, dessen Oberfläche wir schon im späten Mittagslicht glitzern sahen, als wir unser Auto abstellten und erst einmal hungrig den Pub ansteuerten. Kuschelig war's dort drinnen – gerahmte Bilder hingen an vertäfelten Wänden und im Holzofen brannte ein Feuer. Der Fernseher über dem Kamin war aus und störte darum nicht weiter. Sicher war er vielen Einheimischen hochwillkommen, wenn sie zum kühlen Feierabendbier einen Blick auf das aktuelle Geschehen in welcher auch immer der Rugby-Ligen werfen konnten, deren Zusammensetzung geschweige denn Regeln ich nie verstanden habe (zugegeben habe ich mich auch nicht über Gebühr bemüht... möchte aber betonen, dass ich einst in Neuseeland bei eisiger Kälte im Stadion ausgeharrt habe, als die All Blacks gegen Argentinien spielten – immerhin war mir am Ende klar, dass „wir" gewonnen hatten, wie auch immer dieser Sieg nun im Einzelnen errungen worden war...). Das gierige Baby hatte seinen Kürbispapp (vom Kneipenwirt liebevoll im Suppenschälchen angerichtet) schon fast aufgegessen, als unsere Burger serviert wurden – *Aussie style*, frisch und schmackhaft wie gewohnt, auch hier im Landstrich infrastruktureller Herausforderung. Dass sie ebenso abgeschieden wie küstenfern lebten, hatten die Bewohner Lake Cargelligos offensichtlich sehr klar vor Augen und bezeichneten ihre Heimat auf einem Schild am See als „An Oasis in the Outback". Aktuell hatte diese Oase allerdings an Attraktivität eingebüßt, trafen wir doch bei unserem Spaziergang am Seeufer wenig später auf ein weiteres großes Schild, das den (wenn auch vorübergehenden) Befall mit Blau- und Grünalgen verkündete und ausdrücklich davor warnte, sich ins Wasser zu begeben, davon zu trinken oder Tieren den Kontakt mit dem erfrischenden Nass zu erlauben. Es war Anfang Juni, der Winter stand vor der Tür – das Badeverbot konnten wir an jenem Tag verschmerzen.

Über nochmals annähernd hundert Kilometer teils unversiegelter Straße fuhren wir gen Osten. Zwischen Lake Cargelligo und Condobolin gab es keine weitere Ortschaft, die diesen Namen verdient gehabt hätte, und doch wohnten auch hier Menschen. Ihre Existenz hatten sie unter anderem durch das Aufstellen fantasievoller Briefkästen dokumentiert. Familie Aubrey beispielsweise hatte eine Blechtonne auf ein Metallgestell gehievt, grün angestrichen und den Boden (oder Deckel?) mittels Scharnier und Schubladenknopf in eine Postkastenklappe verwandelt. In diesen Behälter passte notfalls auch mal eine größere Lieferung – wer weiß, wie viele Meilen vom Straßenrand entfernt die Aubreys tatsächlich wohnten, und welche Wegstrecke dem Paketboten auf diese Weise erspart blieb? Trevor und Leanne hießen möglicherweise mit Nachnamen Gundaroo – vielleicht war dies aber auch die Bezeichnung ihrer Farm, die sie in Anführungszeichen auf ein Brett

Outback

unter ihre Vornamen gepinselt hatten. In jedem Fall diente ihnen als Briefkasten ein ausgemusterter Rasenmäher. Die Straße war von Regenfällen teils erheblich aufgeweicht und erforderte Konzentration beim Meistern der bereits eingefahrenen Spurrillen – bis ein Schild die Rückkehr des Schotters verkündete: „Gravel Road for 83km ahead". Einige dieser Kilometer waren bereits abgerissen, als eine weitere Information auf gelb lackiertem Blech uns wissen ließ, dass wir uns nun wieder auf einer „School Bus Route" befanden. Doch mein Favorit unter den Straßenschildern sollte erst noch kommen. Die Abendsonne senkte sich schon vorsichtig gen Horizont, als zwischen Sträuchern und Gräsern schwarze Buchstaben in mein Blickfeld gelangten und sich zu folgender Bitte zu formieren schienen: „TRUCKS please stop before entering town to remove dust from wheels". Schwupp – schon waren die Worte wieder verschwunden, und ich vermutete irritiert: „Das stand da nicht wirklich." Wir drehten um, fuhren zurück – und es stand da. Wirklich. Andächtig grinsend stellte ich mir vor, wie die Brummifahrer ihre riesigen Lastwagen artig am Wegesrand parkten, den Handfeger aus dem Gepäck kramten, ausstiegen und gewissenhaft das Profil der monströsen Truckreifen von roten Staubspuren befreiten. Ob sie dem Aufruf tatsächlich folgten und vor der Weiterfahrt nach Condobolin ihre Gefährte stadtfein machten, konnten wir nicht herausfinden – aber ein Beitrag zur Initiative „Unser Dorf soll schöner werden" hätte auf so liebenswürdige Weise wundersam-verschrobener kaum sein können.

Ob es am Appell an die Reinlichkeit der LKW-Fahrer lag oder mit der ungewohnten Outback-Erfahrung als solcher zu tun hatte ist nicht endgültig geklärt, doch setzte bei Ankunft in Condobolin ein Zustand erhöhter Albernheit ein, dem zunächst der Ortsname selbst zum Opfer fiel – schon während wir eine sympathische Unterkunft für die Nacht suchten, wurde ich nicht müde zu fragen, wo denn nun der „Kondombulli" stünde. Statt seiner fanden wir erst einmal ein sehr ansprechendes Motel im *country style*. Es wartete sogar wieder mit *spa pool* im Bad auf, doch ehe wir unsere autoverbogenen Körper im selbigen ausstreckten, liefen wir noch in den überraschend geschäftigen Ortskern und kauften im ebenso überraschend gut sortierten Supermarkt fürs Abendessen ein. Weit und breit kein „Kondombulli" – dafür erfuhren wir aber, wofür das Städtchen tatsächlich landesweite Beachtung erfahren hatte. Der Sänger Shannon Noll nämlich hatte unweit von hier im Jahre 1975 das Licht der Welt erblickt und war in Condobolin aufgewachsen. Bis 2003 kannte ihn außerhalb seiner Heimatstadt kaum jemand auf dem roten Kontinent – dann jedoch ersang er sich die Silbermedaille in der ersten Staffel von „Australian Idol" („Australien sucht den Superstar" – das australische Äquivalent zur deutschen Variante, dankenswerterweise aber ohne Bohlen und Küblböck). Seitdem feiert er beachtliche Erfolge in der australischen Musikszene, und Condobolin ist zu Recht mächtig stolz auf seinen berühmten Sohn.

Unser Sohn seinerseits probte Gesang auf seine ganz eigene Art, während er das Motelbett in seiner gesamten Länge und Breite rauf und runter krabbelte, bis er müde genug war für eine weitere Nacht australischer Träume im Kuschelschlafsack...

* Die Informationen zu den *dugouts* stammen von der Website des „Underground Motel" in White Cliffs: www.undergroundmotel.com.au.
** *New Context*, Berlin: Cornelsen Verlag, 2003, Seite 8.
*** *New Context*, Seite 17.

5. Juni: „Girls Are Made to Love and Kiss – but Not to Understand"
Wir hatten uns für den heutigen Tag eine wiederum überwiegend
ungeteerte Strecke in nördlicher Richtung herausgesucht und erkun-
digten uns nun an der Rezeption, ob etwas über den aktuellen Zustand
der Straßen in dieser Gegend bekannt sei. Es hatte unlängst heftige
Regenfälle gegeben, und die Motelbesitzerin stellte gewissenhafte
Nachforschungen an, ehe sie uns grünes Licht für die Nutzung des
wenig befahrenen Weges nach Albert gab. Ehe wir ihn einschlügen,
sollten wir jedoch unbedingt für einige Meilen der Hauptstraße nach
Parkes folgen und einen Abstecher zur künstlerischen Hauptattraktion der näheren Umgebung machen: „Nach knapp dreißig Kilometern seht ihr links zwei große Getreidesilos – die kann man nicht
verfehlen. Auf der Höhe biegt ihr dann rechts ab, und dann stehen
dort auch gleich die Autos!" Na, das klang, als seien sie nicht allzu
schwer zu finden, die „Utes in the Paddock". Den Begriff *ute* kannte
ich aus Neuseeland als Abkürzung für *utility car* (meist sah man
diesen Arbeitsautos auch sehr genau an, dass sie schon einiges mitge-
macht und befahren hatten) – hier nun waren alte *pick-up trucks* der
namhaften australischen Marke Holden von nicht minder namhaften
australischen Künstlern individuell gestaltet worden und auf einem
Feld zu bewundern. Wir hatten nie zuvor von ihnen gehört, waren
aber von der Idee fasziniert und wollten den Umweg zur ungewöhnli-
chen Auto-Ausstellung gern auf uns nehmen. Morgennebel lag auf
den Feldern um Condobolin, als wir den Ort verließen – wir fühlten
uns wie an einem norddeutschen Novembermorgen, erwarteten
schon fast die Durchsage „... mit Sichtweiten unter hundert Metern"
aus dem Radio (nur dass es im *Australian Outback* verständlicher
Weise keine Verkehrsnachrichten gab) und hätten uns durchaus vorstellen können, diesen Tag irgendwo am Kamin mit einer dampfenden Tasse Tee zu beginnen. Statt dessen wanderten unsere Blicke aus
dem Autofenster hinaus in die milchige Landschaft und zwischendurch immer wieder einmal zum Kilometerzähler im Armaturenbrett
– bis letzterer weit mehr als die angegebenen dreißg Kilometer
anzeigte, ohne dass wir die wegweisenden Getreidesilos erspäht
hätten. Enttäuscht beschlossen wir umzukehren – was auch immer
wir falsch gemacht hatten, so einfach waren die *utes* wohl doch nicht

zu finden. Während wir uns noch über das Wie und Warum der ver-
passten Kunst am Fahrzeug die Köpfe zerbrachen, tauchten plötzlich
vor unseren Augen zwei riesige Getreidespeicher rechts der Straße auf
– unglaublich, da waren sie ja! Wie hatten wir die nur auf der Herfahrt
übersehen können? Wohl ebenso leicht, wie sie bei guter Sicht unüber-
sehbar waren: Der Nebel hatte sie schlicht verschluckt und erst wieder
preisgegeben, als der Morgen bei unserer Fahrt in entgegengesetzter
Richtung schon etwas weiter fortgeschritten war. Die „Utes in the
Paddock" sahen wir dann ebenfalls unmittelbar nach dem Abbiegen
auf den (nur der Vollständigkeit halber: ungeteerten) Weg – und
waren begeistert. Da standen sie, die Ikonen der Straßen des australischen Outbacks: bunt und einfallsreich verziert, mit passenden
Ergänzungen zu ganzen Skulpturenszenen arrangiert, in verschiedensten Winkeln und Positionen, manchmal kaum mehr als ehemaliges
Fahrzeug auszumachen. Senkrecht mit der Nase nach oben aufgestellt
waren die Pick-ups zum Viehzüchter oder Klohäuschen geworden, in
bedenklicher Schräglage zu einer Flasche Bundaberg Rum, oder auf
Stelzen und mit glupschäugigen Laufvogelköpfen bemalt zur „Emute".
Der Künstler Eris Fleming hatte sein Werk „Central West Medley"
humorvoll illustriert und auf dem Kotflügel eine schelmische Weisheit hinterlassen, wie man sie dem Prototyp des australischen Cow-
boys in seiner ruppig-rauen Männerwelt zuschreiben möchte: „Girls
are made to love and kiss – But not to understand." Im Hintergrund
reckten einzelne Bäume ihre kahlen Äste in den dunstigen Himmel.
Die weiter entfernten unter ihnen waren kaum noch zu erkennen, so
sehr verschwammen ihre Konturen im Nebel – eine fast gespenstische
Stimmung lag über den Autos und den Geschichten, die sie erzählten.
Während wir schauten und staunten, hielt hinter uns ein Abschlepp-
wagen. Der Fahrer stieg aus und sprach uns an. Eigens aus Deutschland waren wir gekommen, um uns die *utes* anzusehen? Na, da wollte
er uns doch nochmal so gern erzählen, was er über dieses ungewöhnliche Kunstprojekt wusste. Und er wusste eine Menge, war er doch
selbst involviert gewesen in die Aufbereitung der Autos. Mit den
Initiatoren des Unterfangens (einem Farmerehepaar aus dem nahe
gelegenen Ootha) war er ebenso bekannt wie mit den beteiligten
Künstlern, und er konnte uns auch erklären, warum die *utes* versteckt

Utes in Paddock – Ute of Arms

an diesem Feldweg statt weithin sichtbar an der Hauptstraße standen. Die lokalen Behörden nämlich hatten befürchtet, Autofahrer könnten durch den Anblick der Kunstwerke derart abgelenkt werden, dass sie zur Gefahr für den Straßenverkehr würden. Das erschien uns nicht ganz unplausibel, gab es doch so viele Details und augenzwinkernde Anspielungen zu entdecken, dass man sich in einem vorbeifahrenden Wagen sicher schnell auf alles andere als den Verlauf der Straße vor sich konzentrierte. Vorbild und Anregung für Australiens „Utes in the Paddock" waren die als überdimensionale Leinwände fungierenden Cadillacs nahe Amarillo in Texas gewesen, die Graham und Jana Pickles während einer Fahrt auf der legendären Route 66 in den USA am Straßenrand entdeckt hatten (offenbar hatten die amerikanischen Behörden keine Bedenken beim Aufstellen von Autokunst an einer Hauptverkehrsstraße). Nach ihrer Rückkehr ins heimatliche Outback sprachen die beiden mit Mike Taylor über die Idee, die da in ihren Köpfen Gestalt angenommen hatte. Mike Taylor war unter anderem, so steht es auf der höchst informativen Website des Projekts*, Kfz-Mechaniker und *serviceman* eines großen australischen Versicherungsunternehmens. Der Mann auf dem zugehörigen Foto im Internet sieht dem Fahrer des Abschleppwagens (Service der Autoversicherung!) durchaus ähnlich, auch wenn das aus der Erinnerung heraus und ohne den Hut, den er an jenem Morgen trug, beileibe nicht mit völliger Sicherheit zu sagen ist... doch wir halten es für sehr wahrscheinlich, dass unser freundlicher persönlicher Galerieführer tatsächlich jener Mike war. Gewiss hat er sich uns auch namentlich vorgestellt, und gewiss trug sein *towing truck* auch irgendeine Aufschrift – doch beides war durch die Maschen unserer Gedächtnisse gefallen, in denen vielmehr all die Eindrücke und Informationen rund um die blechernen Skulpturen hängen blieben. Als wir dann zu Hause besagte Internetseite fanden, stellten wir fest, dass die Ausstellung seit unserem Besuch um ein weiteres Objekt angewachsen war: „UteZilla". Jim Moginie und Stephen Coburn zeichnen verantwortlich für das überdimensionale Känguru samt Jungem im Beutel, als dessen entferntes Vorbild Monster aus japanischen Horrorfilmen dienten. Ein Lied der bekannten australischen Band Midnight Oil inspirierte das Kunstwerk – Moginie selbst ist ein Gründungsmitglied dieser erfolgreichen Musikerformation. Mit „UteZilla" sind es nun insgesamt fünfzehn Skulpturen, die seit Beginn des Projekts im August 2007 das Licht des Outbacks erblickten – und als Tribut an das Leben im Herzen Australiens sind sie auch gemeint, die Werke der engagierten Künstler, denen in Zukunft noch weitere folgen sollen. Graham Pickles sagt über seinen lebensfrohen Autofriedhof: „[T]he project is really about promoting the bush." Und dass es da ganz Wesentliches für australische Mitbürger aus den Küstenregionen ebenso wie für Besucher aus Übersee zu entdecken gibt, weiß Pickles treffend zusammen zu fassen: „The character of people who live here is at the very heart of the Australian psyche and these are the Aussies who are largely responsible for forging those values in which we as Australians take pride. Values like mateship, having a go, resilience, tough yet compassionate, fun loving, and hard working." Menschen, die wussten, worum es im Outback ging, hatten den betagten Karosserien neues Leben eingehaucht. Hier atmete das wahre, das eigentliche Australien.

Noch ein altes Auto stand am Straßenrand. Kein Holden diesmal, schon gar keine *ute*, und doch ein Fahrzeug, für das sich das Anhalten lohnte. Der PKW mit farblich undefinierbarer Metallic-Lackierung irgendwo zwischen grün und blau hatte nämlich eine ansprechende Fracht an der Anhängerkupplung – Vitamin C im Originalzustand! Nicht umsonst stand das Gespann vor dem Eingang einer Zitrusplantage, wurde doch auf dem gelb angestrichenen Hänger ein Teil der geernteten Früchte einkaufstütenweise abgepackt zum Verkauf angeboten. Auf der Radkappe stand eine Blechbüchse, und wackelige Lettern auf einem handgeschriebenen Schild erklärten, welche Beträge jeweils einzuwerfen waren: Limonen oder Zitronen für sechs Dollar die Tüte, Grapefruits für fünf... Die Tüte mit den Orangen für zehn Dollar war uns etwas zu groß, doch Mandarinen für sieben Dollar sollten wir in den nächsten Tagen verdrücken können. Die Münzen klimperten in die *honesty box*, und wir fuhren mit unserer Erkältungsprophylaxe direkt vom Erzeuger weiter nach Albert. Weiße Schilder mit aufgemalten Lastwagen und Anhängern ließen uns wissen, dass wir uns auf einer Road-Train-Route befanden. Leider sahen wir weder hier noch an anderer Stelle ein Exemplar dieser gigantischen LKW-Züge, die zur Versorgung der Menschen im Outback mit allem Lebensnotwendigen und manchem einfach nur Angenehmen eingesetzt wurden. Dafür wurden wir einige Kilometer weiter völlig unerwartet auf Maori begrüßt: „Kia ora" stand dort gleich auf zwei übereinander angebrachten Schildern, und wir konnten nur spekulieren: Wohnten hier in der Nähe Exil-Kiwis? Hatte eine Farm den Gruß der Maori als Namen erhalten? Oder war dies gar eine besondere Aufmerksamkeit der australischen Tourismusbehörde an ihre neuseeländischen Nachbarn – für den Fall, dass sich einzelne von ihnen in die Abgelegenheit der *dirt road* nach Albert verirren sollten? Wie dem auch sei – *Kia ora, stranger, whoever you are.*

Albert war – nun, klein. Aber wirklich. Kaum eine Handvoll Häuser schienen sich lose um die Kreuzung herum zu gruppieren, an der der Pub lag. Immerhin und zum Glück gab es ihn, diesen Pub, denn wir waren hungrig (Mandarinen hielten doch nicht so lange vor). Wir waren die einzigen Gäste und nahmen in einer Ecke des Raumes Platz, in der es eher nach Wohnzimmer als nach Kneipe aussah. Bücher und Zeitschriften lagen im Regal, und schräg hinter uns trocknete Wäsche vor dem knisternden Kaminfeuer. Wäre Joost etwas älter gewesen, hätte er seine Freude an einigen Spielzeugteilen gehabt, die jemand in einen Korb neben dem Wäscheständer gelegt hatte. Der Weg zu den Toiletten führte durch einen teilüberdachten Außenbereich, vorbei an einem großen Tisch, an dem eine ältere Dame saß und einen beachtlichen Berg grüner Bohnen schnippelte. Wir fühlten uns an diesem Ort heimelig-wohl und freuten uns, dass unsere von Tag zu Tag entwickelte Reiseroute uns hierher geführt hatte. Unsere Bestellung schließlich lautete, wie so gern in den Pubs dieses Landes, „Two burgers, please!" – und auch wenn Albert außerhalb seines Gasthauses einen fast ausgestorbenen Eindruck machte: Unser Essen war der erneute Beweis dafür, dass man seine Bewohner bei der Belieferung mit frischen Lebensmitteln nicht vergessen hatte. Anscheinend konnte man noch so weit entfernt sein vom nächsten Supermarkt – im *Aussie burger* gab es trotzdem Salat und Tomatenscheiben in Wochenmarktqualität. Als wir zahlen wollten, kamen wir mit der jungen Kellnerin ins Gespräch. Sie stammte aus England, war eigentlich auf Reisen und arbeitete für eine Weile nun in Albert. Deutschland kannte sie ebenfalls nicht nur von der Landkarte: Als Schülerin hatte sie einige Zeit in Hildesheim verbracht. Niedersachsen meets New South Wales - auf Umwegen, gewissermaßen. Wie nett! Draußen hielten wir noch Ausschau nach Pub-externen Anzeichen von Leben in Albert und fanden eine große Halle unklaren Verwendungszwecks, eine einsame Kloschüssel auf einer Betonplatte (von der Grundfläche her für ein ehemaliges oder in Planung befindliches

Haus deutlich zu klein) und einen verwaisten Wohnwagen, aber keine Menschenseele. Dann war es wohl das Beste, abzureisen...

Nach diversen gefahrenen Kilometern durch entlegene Landstriche stand wieder einmal ein interessantes Schild am Wegesrand. Es klärte uns darüber auf, dass wir uns nun im Orana District befanden – und dass die Polizei hier im Rahmen der „Operation Outback" zur Zeit die Sicherheitsgurte ins Visier nahm (oder vielmehr prüfte, ob die Insassen der kontrollierten Fahrzeuge ebenjene angelegt hatten). Das Wort *seatbelts* befand sich auf einem kleineren blauen Schild, das zwischen zwei Schienen geschoben worden und somit austauschbar war. Zu welcher Mission die Ordnungshüter wohl nächste Woche ausrücken würden? *Lights*? *Tyres*? Was bedurfte denn der besonderen Kontrolle gerade hier im Outback? Waren das andere Dinge als die, für die Autofahrer anderswo üblicherweise Strafzettel kassierten? Zumindest das Thema „abgelaufene Parkzeit" (einer meiner persönlichen Favoriten) dürfte hier nicht zum Tragen kommen. Schon eher einer der Dauerbrenner im Leben derer, die ihr Fahrzeug gewerblich nutzten (und somit eine feste Größe in Marcus' Hitliste der beliebtesten Verstöße gegen die Straßenverkehrsordnung): Ladungssicherung. Vielleicht wurden als Nächstes aber auch einfach die Messgeräte und Kameras aufgestellt: *speed*.

Der nächste erst einmal rätselhafte Anblick waren große, graue Blöcke unter grünen und blauen Plastikplanen – jeweils mehrere Meter hoch und noch ausladender in der Länge. Am Eingang des Geländes, auf dem sie standen, befand sich jedoch ein Firmenschild mitsamt eindeutiger Zeichnung. Sie verriet, dass die fusseligen Quader aus Baumwolle bestehen mussten. Dass diese hier nahe Trangie angebaut wurde, hätten wir nicht vermutet – das Outback war voller Überraschungen, in jeglicher Hinsicht.

Dubbo lag bereits am äußersten Rand des Outbacks und fühlte sich mit seinen Leuchtreklamen und den zwei einander kreuzenden großen Highways für uns wie eine Großstadt an. Wo rund 40.000 Menschen lebten, da waren die sozialen Netze sicher nicht an allen Stellen so dicht und tragfähig wie vermutlich in Condobolin oder Lake Cargelligo. Hätten wir ein Praktikum in Sozialarbeit oder Seelsorge absolvieren wollen, so wäre dafür wohl in einem Gästehaus unweit der Jugendherberge (die leider geschlossen hatte) Gelegenheit gewesen. Als ich dort klingelte und nach einem Zimmer für uns drei fragte, führte mich eine Dame zu einem freien Raum – düster war er, die Möbel windschief, und ein gestückelter Teppichboden gab Blicke auf den steinernen Untergrund frei. In den langen, tageslichtfreien Fluren roch es merkwürdig, und wer uns dort begegnete, wirkte gehetzt, leicht verwirrt oder auf andere Art wenig im Einklang mit sich und der Welt. In der Küche saß ein älterer Mann mit ungekämmtem Haar und wildwüchsigem Bart in abgewetzter, schmuddeliger Kleidung. Er starrte auf den Fußboden vor sich und reagierte auf nichts und niemanden um sich herum. Alleine hätte ich hier nicht bleiben mögen, zu zweit im Notfall, mit Baby jedoch gar nicht. Da war das etwas seelenlose Hotel der Kette „Formule 1" eindeutig die bessere Wahl. Aus Frankreich und auch Deutschland kannte ich diese Unterkünfte, deren Charme sich zwar einheitlich in Grenzen hielt, die aber verlässlich sicher und sauber waren. Für eine Nacht waren wir hier allemal gut aufgehoben.

* http://www.utesinthepaddock.com.au – hier finden sich spannende Informationen und zahlreiche Fotos zum Projekt; unter anderem erfährt man, wer da im Klohäuschen sitzt und warum es sich dabei um „eine Ikone auf einer Ikone in einer Ikone" handelt. Landeskunde pur!

6. Juni: *Speedy Sheep and Steaming Stones*

Dubbo war so groß, dass es sogar ein Einkaufszentrum hatte. Dort hatten wir am Vorabend schon die nötigsten Besorgungen für ein Abendbrot getätigt und kehrten nun zurück, um vor der Weiterfahrt und nach etwas sorgfältigeren Überlegungen noch ein paar weitere Dinge im Supermarkt zu erstehen. Selbige im Rucksack verstaut ging es zu Joosts großer Freude über eine Rolltreppe hinunter zurück zum Parkplatz. Unweit des Ausgangs sahen wir dort (man ahnt es schon) wieder einmal ein Schild, das wir noch nicht kannten. Dieses Mal allerdings stimmte es uns weder freudig noch amüsiert oder neugierig, sondern traurig. Eine Zeichnung zeigte ein Kind, das auf der Rückbank eines Autos in seinem Kindersitz angeschnallt war. Es weinte. Mehr als einmal müssen hier Eltern ihren Nachwuchs im

Wagen gelassen haben und einkaufen gegangen sein, womöglich noch in der Hitze des australischen Sommers – mit diesem Schild wurde eindringlich davor gewarnt, es ihnen gleich zu tun. Dieser Appell sollte der einzige seiner Art sein, den wir in Australien jemals zu Gesicht bekamen – ich dachte an die bedrückende Atmosphäre der besichtigten Herberge am Abend zuvor und fragte mich nun doch vorsichtig, was für ein Pflaster dieses Dubbo wohl war.

Wir wollten es nicht unbedingt in allen Einzelheiten herausfinden (wobei ich mich über jeden freue, der Gutes vom Leben in dieser Stadt zu berichten weiß) und setzten unseren Weg gen Osten fort. Über Dunedoo gelangten wir zunächst nach Merriwa – vielmehr war das der Plan, doch in den Ort hinein kamen wir erst gar nicht. Das Zentrum des Städtchens war gesperrt, und Transparente erklärten uns auch warum: Auf den Straßen Merriwas fand ein Schafrennen statt! Zahlreiche Besucher hatten ihre Autos schon vor den Absperrungen geparkt und sich zu Fuß ins wollige Gewusel begeben. Wir waren versucht, dasselbe zu tun und uns das Spektakel auch anzusehen – doch würden wir unser eigentliches Ziel, nämlich ein Mittagessen für uns drei, im Ausnahmezustand des *sheep race* erreichen können? Der Ort stand nicht im Reiseführer, über Verpflegungsoptionen konnten wir allenfalls spekulieren, und überhaupt – würden die vielen Zuschauer des Rennens um diese Tageszeit nicht alle etwas essen wollen? Das würde mit Sicherheit Warten bedeuten, wenn das passende Café oder Restaurant erst einmal gefunden war. Vierundsechzig Kilometer trennten uns von Scone – wir überlegten nicht länger und beschlossen, so lange noch durchhalten zu können. So umfuhren wir Merriwa und die Paarhufer, und es dauerte dank überwiegend asphaltierter und gut ausgebauter Straße gar nicht lange, bis wir den Ort am Ende des Highway 84 erreichten. Verheißungsvoll, wie dieses Fleckchen so wie ein leckeres Gebäckstück hieß... das konnte doch nur Gutes für unser Mittagessen bedeuten. Und wirklich speisten wir köstlich in einem spanisch-mediterran angehauchten Café, das im überschaubaren Scone schnell gefunden war. Der Chai Latte schmeckte hervorragend, und mit ihm und einem Stück *frittata* inklusive Salatbeilage im Bauch fühlten wir uns gestärkt und fit genug, den wenige Kilometer nördlich gelegenen Burning Mountain zu besteigen.

Der brennende Berg kam zunächst ganz harmlos daher. Wir stellten unser Auto an seinem Fuße ab, ich schnallte mir Joost in seinem Tragegurt vor den Bauch, und der Aufstieg konnte beginnen. Keine drei Kilometer war der Weg zum Gipfel und zurück insgesamt lang – das war trotz der zu bewältigenden Höhenmeter eigentlich nur eine kleine Wanderung, für uns an jenem Tag aber genau richtig, da wir uns beim ohnehin etwas verspäteten Mittagessen Zeit gelassen und noch einen zweiten Chai bestellt hatten. Wir ließen die fröhliche Gesellschaft hinter uns, die auf dem Picknickgelände am Parkplatz beim Barbecue saß, und marschierten den Wanderweg zwischen Bäumen und Sträuchern entlang nach oben. Unterwegs trafen wir vier Kängurus, die uns jedoch eher skeptisch beäugten und es bei einem Blickkontakt aus der Ferne beließen. Deutlich aufgeschlossener war da der Vater, der mit seinen drei Söhnen den Berggipfel erklomm, oder das ältere Ehepaar, das uns erzählte, sie kämen regelmäßig für einen Spaziergang hierher. Auch die Damen und Herren einer beschwingten Seniorengruppe, an der wir uns vorbei schoben, waren zu einem kleinen Schwätzchen aufgelegt. Mit zunehmender Höhe gab es immer reizvollere Ausblicke auf die umliegenden Täler und Berge, bis wir schließlich eine Art Plateau erreichten. Der Weg führte nun durch struppige Wiesen hindurch zu einem Geländer, hinter dem ganz unvermittelt eine Fläche aus mondlandschaftsähnlichem Gestein begann – zunächst aschgrau, dann rötlich-dunkelbraun in der Farbe. Hinter dem staubig-steinigen Hügel waren wieder Bäume zu erkennen – aus ihm heraus aber trat Rauch und erweckte den Anschein, als könnte es den Gewächsen in seiner Nähe sehr bald sehr warm um die Wurzeln werden. Hier brannte er also, der Berg – genau genommen qualmte er, denn ein offenes Feuer gab es natürlich nicht, und die Flora der Umgebung war (ebenso wie wir) in Sicherheit. Jetzt bin ich versucht, die Geschichte des Berges zu erzählen und sein heißes Geheimnis preiszugeben – doch wenn Sie, liebe Leser, eines Tages den Burning Mountain besteigen, wird Sie die Beschilderung entlang des Wanderweges so lange nur häppchenweise mit Informationen versorgen, bis Sie den schmurgelnen Gipfel erreicht haben. Erst dort steht dann eine Tafel mit den ultimativen Erklärungen und Auflösungen aller Andeutungen (und, nein, der Berg ist kein Vulkan – viel zu naheliegend!). So wie den unkundigen Besuchern

Burning Mountain

heute erging es auch den Menschen früher – lange mussten sie rätseln, ehe sich ihnen der Ursprung des Qualmes erschloss. Und um den Spaß, sich Stück für Stück an diese letzte Infotafel heranzuarbeiten und beim Aufstieg die Gedanken um das Mysterium der Rauchschwaden kreisen zu lassen, möchte ich Sie eigentlich nicht bringen – und lasse es darum auch einfach. Nur noch eine Bitte: Wenn Sie es wirklich (noch) nicht wissen wollen, schlagen Sie vorsichtshalber auch Ihren Reiseführer nicht an der entsprechenden Stelle auf. Unserer zumindest konnte das Geheimnis nicht für sich behalten.

Über Muswellbrook und Singleton gelangten wir nach über einer Woche im Landesinneren nun wieder in die Nähe der australischen Ostküste. Es wurde dunkel, doch die Lichter der ungewohnt zahlreichen und dicht aufeinander folgenden Städte und Ortschaften leuchteten uns den Weg nach Gorokan in der Nähe von Wyong. Hier stand das Haus von Christian und seiner Frau Melanie, die uns herzlich empfingen. Gemütlich war es bei ihnen, die Kinder Pia und Kye waren noch wach, und wir durften gleich mit Sack und Pack in Pias Kinderzimmer einziehen. Da außer uns noch mehr Besuch unter das Dach der Familie geschlüpft war (Christians Nichte Sanne verbrachte eine Auszeit in Australien), traten die Geschwister nun auch ihr zweites Kinderzimmer ab. Als wir durch die Haustür ins Wohnzimmer kamen, hatten die beiden dort bereits ihre Schlafsäcke ausgebreitet, um Platz für die (temporären) Hausbewohner sechs, sieben und acht zu schaffen. Das mochten wir fast gar nicht annehmen – doch Kye und Pia fanden ihr Matratzenlager offenbar ganz lustig, und auch für ihre Eltern war die fast komplette Umwidmung der Räume (mit Schlafgelegenheiten überall außer in Bad und Küche) augenscheinlich überhaupt kein Problem. So unkompliziert und nett sollten auch die kommenden Tage im Hause der Auswanderer werden – hatten wir es gut, bei ihnen zu Gast zu sein...!

7. Juni: *Lazy Sunday*

Ein ausgiebiges Sonntagsfrühstück mit allen am großen Küchentisch, dazu Sonnenschein und Melanies großartiges Bircher Müsli – konnte der Tag noch besser werden? Ein wenig vielleicht... denn als die letzte Kaffeetasse geleert war, machten wir uns geschlossen auf zum Strand, hurra! Zehn Autominuten trennten uns von Meer, blendend weißem Leuchtturm und dem Blick in die Ferne. Eine Holztreppe führte zum Sandstrand hinunter, an den sich flache Felsen anschlossen. Auf ihnen standen und saßen verstreut einige Hobbyangler und warteten auf den großen Fang. Bestimmt kam an jenem Tag noch der eine oder andere Fisch auf den Grill – statt Sonntagsbraten. Am Horizont nahm ein Kohlefrachter Kurs auf Newcastle (eine echte Großstadt mit annähernd einer halben Million Einwohner, die Stahlindustrie nebst anerkannter Surferszene beheimatet, so widersprüchlich das klingt), und diesseits des Wassers entdeckte Kye eine Felsformation, die aussah wie ein Krokodil. Wir kletterten auf den Felsen herum, machten Fotos und fuhren schließlich zurück nach Hause, um in Ruhe Tee zu trinken und zu schnacken. Melanie zauberte getoastete Brötchen mit köstlicher Thunfischfüllung, ich spielte mit Pia „Blinde Kuh" (das Spiel mit den zu ertastenden Formen stammte noch aus Deutschland – Mama oder Papa musste selbst als Kind damit gespielt und es später mit auf die andere Seite der Erde gebracht haben), und Marcus und ich schauten nach gefühlten Ewigkeiten einmal wieder in unsere E-Mails. Eine Nachricht, die spannendste von allen, trug die Betreffzeile: „Der frühe Vogel fängt den Wurm!" Eigentlich war es vielmehr ein frühes Vögelchen, das da aus dem Nest geplumpst war...! Eine liebe Kollegin und ihr Mann hatten einen Sohn bekommen – viel eher als erwartet war er mit nur gut anderthalb Kilo Gewicht zur Welt gekommen, doch den Wurm hatte er offensichtlich gefangen, denn es ging ihm gut und seiner Mutter ebenso. Dass er später mit Joost gemeinsam in der Sandkiste buddeln oder das Lehrerzimmer unsicher machen sollte, war zwar ziemlich wahrscheinlich, doch dachte ich daran beim ersten Anblick der Fotos von diesem winzigen Menschlein noch nicht. Ehe wir alle uns aber versahen, kam es genau so. Kinder, wie die Zeit vergeht – mit Kindern.

Der Nachwuchs in Gorokan zögerte erfolgreich das Zubettgehen hinaus, als unser entspannter Sonntag sich dem Ende zuneigte. Unser Abendessen hatten wir beim thailändischen Restaurant am Ort bestellt – in bester Faultier-Manier, um auch zum Ausklang des Wochenendes in der eingeschlagenen gemächlichen Gangart zu bleiben.

8. Juni *(Queen's Birthday): ... and – Lazy Monday*
Und da sich alle gerade so schön eingegroovt hatten, schenkte die gute Lizzy aus dem fernen Großbritannien der arbeitenden Bevölkerung Australiens noch einen freien Montag zur Verlängerung des Wochenendes. Die Monarchin hatte eigentlich am 21. April Geburtstag, doch ließen ihre Untertanen dort wie hier sie offiziell erst im Juni hoch-

leben. Einer der Vorfahren Elizabeths der Zweiten war einst auf die Idee gekommen, die Feierlichkeiten anlässlich seines Jubeltages vom November in den Sommer zu verlegen, weil dann die Chancen auf einigermaßen passables Wetter auch in England durchaus gegeben waren. Fortan machte in Sachen royaler Geburtstag offenbar jeder, was er wollte. Mit der Zeit und aktuell zum Zeitpunkt unserer Reise hatte man sich immerhin weitgehend auf den Monat Juni geeinigt, wobei im Mutterland am ersten, zweiten oder manchmal auch dritten Junisamstag gefeiert wurde, während Neuseeland den ersten Montag im Monat auserkoren hatte und Australien den zweiten (clever, Werktage zu wählen statt eines Sonnabends... liebe Briten...) – mit Ausnahme Westaustraliens, das im Juni schon sein Gründungsjubiläum beging und zur Vermeidung einer Feiertagshäufung auf den letzten Montag im September oder den ersten im Oktober auswich. Ich hoffe, Sie konnten folgen (so Sie es denn wollten)...

Die meisten Australier allerdings ließen an „Queen's Birthday" ohnehin die Königin einfach eine gute Frau sein und machten sich einen schönen Tag. Die Geschäfte im nahe gelegenen „Lake Haven Shopping Centre" hatten interessanterweise geöffnet, und so fuhren Melanie, Sanne und ich zum Einkaufen dorthin. Beim Obst- und Gemüsehändler bekamen wir schon einen guten Teil der Zutaten, die Sanne für zwei Quicherezepte benötigte, die sie ausprobieren wollte – der Rest wurde im Supermarkt besorgt. Marcus war zum Friseur gegangen (ebenfalls im Einkaufszentrum beheimatet) und hatte Joost mitgenommen, und auch Melanie bekam kurzfristig noch einen Termin zum Haareschneiden – so saßen Sanne und ich nach dem Einkaufen noch eine Weile allein bei Chai Latte und philosophierten über Heißgetränke allgemein und das in den Bechern vor uns im Speziellen. Sanne überlegte zu jener Zeit nämlich, ein Café in ihrer Heimatstadt zu eröffnen. Räumlichkeiten und eine Mitstreiterin hatte sie in Aussicht und machte sich nun Gedanken über Einzelheiten wie die Speisekarte. Chai musste es geben, aber welchen? Quiches aus eigener Herstellung sollten die Gaumen der Gäste erfreuen – welche Füllungen schmeckten wohl besonders gut und ließen sich gleichzeitig unkompliziert herstellen? Antwort auf letztere Frage sollte unser heutiges Abendessen liefern, zu dem auch eine Freundin von Melanie eingeladen war. Von unserem Ausflug zurückgekehrt, machten wir uns in der Küche auch gleich an die Arbeit, und unter Sannes Federführung entstand eine Spinat-Feta-Salami-Quiche sowie eine Variante mit Pilzen. Melanie steuerte ihre eigene „special creation" bei, und die Dinner-Party konnte beginnen. Ich hatte nur zu Anfang der Vorbereitungen ein wenig beim Schnippeln der Zutaten geholfen, dafür war aber zum Zeitpunkt des kollektiven „Guten Appetit!" sowohl unsere Wäsche auf der Leine als auch Baby Joost grundgereinigt. Wir saßen nach dem Essen noch eine ganze Weile zusammen, und Melanie erzählte von ihren ersten Jahren in Sydney – wie es ihr ergangen war, als Kye klein und sie selbst noch nicht lange in Australien gewesen war (inzwischen besuchte ihr Ältester die Highschool), wie sie sich eingelebt hatte als junge Mutter in Balmain, wie sich Jobsuche und Weiterbildung für sie entwickelt hatten, ... Allein zuzuhören und immer wieder nachzufragen war schon interessant, doch konnte Melanie ihre Erzählungen überdies noch mit sorgsam arrangierten Fotoalben illustrieren. Sie hatte sie in der Technik des *scrapbooking* angefertigt, jede einzelne Seite themengerecht gestaltet und mit Hilfe von buntem Tonkarton, dekorativen Motivaufklebern und unterschiedlichen Musterscheren einzigartige Erinnerungen geschaffen. An der Herstellung der Alben hatte sie gewiss viel Freude gehabt – doch: „Sowas fängst du an, wenn du eine Menge Zeit hast." Die hatte sie als junger Neuankömmling mit Kind, und das nicht wirklich freiwillig – denn gern wäre sie einer beruflichen Tätigkeit nachgegangen, doch Arbeit bekam sie für eine Weile erst einmal nicht. Aber die Zeiten änderten sich, und mittlerweile studierte Melanie sogar noch für einen Abschluss in *Hospitality Management*. Längst war sie in Australien heimisch geworden und nun auf dem Weg, sich ihre Fähigkeiten als professionelle Gastgeberin offiziell bestätigen zu lassen und diese Qualifikation für das Gastgewerbe zu erlangen. Konny Reimann aus der einschlägigen Umsiedler-Fernsehserie in allen Ehren – doch mit Geschichten wie Melanies oder denen von eingewanderten Freunden in Neuseeland konnte ich mehr anfangen. Vielleicht einfach, weil mir zu unnötig großen Autos, privatem Waffenbesitz, Rodeo und texanischen Cowboyhüten irgendwie der persönliche Zugang fehlte. Doch wie dem auch sei – (Cowboy-) Hut ab vor allen, die es schafften, sich fern der Heimat ein glückliches Leben aufzubauen. Konny Reimann eingeschlossen.

9. Juni: *Oh What a Night...*

Meine Güte. Dass Joost nachts noch wach wurde, gern auch mehr als einmal, damit kamen wir (wenngleich manchmal zähneknirschend) zurecht – gerade im Urlaub, wenn am nächsten Tag niemand früh aufstehen musste. Es hatten aber nicht alle im Haus Urlaub. Von Melanie und Christian hatten wir uns darum schon am Vorabend verabschiedet, nur die Kinder hatten noch schulfrei und konnten wie wir (und Sanne) ausschlafen. Wenn sie denn schlafen konnten bei dem Gebrüll. Wenn überhaupt irgendwer schlafen konnte. Was war nur los, dass unser „UrlauBär" die Nacht derart zum Tag machte und kaum zu beruhigen war? Irgendwann schlief er doch noch wieder ein, und wir auch, allesamt erschöpft.

Beim Frühstück entdeckte Pia das Nutella-Glas aus unserem Reiseproviant und probierte, von Marcus ermuntert, neugierig von der Schokocreme. Sie kannte die süße Leckerei nicht und strich vorsichtig nur eine ganz dünne Schicht auf ihr Brot. „Nein, nicht so – schau mal!" Marcus tauchte sein Messer tief ins Glas und brachte eine ordentliche Lage der schokoladigen Verlockung auf das Brot in Pias Hand. „Fingerdick – so macht man das!" Pia biss ab, und ein Strahlen ging über ihr Gesicht. Das Nutellaglas ließen wir da. Wie Pias Eltern diese neuartige Bereicherung des Speisezettels ihrer Tochter fanden, erfuhren wir nicht – vermuteten allerdings, dass Melanie, die früher in einer Zahnarztpraxis gearbeitet hatte, nicht zu hundert Prozent begeistert gewesen sein mag vom Konzept der Schokolade zum Frühstück. Aber solange man das Zähneputzen nicht vergaß... Eine Zahnbürste rückte an jenem Morgen übrigens noch für ganz jemand anders in greifbare Nähe: Zufällig fühlte ich an Joosts Unterkiefer eine kleine, scharfe Kante - der erste Zahn hatte sich seinen Weg ins Freie erkämpft! Daher also das nächtliche Geschrei – nun wunderte uns nichts mehr. Wir schrieben noch eine Nachricht mit einer Entschuldigung für die gestörte Nachtruhe und einem Hinweis auf ihren gerade feierlich festgestellten Grund sowie einem herzlichen Dankeschön für die schöne Zeit in Gorokan, verabschiedeten uns von Kye, Pia und Sanne – und waren wieder Reisende auf den Straßen von New South Wales.

Die Landschaft, durch die wir fuhren, war auf Englisch wohl als *picturesque* zu bezeichnen – regelrecht idyllisch-lieblich im Vergleich zur roten Staubsteppe des Outbacks. Der Hawkesbury River durchzog die bewaldeten Hügel, und im Ort Spencer hatte man selbstbewusst ein Schild am Ende eines Bootsstegs aufgestellt: „Welcome to Spencer, Hub of the Universe". Hier also war er, der Mittlepunkt des Universums – nur gut, dass es auf der gegenüberliegenden Seite der Straße eine Versorgungsstation für Weltzentrumspilgerer gab, in der von Lebensmitteln über Fischköder und Alkoholika bis hin zu Tee, Kaffee und Hamburgern die notwendigsten Güter feil geboten wurden. Angeln, Schwimmen und Tauchen durfte man vom Steg aus allerdings nicht – da waren sie spießig, die Leute in Spencer. Aber das kannten wir Deutschen ja: „Das Springen vom Beckenrand ist verboten." Nur stand das bei uns nie umrandet von hübschen Ornamenten auf dekorativen Holzschildern. Auch Verbote kann man mit Stil aussprechen!

Langsam stellte sich wieder einmal der Mittagshunger ein, und wie gerufen versprach ein flaches Gebäude links der Straße Abhilfe: „Wombat Park & Store" hieß es da auf einem Schild auf dem Dach. Wir fuhren auf den Parkplatz vor dem Haus und sahen eine Reihe kleiner Schilder: „Groceries & Milk", „Fish", „Cold Drinks & Ice Creams", „Videos", „Licensed Restaurant"... und zwei Ledersofas samt Tisch standen einladend auf der Veranda am Eingang. Dort hätten wir sitzen können – allerdings war der Laden selbst geschlossen. Beim genaueren Hinsehen erkannten wir dann auf einem weiteren Schild, dass jemand die Ankündigung „Open 7 Days" durch nur einen kurzen Pinselstrich unten an der Sieben grundlegend geändert hatte: Nun stand dort "Open 2 Days". Und der Dienstag war offensichtlich keiner von ihnen.

So fuhren wir mit knurrenden Mägen noch ein Stück weiter zur Autofähre, die uns über den Hawkesbury River nach Wisemans Ferry bringen sollte. Samuel Wiseman, ein ehemaliger Strafgefangener, hatte diese Fährverbindung im Jahr 1827 eingerichtet. Verpflegung und Material sollten so schneller zu den *convicts* gelangen, die mit dem Bau der Great North Road beschäftigt waren. Die Fähre war recht geräumig (120 Tonnen Ladung hätte sie maximal über den Fluss transportieren dürfen, lasen wir an einer Wand) und bewegte sich schnurgerade an Stahlseilen entlang ans andere Ufer. San Francisco und Wellington (das in Neuseeland – in New South Wales gab es auch eins, südöstlich von Dubbo) mochten mit ihren *cable cars* die Touristen anlocken – doch wer war schon einmal mit einer *cable ferry* gefahren? Wir zumindest bis dato nicht. Nach wenigen Minuten war der Spaß allerdings auch schon vorbei – schade einerseits, doch auch von Vorteil, denn da war ja noch, wie gesagt, der Hunger... Samuel Wiseman hatte man im Ort ein Denkmal gesetzt, und gleich neben seiner Statue befand sich zu unserer Freude ein Café und Imbiss namens „Bush Bites". Die Bestellung gestaltete sich nicht ganz einfach, nannten wir doch nach und nach mehrere Optionen von der Speisekarte, und jedes Mal stellte die junge Bedienung nach Kramen in Kühlschrank und Tiefkühltruhe fest, dass sie diese Mahlzeit leider nicht zubereiten konnte. Vielleicht lag's daran, dass die Wintersaison inzwischen begonnen hatte und nicht mehr alles zu jedem Zeitpunkt für mögliche Gäste vorrätig gehalten wurde. Für einen Fischburger und einen klassischen „Burger mit allem" (*the lot*) fanden sich dann aber die benötigten Ingredienzen, das Babygläschen wurde auch in der Mikrowelle erwärmt, und wir nahmen auf den Holzbänken vor dem Café Platz. Gesättigt machten wir noch einen Spaziergang durchs Dorf und fuhren dann westwärts.

Die Straße trug uns bis Lithgow. Das war, glaubte man dem *Lonely Planet*, keine glückliche Fügung: „It's a sombre, agrarian working town with as many pubs as employment offices (a lot of both)" . Düstere Stimmung und in Alkohol zu ertränkender Kummer wegen Arbeitslosigkeit – das klang wenig erhebend. Es war bereits dunkel, als wir die Stadt erreichten, und wir mussten mehrere Quartiere abfahren, um schließlich ein freies Zimmer zu finden – doch die Menschen, mit denen wir sprachen, und die Straßen und Häuser, die wir beim Herumkurven (wenn auch nur im Schein der Straßenlaternen) sahen, schienen nicht deckungsgleich mit der Beschreibung im Reiseführer. Auch am nächsten Tag im Hellen wirkte die Atmosphäre in keiner Weise bedrückend auf uns. Die Kneipen haben wir allerdings ebenso wenig gezählt wie die Jobvermittlungen.

Unterkunft fanden wir schließlich im „Zig Zag Motel", einer großzügigen Anlage am Rande der Stadt. Und hier erfuhren wir auch, warum es andernorts keine freien Betten mehr gegeben hatte: Der

Herr an der Rezeption erzählte uns, dass die Wettervorhersage Schnee versprach und darum viele Spontanbesucher angereist seien. Nun fiel mir wieder ein, wie der oben zitierte Satz aus dem Reiseführer endete: „but makes a handy base for mountain biking or fishing in the surrounding hills". Wo man des Sommers im Hügelland Rad fahren konnte, war bei Schneefall sicher „Ski und Rodel gut" angesagt – das sah der Mann am Empfang genauso, als er in seinem Computer noch eine *motel unit* für uns fand. Und die Sache mit dem Schnee glaubte ich gern. Kurz zuvor waren wir auf einem Supermarktparkplatz einigermaßen ungläubig über leicht rutschigen Asphalt gestiefelt, und die Lufttemperatur musste sich (sagten mir meine Hände, die verlässlich bei Frost oder seinen Vorstufen allmählich die Durchblutung einstellen) unweit des Gefrierpunkts befunden haben. Ein Kaminfeuer wäre schick gewesen an jenem Abend... da sich aber das Motelzimmer gut heizen ließ, waren wir auch so zufrieden.

10. Juni: *A Frozen Puddle for Kye*

Wir wollten unter die Höhlenforscher gehen. Das erschien uns angemessen, schließlich war dies doch eine Art Abenteuerurlaub, irgendwie. Also, ein Stück weit. Mit Schnullerkette und Milchbreipulver. Egal. Die Höhlen jedenfalls (jawohl, ein ganzes System derselben, elf an der Zahl, und darüber hinaus einige noch unerforscht!) lagen fünfzig Kilometer südlich unseres Ausgangspunkts, der Tag war jung und sonnig, und wir waren voller Tatendrang. Vom vorhergesagten Schnee war nichts zu sehen – erst mal. Kaum waren wir jedoch in etwas höhere Gefilde der Blue Mountains vorgestoßen (gute 1000 Höhenmeter erreichte die Straße streckenweise), tauchten tatsächlich weiße Flecken in der Landschaft auf. Ein Fotostopp geriet expressartig kurz, so eisig war der Wind, der mir beim Aussteigen um die Nase fegte. Wir fotografierten unser Armaturenbrett: 10:50 Uhr, 1°C. Dann ein großes gelbes Schild: „Be Prepared to Stop at Anytime" (so geschrieben – ja, liebe Anglisten, ich denke auch, das letzte Wort sollte ruhig zweigeteilt werden... aber die Botschaft an sich war eindeutig, und darauf kam's an). Daneben stand auch, warum man stets bremsbereit sein sollte – man musste allerdings anhalten, um alles sorgfältig zu lesen, denn die Liste der Gründe hatte eine stolze Länge. Sie umfasste gefährliche Straßenverhältnisse, fehlende Hinweisschilder, umgefallene Bäume und andere waldbedingte Gefahren, Straßensperrungen wegen Holzfällerarbeiten und ein erhöhtes Aufkommen langer Holztransporter. Schnee war auf die Schrift gefallen, und unten am Schild hatte sich ein Eisrand gebildet. Eis fanden wir auch rund um einige kleine Steine auf dem Boden und dachten an Kye – der war einige Tage zuvor mit der Familie eines Freundes in den Bergen unterwegs gewesen und hatte seine erste gefrorene Pfütze gesehen! Kurz nach seiner Heimkehr hatte es an jenem Ort sogar geschneit, und er bedauerte zutiefst, dieses Ereignis verpasst zu haben. Immerhin hatte er seinen historischen Eindruck gefrorenen Wassers in freier Wildbahn, und das war schon etwas ganz Besonderes. Die weiß getünchte Landschaft, die wir nun durchfuhren, wäre vermutlich ein Fest für Kye gewesen. Pia hatten wir Nutella geschenkt, und nun hatten wir auch ein kleines Andenken für ihren Bruder: Er bekam nach unserer Reise Schnee- und Eisfotos aus den Blue Mountains per E-Mail zugeschickt.

10:56 Uhr, 0°C. Etwas Schnee und Rollsplit lagen nun auch gelegentlich auf der Fahrbahn. Weitere Schilder warnten vor Wombats, Kängurus und kreuzenden Wanderern. Die letzten acht Kilometer der Straße ins Jenolan Valley stellten eine gewisse Herausforderung an das Fahrvermögen der Höhlenforscher in spe dar und waren für Wohnwagengespanne ausdrücklich nicht geeignet. „Please Use Extreme Care" sagten die Schilder, und diesmal waren sie rot. Über beachtliche Strecken war ein stabiler Maschendrahtzaun an dicken Holzpfählen entlang der Straße gezogen worden, um Autos auf potentiellen Abwegen zumindest vor dem freien Fall ins Tal zu bewahren. Zu guter Letzt wurden wir durch einen einspurigen Tunnel gebeten – doch beim Hinausfahren lagen die Gebäude des Besucherzentrums dann auch schon direkt vor uns. Sie waren allesamt im *Tudor style* gehalten, was etwas merkwürdig anmutete vor der australischen Bergkulisse. Wer mochte, konnte hier auch übernachten und gleich mehrere Tage mit Höhlenexpeditionen verbringen. Für jeden Geldbeutel schien es da die passende Option zu geben, und ein Restaurant sorgte für die Verpflegung der Nachwuchsforscher. Dort ließen auch wir uns nieder, ehe unsere Führung begann.

Jenolan Caves

Bei der Vielzahl von Höhlen und angebotenen Touren hatte man in Jenolan Caves die Qual der Wahl. Kam man an einem bestimmten Tag zu einer bestimmten Zeit und wollte auch am selben Tag wieder abreisen, schränkte dies die Auswahl schon ein, denn die Führungen wurden entsprechend eines gestaffelten Plans angeboten.* Waren dann noch einzelne Touren bereits ausgebucht (und man hatte, wie wir, nicht im Vorfeld reserviert), reduzierte dies die Möglichkeiten noch mal. Und wer körperlich nur bedingt fit war, ein vorgegebenes Mindestalter noch nicht erreicht hatte oder meinte, ein Baby im Tragegurt mitnehmen zu müssen, für den konnte es am Ende sogar richtig eng werden. Uns wurde die Entscheidung, in welche der geheimnisvollen Höhlen es denn nun gehen sollte, per Ausschluss-verfahren letztlich komplett abgenommen: Es blieb allein die Orient Cave übrig. Fein, uns war alles recht, denn interessant würde es doch in jedem Fall werden, oder?

Zweifelsohne. Stalaktiten, Stalagmiten (na, wer kennt die Eselsbrücke, mit deren Hilfe man sich merken kann, was was ist? ;-)), ganze sogenannte Schals aus Kalkstein... wir wurden durch eine Welt geführt, in der man so viele fremdartige Formen zu Gesicht bekam, dass man ständig versucht war, etwas Bekanntes in ihnen zu erkennen. Da – ein Zahnrad. Tannenzweige. Ein Blätterpilz – und ein Theatervorhang. Ein Schokoladenbrunnen! Und das Schloss der Eisprinzessin. Joost war auf dieser Tour das jüngste, keineswegs aber das einzige Kind. Die ungewohnte Umgebung machte ihm nicht das Geringste aus, und er ließ sich unzählige Stufen hinauf und hinunter die erleuchteten Gesteinsformationen entlang tragen.

Im Anschluss an diese geführte Expedition liefen wir noch einen Teil der *self-guided tour* rund um den eingangs erwähnten Straßentunnel. Wir hatten *audio guides* mit wissenswerten Erläuterungen mit auf den Weg bekommen. Ehe wir jedoch alle Stationen abgelaufen waren, war es empfindlich kalt und leicht dämmrig geworden. Joost schien trotz wolliger Verpackung auf die sinkenden Temperaturen langsam unwirsch zu reagieren, und für die acht anspruchsvollen Kilometer aus dem Tal hinaus fanden wir ein Mindestmaß an Tageslicht durchaus wünschenswert – so verzichteten wir auf den Rest des lehrreichen Hörspiels uns liefen zum Auto zurück.

Über unsere Ankunft in Katoomba wissen Sie ja schon bestens Bescheid und kennen unsere Schwärmereien in Sachen YHA – wie war es dort doch herrlich...! Unser Einkauf im Supermarkt schräg hinter der Jugendherberge legte die Zubereitung einer Fischpfanne nahe, und inmitten emsig brutzelnder Backpacker nutzten wir kleinste Lücken auf den Arbeitsflächen in der Küche, um unser Abendessen auf den Weg zu bringen. Bei aller Geschäftigkeit hatte man hier aber dennoch ein aufmerksames Auge für die Mitkocher. Als ich mit einem Messer in der einen und einer Paprikaschote in der anderen Hand nur kurz den Blick über die vorhandenen Utensilien gleiten ließ, reichte mir auch schon ein junger Mann sein eben abgespültes Schneidebrett: „Here you are." Genau das hatte ich gesucht – danke! An Joost, der in seinem Sportwagen saß und mit demselben durchaus im Weg stand, störte sich ebenfalls niemand.

Später beim Essen überkam uns die Sorge, die allgemein üblichen und empfohlenen Mengen an Beikost könnten für unseren Sohn letztendlich zu knapp bemessen sein. Im Anschluss an seinen Abendbrei verputzte er nämlich noch eine gut gefüllte Schüssel gestampfter Süßkartoffeln. Marcus hatte sie ihm hingestellt, nachdem sein energisches

Gestikulieren auf den Wunsch nach Beteiligung am Erwachsenenessen hatte schließen lassen. Alle Achtung – das war insgesamt eine Portion, von der man sich fragte, ob sie in einem Babybauch überhaupt Platz finden konnte. Im Bauch eines Joost offensichtlich problemlos – vielleicht hatte er beim frösteligen Spaziergang an den Jenolan Caves derart viele Kalorien zur Erhaltung der Körpertemperatur verbrannt, dass schon die Reservespeicher angezapft wurden und nun wieder aufgefüllt werden mussten? Oder die Weisheit „Seeluft macht hungrig!" hatte für Kinder von der Küste keine Bedeutung, und bei ihnen war's vielmehr die Bergluft, die den Appetit anregte. Wie auch immer – Süßkartoffeln sollten auf jeden Fall eine bevorzugte Speise des kleinen Höhlenforschers bleiben.

> * Zahlreiche Sondertouren waren ebenfalls im Angebot. Besonders sympathisch waren uns hier die Führungen speziell für Kinder und Jugendliche während der Schulferien in New South Wales.

11. Juni: *Want Some Exercise? Take Your Pram to the Mountains.*
Sonnig und kühl war's, wie an einem milden Wintertag zu Hause. Wir liefen durch die Straßen von Katoomba zu den berühmten Three Sisters. Joost hatten wir von Kopf bis Fuß in Fleece und Wolle gehüllt, was ihm sehr angenehm zu sein schien. Am Abend zuvor hatte er uns noch in fassungsloses Staunen versetzt, als er auf einmal aufrecht am Etagenbett stand und sich dort an der Leiter festhielt. Hatte er zu Beginn der Reise gerade erst das Krabbeln gelernt, war die Zeit nun scheinbar reif für neue Ziele. Er schien dabei eine Art Zirkeltraining im Sinn zu haben, denn nur wenige Minuten später zog er sich am Trolley hoch, der flach auf dem Fußboden lag, und lief um ihn herum. Außer „Joost – du bist ein Baby. Du musst das nicht können" fiel uns nicht mehr viel ein. Höchstens noch, dass Auswirkungen des Verzehrs von Süßkartoffeln bei Kindern unter einem Jahr eventuell einmal näher untersucht werden müssten.

Nun aber wurde der Erforscher des aufrechten Gangs altersgemäß geschoben und schaute aus sicherer Entfernung auf die steinigen Schwestern. Sein Papa und ich wechselten uns ab und kletterten jeder einmal die Stufen zu den behäbigen Damen aus Fels hinunter. Jetzt im Winter waberten die charakteristischen Eukalyptusdämpfe zwar kaum über die umliegende Berglandschaft, doch ein ganz klein wenig bläulich schimmerte es schon in der Ferne. Die Blue Mountains blieben sich treu. Von den drei *ladies*, die erhaben auf ihrem Aussichtspunkt thronten, hatten zwei eine lustig puschelige Frisur aus grünem Gesträuch – ein etwas eigenwilliger Stil, doch sagte man Bergbewohnern nicht einen gewissen Hang zur Schrulligkeit nach? Mein orange gemusterter Ohrenschutz allerdings konnte durchaus auch als speziell gewertet werden – so gesehen war es nur gut, dass ich wenigstens nicht auch noch einen grünen Strubbelkopf darunter trug. Wobei – aufgefallen sind wir wenig später ohnehin, da wäre es auf wilde Farbkombinationen im Haupthaar auch nicht mehr angekommen.

Marcus rief sich die Wochenendausflüge ins Gedächtnis, die er vor Jahren in die Blue Mountains unternommen hatte. Er hatte zahlreiche Wanderwege erkundet, war dabei oft einfach ins Blaue (im doppelten Sinne) losgestiefelt und wusste, dass von diesen Wegen eigentlich kaum einer für uns drei inklusive Kinderwagen geeignet war. Bis auf den, der sich unweit der Three Sisters fortsetzte (begonnen hatte er einige Kilometer entfernt an der Seilbahnstation „Scenic World" und hatte sich an den Katoomba Falls vorbei bis hierher zum Echo Point geschlängelt). Marcus meinte sich zu erinnern, dass der Prince Henry Cliff Walk nicht allzu uneben war und für uns angenehm zu laufen sein müsste. Versuchen konnte man es, und so schlugen wir den Pfad entlang der Klippen ein. Zunächst fanden wir ihn recht komfortabel und mussten nur ab und zu den Kinderwagen anheben, um ihn über ein paar Stufen oder allzu wuchtige Baumwurzeln zu hieven. Rechts des Weges entfaltete sich die Bergwelt, und wir blieben immer wieder stehen, um die Ausblicke zu genießen. Nach einer Weile allerdings zeigte Prinz Henrys Gedenkweg sein wahres Gesicht: lange Treppen führten auf und ab, kleine Gräben zogen sich quer zur Laufrichtung durch den Trampelpfad, matschige Flächen breiteten sich vor uns aus, und wir kamen beim Kinderwagentransport mächtig ins Schwitzen. Umzukehren hätte zu diesem Zeitpunkt keinen Sinn mehr gemacht (zumal wir nach jedem Auf- oder Abstieg immer noch die leise Hoffnung hegten, es könnte vielleicht der letzte gewesen sein...), also marschierten wir weiter. Außer uns waren bei dem schönen Wetter noch

Prince Henry Walkway

viele andere Wanderer unterwegs. Die charmanteste Begegnung hatten wir mit einer Gruppe älterer Herrschaften, die (überwiegend mit Wanderstöcken und Funktionskleidung ausgestattet) offenbar häufiger auf Schusters Rappen die Umgebung erkundeten. Vor allem die Damen hatten Lust, eine kurze Pause zu machen und sich zu unterhalten. Joost war dabei der Mittelpunkt ihres Interesses – zum einen an sich, zum anderen wegen seiner Präsenz an diesem Ort. Sie seien ja schon oft hier entlang gelaufen, aber „a baby in a pram", nein, das hätten sie noch nicht gesehen. Das glaubte ich gern... wer sich auch nur einigermaßen auskannte und Grundlegendes über den Prince Henry Cliff Walk wusste, der suchte sich für den Familienausflug mit Kinderwagen (zudem mit einem so robusten Modell wie unserem Exemplar) aber tunlichst ein anderes Ziel. Diese Gedanken gingen jedoch wohl nur mir durch den Kopf – die netten Australier schienen uns nicht für verrückt, naiv oder gedankenlos zu halten. Vielmehr würdigten sie unsere ungewöhnliche Aktion als eine besondere, ja sogar nachahmenswerte Idee. Eine der agilen Seniorinnen meinte, wir bräuchten fürs Familienalbum unbedingt ein Foto von uns dreien auf dem Wanderweg, und schritt umgehend zur Tat. Dieses erfrischende Zusammentreffen motivierte mich, ungleich fröhlicher und munterer als zuvor weiter zu laufen und zu tragen und nicht mehr gar so oft an meine Hebamme und ihre mahnenden Worte zum Thema Beckenbodenmuskulatur zu denken...

Der gesamte Cliff Walk war rund sieben Kilometer lang, und wir hätten ihn zu Ende laufen können bis zu den Leura Falls, die man schon in der Ferne rauschen hörte. Doch eine Straße hinein nach Katoomba war nach dem unerwartet schweren Marsch (im Sinne der zu bewegenden Last) verlockender, zumal es Zeit für Joosts Mittagessen wurde. Bis zur Jugendherberge war es noch ein längerer Spaziergang, und wir wollten unseren Junior nicht ungnädig stimmen. Als das Babygläschen verfüttert war, gab es Kaffee und Kuchen für uns. Wir mussten dafür nur die Straße überqueren. Dort stand das „Common Ground Cafe" und mutete von außen derart einladend an, dass es längst meine Aufmerksamkeit auf sich gezogen hatte und ich nur darauf wartete, endlich einkehren zu können. Nun also war es soweit. Wir betraten – ein Café, sollte man meinen, doch es war in Wahrheit das Baumhaus eines Trolls. Getarnt als Café. Gut getarnt. Der Troll hatte ein verwinkeltes Heim mit Empore, Kamin und mehreren Sitzekken. Fast alles hatte er aus Holz gefertigt, und aus seiner Küche roch es nach Kaffee. Wir schauten uns um – wo war er denn, der Troll? Vielleicht hielt er ein Mittagsschläfchen. Statt seiner sahen wir die emsigen Menschen, die offenbar bei ihm wohnten und den Haushalt führten. Sie hatten allesamt sehr lange Haare und erinnerten mich spontan an die Amish – mit dem Unterschied, dass bei ihrer Kleidung Brauntöne statt des strengen Schwarz und Weiß dominierten. Auch fehlten bei den Frauen die weißen Kopfhauben. Ein Mann, der gerade Gästen des Trolls etwas zu Essen brachte, trug eine John-Lennon-Brille, die sich perfekt in seine Gesamterscheinung einfügte. Wer waren diese Leute...? Der Troll tauchte nicht auf, um es uns zu verraten, doch ein Flyer und die anschließende Recherche im Internet brachten uns auf ihre Spur. Sie gehörten den *Twelve Tribes* an, einer offenbar nicht ganz unumstrittenen religiösen Gruppierung, die die Bibel wörtlich auslegt und für die manche Quellen auch den Begriff „Sekte" verwenden. Nun, die Menschen, die hier arbeiteten, waren äußerst zurückhaltend und versuchten mit keinem Wort, uns zu missionieren oder uns sonst etwas aufzudrängen. Das Informationsblatt konnte man mitnehmen oder es lassen – es lag einfach am Tresen. Der Kuchen hier schmeckte hervorragend (laut Karte wurde Wert auf natürliche und vollwertige Inhaltsstoffe und Zubereitung gelegt), desgleichen der Kaffee, und während die folkige Hintergrundmusik gegen Ende etwas an Marcus' Nerven zu sägen begann, fand ich sie ganz passend zum Ambiente und hätte noch ein Weilchen zuhören können.

Joost wurde in seinem Hochstuhl allerdings langsam unruhig. So zahlten wir und machten noch eine kurze Spritztour in die unmittelbare Umgebung Katoombas. Gerade als wir einen besonders netten Aussichtspunkt gefunden hatten, wurde es leider rasant schnell dunkel – also steuerten wir unsere gemütliche Herberge an und stürzten uns dort erneut ins abendliche Küchengewusel. Heute gab es Pasta mit einer sahnigen Rindfleisch-Pilz-Pfanne (wir avancierten noch zu Starköchen unter den Rucksackreisenden...!) – nichts für Joost, aber der war an diesem Abend auch wieder mit seiner gängigen Ration zufrieden.

12. Juni: *Feels Like Home*

Irgendwie war uns das nun doch unanagenehm. Die Reinigung genutzter Fahrzeuge gehörte zum Umfang der Serviceleistungen einer jeden Mietwagenfirma, das war uns völlig klar. Doch so wie unser Vehikel nach seinen Exkursionen auf den Staubstraßen des Outbacks immer noch aussah, wollten wir es „Bayswater Car Rental" nicht vor die Tür stellen. Auf unserer Rückfahrt nach Sydney hielten wir somit für eine Autowäsche an einer Tankstelle und setzten erst danach unseren Weg zurück in die Großstadt fort. Die Straße wurde breiter und voller, wir fuhren sogar noch durch eine Maut-Schranke, die ein Kästchen über dem Rückspiegel automatisch registrierte, und schon bald war die urbane Umgebung allgegenwärtig. Unser Weg führte durch viele sympathische Ecken der Stadt, wir freuten uns über die Aussichten aufs Wasser zwischendurch und fanden schließlich ohne Schwierigkeiten zur „Glebe YHA". Dort checkten wir ein und brachten unser Gepäck aufs Zimmer, ehe wir den Wagen nach Kings Cross zurückfuhren. Das gelang uns nicht ganz pünktlich, so dass wir nachzahlen mussten – jedoch in moderatem Maße, denn statt einer saftigen Strafe wurde ein Anteil einer Tagesmiete berechnet, und das waren in unserem Fall rund zehn Dollar.

Nun waren wir also wieder Fußgänger in Sydney ohne eigenen fahrbaren Untersatz. Das fühlte sich etwas ungewohnt an, als wir in die Stadt und zum Darling Harbour liefen – doch spätestens beim Mittagessen im „Wok on Inn" war das alte „Sydney-Feeling" vom Beginn unserer Reise wieder da. Der strahlende Sonnenschein tat ein Übriges und lud zu einem weiteren Fußmarsch ein. Ohne dass wir lange darüber nachdenken mussten, welche Richtung wir einschlagen wollten, ließ der Circular Quay seine magische Anziehungskraft spielen – und wir standen schließlich wie von Zauberhand geleitet vor den Fähranlegern. Schiffchen fahren? Schiffchen fahren! Diesmal ging es den Parramatta River hinauf nach Abbotsford – und umgehend zurück, denn mal wieder war es viel zu früh dunkel geworden. Statt die vorüberziehenden Häuschen am Ufer zu betrachten (und sich vorzustellen, wer dort wohnen mochte) genossen wir so noch den Charme eines *nighttime ferry ride* und stiegen in Balmain aus, um im vertrauten Supermarkt fürs Abendessen einzukaufen. Brot und die Zutaten für einen griechischen Salat wanderten in unseren Korb. Als wir an einer Theke frische Oliven und Schafskäse aussuchten, bediente uns eine heitere, zuvorkommende Dame – und verliebte sich auf den ersten Blick in Joost (er sollte später mal von seinem Onkel einen Pulli mit der Aufschrift „Get in Line, Ladies" bekommen – nicht ganz zu Unrecht...). Sie band auch gleich ihren jungen Kollegen indischer Abstammung in unser Gespräch mit ein, der aus dem Kühlraum kam und Schüsseln voller grüner und schwarzer Oliven zum Tresen balancierte. Wäre „Woolworths" ein Pub und wir drei nicht so hungrig gewesen, dann wäre das wohl der Beginn einer abendfüllenden Unterhaltung gewesen – die Frau erkundigte sich nach dem Namen des drolligen Babys, und schon gab ein Wort das andere. Wir redeten über holländische Vornamen, Namen im Allgemeinen, holländische Freunde und unsere jeweiligen persönlichen Bezüge zu den Niederlanden... was dachte ich noch gleich am Abend des dritten Juni in Griffith? „Manche Gespräche enden einfach zu früh."

Cool Baby!

13. Juni: *It's Market Time Again!*

Auch Glebe hatte einen Markt, und es war wieder Wochenende! Somit war unser erstes Ziel für den Samstagvormittag klar, und noch vor dem Frühstück betraten wir das Gelände der Glebe Public School. Wo wochentags in den Pausen Fangen gespielt und an Klettergerüsten geturnt wurde, hatten heute in aller Frühe die Händler ihre Stände aufgebaut. Es gab viel Kleidung zu kaufen, darunter natürlich warme Schals und Mützen für den Winter, der gerade wieder mit viel Sonnenschein aufwartete. Schmuck und Sonnenbrillen waren weitere Verkaufsschlager, und viele Besucher stöberten gedankenverloren in Kisten mit CDs und gebrauchten Büchern. Auf den Schulhof gelangte man durch ein Tor in einem Zaun, der sich aus schmalen, bunt gestrichenen Längslatten zusammensetzte: hellblau, magenta, schwarz, violett, zitronenfaltergelb, zartrosa, ... hier nochmal KLM-blau, dort apfelgrün, orange oder sattes sonnenblumengelb... Wer da morgens auf dem Weg zum Unterricht keine gute Laune bekam, war entweder ein hoffnungsloser Mieselpriem oder farbenblind.

An der Glebe Point Road zwischen Markt und Jugendherberge gab es zahlreiche Cafés. Die meisten boten auch Tische draußen auf dem Bürgersteig an und waren gut besucht, doch trotzdem fanden wir bald freie Plätze und bestellten. Inzwischen war es fast Mittag geworden, da kam uns die segensreiche Einrichtung des *all-day breakfast* wieder einmal gerade recht – und wir waren beileibe nicht die einzigen, die des Wochenends Frühstück und Mittagessen zusammenlegten. An den Tischen um uns herum wurde fröhlich-entspannt auf australisch „gebruncht" – ohne die Unruhe, die dabei in deutschen Cafés gerne entsteht, wenn immer wieder jemand aufsteht und den viel zu kleinen Teller ein weiteres Mal am Buffet füllt. (Kennen Sie das? Meist passt ein Brötchen nebst Butter und Cocktailtomate drauf, und man hat schon das Gefühl, das Miniaturstück an Geschirr gierig überladen zu haben und auf dem Weg zurück zum Tisch gleich die Hälfte zu verlieren.) Hier bekam man eine großzügige Portion zum Sattwerden an den Tisch gebracht und brauchte sich um nichts weiter zu kümmern. Das hatte etwas für sich. Während in der Küche Rührei, Würstchen und Speck für uns gebraten und frisches Toast geröstet wurde, mampfte Joost schon einmal selig seine Pasta Bolognese und probierte von Papas Orangensaft.

Auf dem Weg zur Bushaltestelle wurden wir daran erinnert, dass unser Flug nicht nur deshalb ungewohnt günstig gewesen war, weil wir für die Nebensaison gebucht hatten: „Glebe Liquor" warb für seine Weine mit dem Slogan „2009 – The Year of the Big Night in". Ungefähr zeitgleich hatten sich vor bald einem dreiviertel Jahr Joost und die Wirtschaftskrise ins Weltgeschehen eingemischt und trafen sich nun im Studentenviertel Sydneys unter einem Werbeplakat. Statt für teures Geld auszugehen, so wurde hier angeregt, könne man sich doch einfach in Zeiten knapper Kassen einen schönen Abend zu Hause machen. Mit ein paar Freunden und ein, zwei Flaschen Wein vom *bottle shop* sei das preisgünstig und doch sicher ebenso nett wie die *big night out*. Das klang in der Tat nach einer vernünftigen Option.

Wir stiegen einmal mehr in Balmain aus dem Bus und liefen zum Wochenendmarkt an der Kirche. Abgesehen von der Tatsache, dass man meiner Meinung nach kaum zu viele Märkte an einem Tag (und überhaupt) besuchen konnte, waren wir an jenem Sonnabend zusätzlich in einer speziellen Mission unterwegs. Vor drei Wochen hatte ich hier an einem Schmuckstand eine Halskette gesehen, die ich mir nach reiflicher Überlegung (denn sie war nicht ganz billig) kurz vor unserer Abreise doch noch kaufen wollte. Wir erkannten viele Stände und Verkäufer wieder – doch ausgerechnet die junge Frau mit dem Glasperlenschmuck war heute nicht da! Dafür verkaufte unsere nette Bekannte Suzanne wie beim letzten Mal ihre Babyschühchen und konnte uns vielleicht weiterhelfen... Sie wusste sofort, nach wem ich suchte: „Oh, Olivia! You know, she hasn't been to the markets recently." Aber sie käme sicherlich wieder. Olivia habe einen eigenen Laden und verschicke ihren Schmuck gewiss auch per Post ins Ausland. Hilfsbereit notierte Suzanne meine E-Mail-Adresse und versprach, sie würde versuchen, ihre Standnachbarin zu finden. Das tat sie dann auch und involvierte sogar Freunde, die einen anderen Markt in Sydney beschickten, auf dem auch Olivia regelmäßig zu finden war. So mailten wir um den halben Globus, bis Suzanne froh vermeldete, Olivia sei zum Markt in Balmain zurückgekehrt, und sie habe ihr meine Kontaktdaten gegeben. Leider meldete sich Olivia nie bei mir. Schade. Vielleicht habe ich aber noch eine Chance (denn ich hätte wirklich gerne so eine Kette): *Olivia, if you read this, please get in touch with me – I would still love to buy one of your beautiful wrap-around necklaces; perhaps we can arrange something...? Thank you!* Wer weiß...?

Mit der Fähre schipperten wir zum Circular Quay. Der Betreiber hatte entweder bereits schlechte Erfahrungen gemacht oder von haarsträubenden Klagen und nachfolgenden Prozessen dusseliger Verbraucher in anderen (englischsprachigen...?) Ländern gehört – auf jeden Fall hatte er sich gegen mögliche Beschwerden der Fahrgäste abgesichert: „WARNING – Please be advised that Sydney Ferries will not accept responsibility for wet damaged property or person as a result of travelling on an open deck area." Der Begriff „damaged" gerade im Zusammenhang mit „person" animierte nun nicht zum Schmunzeln. „Wet" im selben Kontext dagegen umso mehr... las ich in der Warnung doch eine abgekürzte und juristisch-politisch korrekte Version von: Wer auf einem Schiff an Deck steht, kann nass werden. Das ist so. Auch auf diesem Schiff. Wenn Sie nicht nass werden möchten, bleiben Sie im Innenraum. Bitte nicht jammern und schimpfen, wenn andernfalls das Offensichtliche eintreten sollte. Eigentlich sind Sie ja erwachsen und könnten selbst drauf kommen, aber wir weisen sicherheitshalber noch einmal auf derartige Eventualitäten hin. Nicht jeder ist heute noch vertraut mit den Elementen und ihren Gefahren. Und sei letztere für Sie die Möglichkeit einer nassen Hose, weil man unbedingt vorn an der Reling stehen wollte. (Ich erinnerte mich in diesem Zusammenhang an eine namhaften Fischbude in List auf Sylt Anfang der neunziger Jahre. Dort gab es hinter dem Haus einen Parkplatz nahe den Lüftungsventilatoren, den der Besitzer wie folgt beschildert hatte: „Wer hier parkt, muss sich nicht wundern, wenn sein Auto hinterher nach Fisch riecht." So sieht das aus.)

Diesmal waren wir rechtzeitig vor Ort für den lohnenswerten Aufstieg zum Sydney Harbour Bridge Pylon Lookout. Hoch hinauf ging es in den vorderen rechten Pfeiler der Hafenbrücke (wenn man vom Circular Quay aus schaute), in dem es erstaunlich geräumig war und die Dokumentation der Geschichte dieses Bauwerks reichlich Platz hatte. Besucher erfuhren Einzelheiten über die Planung der Brücke, und Fotos aus der ersten Hälfte des vorigen Jahrhunderts erzählten von den Stationen ihres Baus und schließlich der feierlichen Eröffnungszeremonie nach viel Arbeit und Überwindung mancher Schwierigkeiten. Auch ganz individuelle Erinnerungen der Menschen aus jener Zeit wurden berücksichtigt, unter ihnen die Worte eines Arbeiters namens Jack Rue. Er kannte einen „bloke called Kelly", der während des Brückenbaus aus fast fünfzig Metern Höhe ins Wasser gestürzt war. Sein Körper hatte dies erstaunlich gut verkraftet: Als helfende Hände ihn herausfischten, waren nur zwei gebrochene Rippen zu beklagen. Kellys Stiefel hatten der Wucht des Aufpralls indes weniger entgegen zu setzen gehabt und befanden sich aufgespalten in der Höhe seiner Oberschenkel. Abschließend wusste Rue noch zu berichten, dass der unfreiwillige Stunt sich für seinen Kumpel am Ende sogar durchaus gelohnt hatte: „They gave him a gold watch."

Nachdem wir drinnen gelernt hatten, dass die Harbour Bridge heute zusätzlich zu ihren sieben Fahrspuren für den Autoverkehr über eine Busspur, zwei Zuggleise, einen Fuß- und einen Radweg verfügte, konnten wir draußen auf der Aussichtsfläche rund um den Pfeiler diese nun alle von oben betrachten. Die Abendsonne tauchte den

Abendsonne über der Stadt

Sydney Harbour und die umliegenden Stadtteile in goldenes Licht. Eine Gruppe waghalsiger Brückenkletterer stieg im Gänsemarsch eine stählerne Treppe hinunter, und in dem Park hinter der Sternwarte ließ sich eine Hochzeitsgesellschaft fotografieren. Auf dem Wasser hinterließen die Fähren und andere Boote Muster aus ihren Fahrwassern, und auf die Segel des Opera House fiel ein Gitternetz aus Schatten der Brückenkonstruktion. Allein die Aussicht aus luftiger Höhe über dem Wasser war den Besuch des Pfeilermuseums wert.

Die Sonne war untergegangen, als wir durch die Rocks in Richtung Circular Quay schlenderten. Durch das Schaufenster eines italienisch anmutenden Cafés sahen wir eine verlockende Kuchenauswahl und zögerten nicht lange: Zwei *flat white coffees* zum Mitnehmen und je eine *caramel* und *cherry slice* hatten wir bei uns, als wir uns auf einer Bank am Hafenbecken niederließen. Hier war ordentlich was los – Straßenkünstler jonglierten und spuckten Feuer, und einige Meter entfernt sang eine langhaarige Frau wunderschön zu Gitarrenmusik (ihre CD wurde eines unserer gehegten Urlaubssouvenirs). Dazu spazierten jede Menge Besucher den breiten Weg am Quay entlang, blieben stehen, applaudierten – und schauten irgendwann mehrheitlich gebannt auf etwas, das sich hinter unseren Rücken abzuspielen schien. Wir drehten uns um – und staunten mit. Das Museum of Contemporary Art wurde in wechselnden Mustern farbig angestrahlt! Rote Quadrate in verschiedenen Größen, deren Ränder jeweils perfekt mit den Außenwänden des Gebäudes auf unterschiedlichen Ebenen abschlossen, wurden abgelöst von kleinen Blubberbläschen in Orangegelb und großen pinkroten Kaubonbon-Kugeln. Das war aber noch nicht alles. Gegenüber nahm die *light show* Kurs auf das Opernhaus und versah es mit wildbunten Schraffierungen und allen nur erdenklichen Mustern (manchmal mit symmetrischem Grundgedanken, meist jedoch ohne), die jeder achtziger-Jahre-Stoffhose locker den Rang abgelaufen hätten. Auf dem Heimweg sahen wir ein Plakat, das für „Vivid Sydney" warb – das musste es sein, was wir vorhin zufällig erlebt hatten! Als „festival of lights, music and ideas" tauchte es die Stadt alljährlich für drei Wochen in farbige Lichtinstallationen, bot Künstlern Bühnen und Ausstellungsräume und machte auch vor Diskussionsrunden, Seminaren und Workshops für kreative Köpfe nicht Halt. Kampf der Winterlethargie – hier kam

Fähre auf dem Weg zum Circular Quay

Sydneys geballte Lebendigkeit und ließ den schläfrigen Dämmerzustand der auch hier etwas kälteren und dunkleren Jahreszeit gar nicht erst aufkommen. Ob wir das in Deutschland auch könnten? Vielleicht mal statt Weihnachtsmarkt? Meinetwegen kann auch gern nebenbei Glühwein verkauft werden, wenn das Oldenburger Schloss in Discobeleuchtung erstrahlt oder Gaukler und Akrobaten mit Straßenkunst statt Dudelmusik aus der Konserve erfreuen. Gegen die Kälte wird man schon was tun können, falls der Glühwein allein nicht reicht...

Balmain

14. Juni: *Fish Galore*

Einer durfte nicht fehlen in der Reihe besuchter Märkte vor unserer nahenden Abreise: der Sydney Fish Market. Von Glebe aus führte uns ein Spaziergang entlang der Blackwattle Bay zum Eldorado der Fischfans. Festgemachte Boote schaukelten sanft im Wasser, die zwei spektakulärsten Brücken der Stadt (Harbour und ANZAC) schoben sich ins Bild, und der Sydney Tower ragte als Orientierungspunkt weithin sichtbar aus der hochhausdominierten Skyline hervor. Einige Läufer mit Nummern auf ihren T-Shirts kamen uns entgegen, nach und nach wurden es mehr. Manche liefen allein, andere in Gruppen, doch für einen Wettkampf fehlte ihnen die Verbissenheit im Gesichtsausdruck. Als wir auf einen Streckenposten trafen, lasen wir dort auf einem Plakat, was unser Gegenverkehr war: ein *awareness walk* für Menschen, die an Multipler Sklerose erkrankt waren. Einige Teilnehmer sahen wir noch, als wir den Fischmarkt schon fast erreicht hatten – sie gingen zügigen Schrittes, konnten aber deutlich erkennbar keinen

Dauerlauf mehr auf den Asphalt legen. Doch das spielte ja auch keine Rolle – dabei zu sein war auch hier alles, und wer auf diese Art ein Bewusstsein für Erkrankte und deren Herausforderungen im Leben zeigte, der hatte seinen Sonntagvormittag sicher auf sinnvolle Weise verbracht. Vielleicht war dies ja sogar ein Sponsorenlauf und brachte noch Einnahmen für Stiftungen oder andere helfende Einrichtungen.

Der Fish Market bestand aus mehreren Gebäuden, und wir betraten zunächst die Markthalle im größten von ihnen. So viel Fisch...! Und fast ebenso viele Leute, die ihn kaufen wollten (naja – fast). Wo immer wir konnten, schoben wir uns möglichst nah an die Verkaufstheken heran und spähten an den zielbewusst auswählenden Kunden vorbei in die Auslagen. Auf Eis wurde das *seafood* frisch gehalten – *Large Sydney Rock Oysters* für fünfzehn Dollar das Dutzend, Hummer und filetierte Meeresforellen, neuseeländischer Knurrhahn (*gurnard* mussten wir später im Wörterbuch nachschlagen), Miesmuscheln und Garnelen, oder vielleicht doch der *Cleaned Baby Octopus* aus Thailand, neun Dollar fünfundneunzig das Kilo? Wir waren schwer beeindruckt. Und das nicht nur von der Vielfalt dessen, was der Ozean so an Essbarem hergab, sondern auch von den fachkundigen Käufern und Verkäufern, die offenbar genau wussten, wie sie mit den Köstlichkeiten umzugehen hatten. Um uns einen bescheidenen Eindruck von den maritimen Gaumenfreuden des Pazifiks zu verschaffen, bestellten wir eine Auswahl derselben in Form eines *seafood platter*. Wir konnten und können bis heute nur wenig von dem benennen, was da auf unserem großen Teller lag, doch wir probierten neugierig – und teils tapfer. Austern sind einfach wirklich nicht unser Ding. Leider waren auch die kleinen Tintenfischlein, die uns mit ihren Saugnäpfchen herausfordernd angrinsten, nicht die, für die Marcus sie gehalten hatte. Seine Hoffnung war es gewesen, Verwandte der nur in Öl und Knoblauch angebratenen Minikraken zu treffen, die er hier einmal probiert hatte und von deren Geschmack er wider Erwarten begeistert gewesen war. So hatte unser bunter Fischteller seine Höhen und Tiefen, war aber ganz sicher eine Erfahrung, die man sich so oder in vergleichbarer Form beim Besuch des Fischmarkts nicht entgehen lassen sollte.

Nachdem wir noch manch riesiges Flossentier bestaunt und uns mutig dem Anblick ausgenommener Tintenfische gestellt hatten,

Sydney Fish Market

stand uns der Sinn langsam doch nach irgendetwas ohne Fischaroma. Der Darling Harbour lag um die Ecke, und wir ließen uns in einem seiner schicken (wenn auch für unsere Begriffe etwas zu sterilen und blutleeren) Cafés nieder. War der Himmel den ganzen Tag hindurch schon mausgrau gewesen, hörten die Wolken nun auf zu bluffen und setzten zur Entladung an. Leicht betrübt schauten wir von unseren Kaffeetassen über Joosts Obstpüree hinaus in den Regen. Ihn ließ das unbeeindruckt. Er blieb. Und nun? Marcus' Ortskenntnis brachte den rettenden Einfall: Das Powerhouse Museum lag in erreichbarer Nähe, war vielseitig und abwechslungsreich bestückt und verfügte über ein Dach. Untergebracht war es im ehemaligen Stromkraftwerk für Sydneys ebenso ehemalige Straßenbahn, und so verwunderte es nicht, dass eine umfangreiche Ausstellung dem Bereich *transport* galt. Der Facettenreichtum des Museums über das Offensichtliche hinaus war derweil beachtlich: Während unsere Hosen langsam trockneten (ganz ohne nass zu werden, hatte sich der Weg hierher nicht bewältigen lassen), breiteten sich spannende Einblicke in Wissenschaft und Technik, Kultur und Geschichte vor uns aus. Hier ging es um den Weltraum, dort um Musikinstrumente, gleich nebenan um Nachhaltigkeit und neue Technologien. *Contemporary Japanese Fashion* auf *level 2* und *Australian International Design Awards* ein Stockwerk höher – die Kreativen wurden ebenso gewürdigt wie hervorragende Ingenieursleistungen und Errungenschaften im Bereich der Ökologie. Eine Ausstellung war den Blinden gewidmet und erklärte die technischen Hilfsmittel, die ihnen zur Verfügung standen, um sich in der Welt der Sehenden möglichst unabhängig bewegen zu können. An anderer Stelle wiederum hatte man sorgsam zusammengetragen, was in Haushalte und Geschäfte vergangener Zeiten gehörte – kulturgeschichtliche Einblicke, die mir besonders viel Freude machten. Ich mochte die farbigen Werbungen für Australiens bis heute beliebten „Bushells Tea" und war ganz besonders angetan von einer braunen Papiertüte aus dem Fundus eines 1852 in Melbourne gegründeten Geschäfts, in dem Saaten wie Kürbiskerne verkauft wurden. Sein damaliger Inhaber nämlich, so verriet der Aufdruck der Tüte, hieß F.H. Brunning. Wenn das mal kein emigrierter Vorfahr meiner mit „g" am Ende geschriebenen Familiennamensvettern war...! Fortschritt und Geschichte reichten sich im Powerhouse Museum die Hand, wobei es an einer recht profanen Stelle für australische Verhältnisse in ungewohnter Weise an Fortschritt mangelte: Statt eines *parent room* stand zum Windelwechseln nur ein ausklappbarer Wickeltisch in der Damentoilette zur Verfügung. Die war zwar immerhin sehr geräumig, doch wer sich wie zu Zeiten F.H. Brunnings um die Versorgung des Nachwuchses kümmerte, stand somit fest. Alle Väter in weiblicher Begleitung konnten sich für einen Moment entspannt zurücklehnen – dumm nur, wenn Mama nicht mitgekommen war zum Ausflug ins Museum. Welche Möglichkeiten hatte Mann dann? Öffentliches Wickeln im Flur? Einer vertrauenserweckenden Dame das Kind samt Windeltasche einfach mitgeben? Todesmutig durch die Tür mit dem Mädchen-mit-dem-Kleidchen-Zeichen schreiten, nicht wissend, ob Babys Anwesenheit vor der Vertreibung durch geschwungene Handtaschen schützen würde? Ich hielt Ausschau nach Männern in alleiniger Begleitung ihrer wickelbedürftigen Kinder, sah allerdings keine. Schade – das hätte mich wirklich interessiert...

Sydney Ferry

Der Regen hatte sein Gastspiel beendet, als wir das Museum mit reichlich Bildungszuwachs verließen. Die einbrechende Dunkelheit erinnerte uns an den gestrigen Abend – ob es wohl auch heute wieder diese tollen Lichtimpressionen am Circular Quay geben würde...? Wir fuhren hin, und da waren sie. Ein schöner Ausklang unseres letzten Tages in Sydney, fanden wir, und dachten zugleich wehmütig an die morgige Abreise – unwissend, dass die Dinge für uns eigentlich gerade in diesem Augenblick ganz anders hätten sein sollen und noch kommen sollten...

15. Juni: *An Airport Episode*

Das *shuttle* zum Flughafen war bestellt, die Taschen waren gepackt. Uns blieb vom Vormittag noch ein wenig Zeit übrig, die wir für einen Abstecher in einen großen Buchladen nutzten – doch sie verflog schnell, und schon bald fanden wir uns inmitten unseres Gepäcks vor der Jugendherberge wieder. Joost hatte die „Ich ergebe mich"-Haltung eingenommen (Händchen seitlich neben dem Kopf) und hielt Mittagsschlaf. Ich zog die Mappe mit unseren Reiseunterlagen aus dem Rucksack, um noch einmal nachzuschauen, wie spät genau unser Flieger abheben sollte. Das nächste, was Marcus aus dem Kreise seiner Lieben hörte, war ein Aufschrei. Nicht etwa von Joost, der aus dem Schlaf hochgeschreckt war – nein, von seiner Mama. Die hatte gerade nicht nur die Uhrzeit des gebuchten Rückflugs gelesen, sondern auch das Datum. Es war das gestrige.

Auch wenn der Verdacht sich dem einen oder anderen Leser jetzt aufdrängen mag – dies ist nicht der Versuch, am Ende eines ansonsten wahrheitsgetreuen Reiseberichts einfach mal frech ein fiktionales Element einzufügen, um es auf den letzten Seiten spannungstechnisch noch mal so richtig krachen zu lassen. Mitnichten. Uns wäre es definitiv in jenem Augenblick anders lieber gewesen, doch es war eine Tatsache: Wir hatten unseren Flug verpasst. Um einen geschlagenen, kompletten Tag.

Fassungslos ließen wir diese Erkenntnis in unser Bewusstsein sickern. Erinnerungen an das Vorjahr drängten sich auf, als wir einen Flug von New York nach Hause knapp nicht mehr erwischt hatten. Der Flugsteig war gerade geschlossen worden, als wir eintrafen. Wir waren jedoch kreativ und die Airline kooperativ – ohne Aufwand oder Aufpreis ließ man uns noch am selben Abend statt wie gebucht nach Amsterdam in einer anderen Maschine nach Frankfurt mitfliegen. Dass wir soviel mehr Glück als Pünktlichkeit ein zweites Mal haben könnten, wagten wir nicht zu hoffen. Der Kleinbus zum International Airport fuhr schließlich vor, und wir fuhren mangels besserer Ideen erst einmal mit. Vielleicht klärten wir am besten vor Ort mit der Fluggesellschaft einen Weg aus unserer ebenso misslichen wie selbst verschuldeten Lage.

Geduckten Hauptes schlichen wir im Flughafenterminal zum

Müder Weltenbummler

Schalter von Thai Airways. Die Mitarbeiterin, der wir unsere Situation schilderten, war taktvoll und verkniff sich jeglichen Kommentar zum Wie und Weshalb unseres verspäteten Auftauchens. Sie wandte sich vielmehr unverzüglich der Lösung des Problems zu und erklärte nach wenigen geschulten Blicken und Eingaben in den Computer, dass statt der zweistelligen Umbuchungsgebühr für Tickets zum Standardtarif leider eine dreistellige Summe fällig würde. Wir hatten nämlich unsere Flüge zu preiswerten, jedoch insgesamt wenig flexiblen Sonderkonditionen gebucht. Die anfängliche Ersparnis war nun wohl fort (vielleicht auch mehr als das), doch immerhin ließ man uns offensichtlich noch nachträglich umbuchen. Uns fiel ein Gepäckstück mit Übergewicht vom Herzen! Denn da wir die ursprünglich gebuchten Flugtickets ja de facto hatten verfallen lassen, wäre es wahrscheinlich berechtigt gewesen, uns für teures Geld drei neue, einfache Flüge nach Deutschland bezahlen zu lassen. Während nun also unsere Umbuchungen abgewickelt wurden und wir zwischendurch auf Informationen und Bestätigungen warteten, spielte sich neben uns ein weiteres Drama ab: Einer dreiköpfigen Familie wurde der Einstieg in den Flieger verweigert, nachdem die Frau ein Schreiben ihres Arztes vorgelegt hatte, das Auskunft über ihre Transportfähigkeit geben sollte. Unglücklicherweise trug es den Vermerk, sie benötige gegebenfalls zusätzlichen Sauerstoff – eine Form der medizinischen Versorgung, die die Fluggesellschaft, so erklärte man ihr, auf diesem Langstreckenflug nicht hinreichend gewährleisten konnte. Alle Beteuerungen der Frau, das Eintreten des genannten Falles sei äußerst unwahrscheinlich und ihr Gesundheitszustand stabil, schienen nichts zu helfen. Ebenso wenig beeindruckte die Tatsache, dass sie in Wien ihren greisen Vater besuchen und vielleicht zum letzten Mal sehen würde. Sie flehte, ihre Tochter weinte, und die drei taten uns Leid. Gleichzeitig hatten wir eine ganz vorsichtige Hoffnung, dass man vielleicht, wenn man sie schon nicht mitnehmen konnte oder wollte, uns auf ihre Plätze setzen und nach Europa fliegen würde. Doch nebenan hatte noch immer ein ratloser Familienvater seine Frau und Tochter im Arm, als wir unsere geänderten Reiseunterlagen ausgehändigt bekamen und nun nichts mehr am Schalter von Thai Airways zu tun hatten. Immerhin hatten wir die Gewissheit, am nächsten Tag den Weg über Asien heimwärts antreten zu können. Was die andere Familie wohl unternehmen musste, um letztlich hoffentlich doch noch zum Vater und Opa nach Wien fliegen zu dürfen?

Wir nahmen die Bahn zurück in die Stadt und beschlossen, in der „Central YHA" nach einem Zimmer zu fragen. Sie lag direkt am Bahnhof, so dass wir am nächsten Tag unkompliziert wieder einen Zug zum International Airport würden nehmen können. Dass es uns in dieser riesigen Herberge erstaunlich gut gefallen hat (und warum), wissen Sie ja schon – und nun kennen Sie auch die Antwort auf die im ersten Teil unbeantwortet gebliebene Frage, wie es zu dieser einzelnen Übernachtung in der „Sydney Central YHA" gekommen war...! Nachdem wir unser großes Reisegepäck wieder abgeworfen hatten, beruhigten wir den Rest der noch flatternden Nerven mit einer Fährfahrt den Fluss hinauf und wieder hinunter – diesmal gänzlich im Hellen. Inzwischen waren wir soweit, halb im Spaß und halb im Ernst über die Gründe für unsere Fehlplanung zu spekulieren. Wie konnte man nicht (mehr) wissen, an welchem Tag ein Urlaub zu Ende war und man die Heimreise anzutreten hatte? Wirklich plausibel schien uns da nur die Theorie der unbewussten Verdrängung: Wir wollten eigentlich gar nicht abreisen und hatten unwillkürlich dementsprechend gehandelt (beziehungsweise ignoriert). Vielleicht war es sogar ein Zeichen, dass wir uns derart geirrt hatten? Wäre es eine gute Idee, hier zu bleiben? Für eine Weile, für länger? Vielleicht ja nicht jetzt. Aber möglicherweise zu einem anderen Zeitpunkt? Jetzt erst einmal waren uns auf jeden Fall zwei zusätzliche Tage in Australien beschert worden (zugegeben nicht gerade zum Spartarif, aber darüber wollten wir uns den Kopf nicht zerbrechen) – und was wäre uns alles entgangen, wenn wir planmäßig geflogen wären? Nicht nur Fischmarkt und Powerhouse Museum (gestern), auch die Wiederholung lieb gewonnener Freuden wie einer Fahrt mit der Fähre oder ein thailändisches Essen im Einkaufszentrum von Haymarket (heute). Auf dem Schiff hätten wir uns nicht mit der netten Frau hinter uns über den Segen von Schnullern unterhalten, geschweige denn abends in der Jugendherberge mit der interessanten Dame aus Cooma reden können. Geld hin, Nerven her – unser Fazit hieß: Es hatte sich gelohnt. Letztlich doch.

16. Juni: *Goodbye Australia*

Neben der „Central YHA" gab es ein Café mit reichlich Kantinencharakter, in dem Gäste günstig frühstücken konnten. Das taten wir und gingen anschließend noch ein wenig in der Umgebung spazieren. An der Kreuzung von George Street und Bathurst Street stand die St Andrews Cathedral – ihre Türen waren einladend offen, und so traten wir ein und sahen uns um. Marcus erzählte, er hätte vor Jahren für kurze Zeit bei Restaurierungsarbeiten an dieser Kirche geholfen – indirekt war er damit sogar in einer Broschüre erwähnt, die Besuchern das Gotteshaus und seine Geschichte vorstellte: „Between 1999 and 2000 a major conservation and restoration program was undertaken [...]." Im Jahr 1819 gegründet, war dies immerhin die älteste Kathedrale Australiens, und für ihre Instandsetzung (ein andauernder Prozess) wurden auch heute noch Spenden dankend entgegengenommen.

Letzte Blicke – auf die Bauten der Innenstadt, die Jugendherberge, den Bahnhof... dann auf Abfertigungsschalter und Sicherheitskontrollen... und schließlich auf Sydney von oben, dessen Straßen und Häuser unter uns viel zu schnell viel zu klein wurden. Die Stadt, das Land und unsere schöne Zeit dort ließen sich eben nicht festhalten, auch wenn das Loslassen uns noch so schwer fiel. *Goodbye Australia* – bis zum nächsten Mal. Dann nicht mehr mit Baby, sondern mit einem Kind, das nach Kängurus Ausschau halten, Muscheln suchen und mit uns zusammen *dairy milk chocolate* futtern wird. Wenn man so darüber nachdachte... konnte man am besten schon mal direkt mit dem Vorfreuen beginnen.